新质生产力导论

金佩华　贾卫列 ◎ 等著

NEW QUALITY
PRODUCTIVE
FORCES

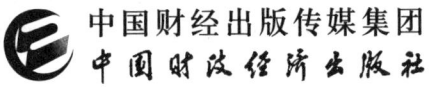

中国财经出版传媒集团
中国财政经济出版社
·北京·

图书在版编目（CIP）数据

新质生产力导论／金佩华等著. ——北京：中国财政经济出版社，2024.5
ISBN 978-7-5223-3112-6

Ⅰ.①新… Ⅱ.①金… Ⅲ.①生产力-发展-研究-中国 Ⅳ.①F120.2

中国国家版本馆 CIP 数据核字（2024）第 087066 号

责任编辑：贾延平 张 莹 责任校对：胡永立
封面设计：任飞扬 责任印制：党 辉

新质生产力导论
XINZHI SHENGCHANLI DAOLUN

中国财政经济出版社 出版

URL：http://www.cfeph.cn
E-mail：cfeph@cfeph.cn

（版权所有 翻印必究）

社址：北京市海淀区阜成路甲 28 号 邮政编码：100142
营销中心电话：010-88191522 编辑部电话：010-88190957
天猫网址：中国财政经济出版社旗舰店
网址：https://zgczjjcbs.tmall.com
中煤（北京）印务有限公司印刷 各地新华书店经销
成品尺寸：170mm×240mm 16 开 18.25 印张 235 000 字
2024 年 5 月第 1 版 2024 年 5 月北京第 1 次印刷
定价：58.00 元
ISBN 978-7-5223-3112-6
（图书出现印装问题，本社负责调换，电话：010-88190548）
本社质量投诉电话：010-88190744
打击盗版举报热线：010-88191661 QQ：2242791300

编委会

主　　任	金佩华　贾卫列
副 主 任	张建国　吴凡明　周建华
编　　委	吴凡明　杨建初　张建国　金佩华
	周建华　贾卫列　潘明福
编写人员	王雯静　艾志强　石季辉　孙米莉
	朱　强　吴凡明　吴　坚　杨建初
	张建国　杨　宇　李长成　李秀娟
	沈琪霞　金佩华　周建华　贾卫列
	莫东坡　唐洪雷　黄　林　蔡颖萍
	潘明福　樊智宁
组织编写	湖州师范学院可持续发展研究院

前　言

　　科技革命和产业变革的浪潮席卷全球。科学研究的领域日益拓展，技术创新的步伐不断加速，技术革命催生产业革命，深刻地影响着人类文明的发展进程。科技进步在经济增长中的作用越来越大，新一轮科技革命的发展，给生产力的要素注入了新的元素，用新的生产力理论来指导实践，才能进一步推动高质量发展。

　　2023年9月7日，习近平总书记在新时代推动东北全面振兴座谈会上强调，要积极培育新能源、新材料、先进制造、电子信息等战略性新兴产业，积极培育未来产业，加快形成新质生产力，增强发展新动能。9月8日，习近平总书记在听取黑龙江省委和省政府工作汇报时强调，整合科技创新资源，引领发展战略性新兴产业和未来产业，加快形成新质生产力。2023年12月，习近平总书记在中央经济工作会议上强调，深化供给侧结构性改革，核心是以科技创新推动产业创新，特别是以颠覆性技术和前沿技术催生新产业、新模式、新动能，发展新质生产力。

　　2024年1月19日，习近平总书记在"国家工程师奖"首次评选表彰之际作出重要指示，推动发展新质生产力，加快实现高水平科技自立自强。1月31日，习近平总书记在主持二十届中央政治局第十一次集体学习时强调，发展新质生产力是推动高质量发展的内在要求和重要着力点，必须继续做好创新这篇大文章，推动新质生产力加快发展；高质量发展需要新的生产力理论来指导，而新质生产力已经在实践中形成并展示出对高质量发展的强劲推动力、支撑力，需要我们从理论上进行总结、概括，用以指导新的发展实践；新质生产力是创新起主导作用，摆脱传统经济增长方式、生产力发展路径，具有高科技、高效能、高质量特征，符合新发展理念的先进生产力质态；科技创新能够催生新产业、新模式、新动能，是发展新质生产力的核心要素；必须加强科技创新特别是原创性、颠覆性科技创新，加快实现高水平科技自立自强，打好关键核心技术攻坚战，使原创性、颠覆性科技创新成果竞相涌现，培育发展新质生产力的新动能。2月2日，习近平总书记在听取天津市委和市政府工作汇报时强调，天津作为全国先进制造研发基地，要发挥科教资源丰富等优势，在发展新质生产力上勇争先、善作为。2月29日，习近平总书记在主持二十届中央政治局第十二次集体学习时强调，要瞄准世界能源科技前沿，聚焦能源关键领域和重大需求，合理选择技术路线，发挥新型举国体制优势，加强关键核心技术联合攻关，强化科研成果转化运用，把能源技术及其关联产业培育成带动我国产业升级的新增长点，促进新质生产力发展。3月5日，习近平总书记参加十四届全国人大二次会议江苏代表团审议时强调，要牢牢把握高质量发展这个首要任务，因地制宜发展新质生产力；深化科技体制、教育体制、人才体制等改革，打通束缚新质生产力发展的堵点卡点。3月6日，习近平总书记在看望参加政协会议的民革、科技界、环境资源界委员时强调，加强基础研究和应用基础研究，打好关键核心技术攻坚战，培育发展新质生产力的新动能。3月7日，习近平总书记出席十四届全国人大二次会议解放军和武警部队代表团全体会议时指出，加快发展新质生产力，这为新兴领域战略能力建设提供了难得机遇；大力推进自主创新、原始创新，打造新质生产力和新质战斗力增长极。

2024年3月5日，李强总理向十四届全国人大二次会议作政府工作报告时提出，大力推进现代化产业体系建设，加快发展新质生产力。推动产业链供应链优化升级，积极培育新兴产业和未来产业，深入推进数字经济创新发展。

前 言

科技现代化是中国式现代化的强大动力,我国历来重视科技强国战略。近年来,我国科技进步对经济的贡献率超过了60%。2023年,我国的现代化产业体系建设取得重要进展,科技创新实现新的突破。传统产业加快转型升级,战略性新兴产业蓬勃发展,未来产业有序布局,先进制造业和现代服务业深度融合,一批重大产业创新成果达到国际先进水平。国产大飞机C919投入商业运营,国产大型邮轮成功建造,新能源汽车产销量占全球比重超过60%。国家实验室体系建设有力推进。关键核心技术攻关成果丰硕,航空发动机、燃气轮机、第四代核电机组等高端装备研制取得长足进展,人工智能、量子技术等前沿领域创新成果不断涌现。技术合同成交额增长28.6%。创新驱动发展能力持续提升。

新质生产力是对马克思主义生产力理论的发展和创新。充分考虑发展新质生产力的实践要求,才能正确谋划我国"十五五"时期经济社会发展主要目标指标、重大战略任务、重大改革举措和重大工程项目。通过加快技术创新和产业化应用,以颠覆性技术和前沿技术催生新产业、新模式、新动能,培育和发展新质生产力,为我国的经济发展注入不竭的新动能。

长期以来,我们对生产力的定义是"生产力是人类征服自然和改造自然的能力",不管是农业文明时代还是工业文明时代,"征服"的宗旨使生产力快速发展的同时带来了人与自然关系的不断对立。反思以人为万物的主宰、以征服和掠夺自然为生存和发展的理念,重新定义生产力的内涵,构建新的生产力理论,才能使人与自然和谐共生。劳动者、劳动对象、劳动资料构成生产力的三个基本要素。大力发展新质生产力,必须赋予生产力基本要素的全新内涵。

一是培育新质劳动者。通过推进基本公共教育均等化、增强职业技术教育适应性、提高高等教育质量、积极培育高质量的技能型劳动者和智能型劳动者,不断提高劳动者的知识水平,培养劳动者的创新能力,发展教育新质生产力；通过培养造就高水平人才队伍、激励人才更好发挥作用、优化创新创业创造生态，激发人才创新活力，发展人才新质生产力；通过传承弘扬优秀传统文化、持续提升公民文明素养、提升公共文化服务水平、提升中华文化影响力、健全现代文化产业体系，发展先进文化，提升文化软实力，发展文化新质生产力。

二是培育新质劳动对象。发展信息新质生产力，信息是物质系统的结构有序和能量有序的量度，自然地理、天然生态、人类生态三大系统的信息在交换中会产生增殖，互联网带来的信息范型转变使信息成为财富并可以创造财富，信息可以在相当程度上取代传统社会对土地、劳力和资本的需求，"互联网+"、云计算、大数据、物联网、人工智能、区块链等快速发展使人类步入价值互联网时代；发展材料新质生产力，新材料是"科技发展的骨肉"，新兴材料、半导体材料、复合材料、节能材料等的创新运用不断促进技术的进步和产业的升级，通过大力发展先进钢铁材料、先进有色金属材料、先进石化化工新材料、先进无机非金属材料、高性能纤维及制品和复合材料、前沿新材料，提升新质劳动对象的内涵；发展能源新质生产力，人类利用能源的程度是衡量文明进步的标志，常规能源的有限性和对环境的消极影响使得高效、清洁的新能源成为化解能源危机的唯一路径，利用海洋能、风能、生物质能、地热能、太阳能、氢能、核聚变能等新能源，能使劳动对象更绿色。

三是培育新质劳动资料。发展生态新质生产力，良好的生态系统在支撑人类的生存的同时也产出"生态财富"，人类通过维持生态系统内部可持续性及其生产能力，可以保护生态环境、提高资源能源利用效率、维护生态平衡，走生态经济化之路发展生产力；发展数字新质生产力，数字经济能优化资源管理，以数据资源为关键要素、现代信息网络为主要载体、信息通信技术融合应用和全要素数字化转型为重要推动力，实现数字经济与实体经济的深度融合；发展产业新质生产力，通过科技创新成果的广泛应用，加速推进传统产业绿色转型升级，培育战略性新兴产业和未来产业，建立绿色低碳循环的现代产业体系。

当前，新制造、新服务、新业态构成了新质生产力发展的基本内容。这就要求我们通过颠覆性的科技创新使生产要素得以更合理地配置，加快培育和发展新质生产力。按照国家的规划和战略，面向世界科技前沿、我国重大战略需求、经济社会发展主战场，在人工智能、量子信息、集成电路、生命健康、脑科学、生物育种、空天科技、深地深海等的科技前沿领域实现突破；推动产业链供应链优化升级，大力发展现代生产性服务业，推动传统产业绿色化和数字化转型，继续实施制造业高端化、智能化、绿色化、服务化改造工程，建设国家新型工业化示范区，推进新一代信息技术、高端装备、新材料、生物医药及高端医疗器械领域、消费品、新能源及智能网联汽车等领域先进制造业集群发展，推动中小企业走专业化、精细化、特色化、新颖化之路；大力发展战略性新兴产业和培育未来产业，巩固夯实光伏、电池、核能、风能新能源产业和新能源汽车产业等优势，加快新一代信息技术、新能源、新材料、创新药、高端装备、绿色环保、民用航空、船舶与海洋工程装备等新兴产业发展，积极打造元宇宙、脑机接口、量子信息、人形机器人、生成式人工智能、生物制造、未来显示、未来网络、新型储能等增长引擎，开辟未来信息、未来材料、未来能源、未来空间和未来健康等新赛道，建设一批未来产业孵化器和先导区；深入推进数字经济创新发展，优化升级数字基础设施，充分发挥数据要素作用，推进产业数字化转型，推动数字产业化，提升公共服务数字化水平，健全完善数字经济治理体系，强化数字经济安全体系，拓展数字经济国际合作。

生产力和生产关系的作用推动经济的发展。生产力的发展推动生产关系的变革，生产关系反过来也对生产力的发展产生重要影响。发展新质生产力必须有与之相适应的新型生产关系，通过深化改革，不断探索新质生产力发展需要的体制机制，建立更加开放灵活的市场体系，全面提高对外开放水平，为新质生产力的发展保驾护航。

我们正处在一个机遇与挑战并存的新时代,如何使新质生产力成为人类适应自然和利用自然的能力,建立新的生产力和生产关系理论,指导人类社会发展的实践,是摆在全人类面前的重大现实问题和理论课题。对中国而言,只有通过生态文明建设的实践,走中国式现代化道路,推动经济社会发展的绿色化、低碳化,加强绿色科技创新,加快绿色低碳转型步伐,才能增强美丽中国建设的内生动力和创新活力。相信我们一定能够走上生产发展、生活富裕、生态良好的文明发展道路,并能建设好"温适、天蓝、地绿、水清、人和"的美好家园!

目 录

上 篇

第一章 新质生产力产生的背景 3
  第一节 新产业技术革命 3
    一、新产业技术革命带来的影响 4
    二、中国积极应对新产业技术革命 10
  第二节 绿色低碳循环经济 12
    一、绿色经济的提出和发展 12
    二、健全绿色低碳循环发展经济体系 16
    三、发展绿色低碳循环经济的实践 17
  第三节 经济区域化和全球化 21
    一、经济区域化与全球化的内涵及历史渊源 21
    二、全球化2.0时代对生产力发展的挑战 24
    三、中国应对全球化转型与升级 26

第二章 新质生产力的含义和特征 28
  第一节 新质生产力的内涵 28
    一、新质生产力的含义 29
    二、新质生产力与传统生产力的区别 33
  第二节 新质生产力的要素 39
    一、新质劳动者 39
    二、新质劳动资料 41

三、新质劳动对象 ························· 42
　第三节　新质生产力的时代特征 ··················· 44
　　一、数字性 ····························· 44
　　二、全球性 ····························· 45
　　三、创新性 ····························· 46
　　四、智能性 ····························· 48
　　五、可持续性 ···························· 50

第三章　新质生产力的时代作用 ····················· 51
　第一节　新质生产力是中国式现代化的着力点 ············ 51
　　一、优化人才结构 ························· 51
　　二、实现共同富裕 ························· 53
　　三、更好满足人民群众对美好生活需要 ··············· 54
　　四、促进人与自然和谐共生 ···················· 56
　　五、走和平发展的现代化道路 ··················· 57
　第二节　新质生产力是高质量发展的基础 ··············· 58
　　一、高速增长阶段转向高质量发展阶段的转变 ··········· 58
　　二、推动高质量发展的内在要求和重要着力点 ··········· 59
　　三、赋能高质量发展 ························ 60
　第三节　新质生产力是提升国际竞争力的支撑 ············ 63
　　一、先进生产力质态契合国际竞争力的本源 ············ 63
　　二、应对国际竞争大变局的必然选择 ················ 65
　　三、构建现代化产业体系是提升国际竞争力的主阵地 ········ 67

中　篇

第四章　新制造 ······························ 73
　第一节　科技创新 ··························· 73
　　一、科学新发现 ·························· 73
　　二、新技术创新 ·························· 77

三、新生产要素 ………………………………………… 94

第二节　新制造的前沿 ………………………………………… 97
　　一、新能源 …………………………………………………… 97
　　二、新材料 …………………………………………………… 99
　　三、新医药 ………………………………………………… 101
　　四、新制造装备 …………………………………………… 103
　　五、新产品 ………………………………………………… 110

第三节　新产业 ………………………………………………… 111
　　一、新产业及新兴产业发展 ……………………………… 111
　　二、战略性新兴产业 ……………………………………… 113
　　三、未来产业 ……………………………………………… 121

第五章　新服务 …………………………………………………… 127

第一节　新服务的兴起 ………………………………………… 127
　　一、服务业的演进 ………………………………………… 127
　　二、新服务含义 …………………………………………… 129
　　三、新服务的特征 ………………………………………… 129
　　四、我国大力发展现代服务业 …………………………… 131

第二节　新服务的核心 ………………………………………… 136
　　一、生产性服务业的发展 ………………………………… 136
　　二、生产性服务业的分类 ………………………………… 140
　　三、绿色低碳转型产业中生产性服务业分类 …………… 143
　　四、代表性生产性服务业行业的发展 …………………… 146

第三节　大力发展生产性服务业 ……………………………… 147
　　一、优化现代服务业结构 ………………………………… 147
　　二、发展生产性服务业的路径 …………………………… 149

第六章　新业态 …………………………………………………… 152

第一节　新业态的概念及其形成 ……………………………… 152

一、新业态的概念 …………………………………………… 152
　　二、新业态产生的原因 ……………………………………… 153
　　三、新业态的分类 …………………………………………… 154
 第二节　数字经济新业态 ………………………………………… 158
　　一、线上服务 ………………………………………………… 158
　　二、产业数字化 ……………………………………………… 163
　　三、新个体经济 ……………………………………………… 167
　　四、共享经济 ………………………………………………… 170
　　五、农业新业态 ……………………………………………… 175
 第三节　加快培育壮大新业态 …………………………………… 179
　　一、把握新基建机遇 ………………………………………… 179
　　二、拓展新场景应用 ………………………………………… 180
　　三、挖掘新消费潜力 ………………………………………… 181
　　四、实施新开放举措 ………………………………………… 181
　　五、提升新服务效能 ………………………………………… 182

下　篇

第七章　新质生产力的发展路径 ……………………………………… 185
 第一节　以科技创新引领现代化产业体系建设 ………………… 185
　　一、战略性新兴产业和未来产业发展的基本方向和目标 …… 185
　　二、战略性新兴产业和未来产业发展策略和保障机制 ……… 188
 第二节　以绿色发展构筑新质生产力发展基石 ………………… 193
　　一、劳动者知识技能和生活的生态化、绿色化、新质化 …… 193
　　二、积极培育研发绿色技术 ………………………………… 196
　　三、大力发展绿色低碳经济 ………………………………… 197
　　四、积极稳妥推进碳达峰碳中和 …………………………… 198
 第三节　以融合发展培育新质生产力内源动力 ………………… 200
　　一、创新链、产业链、资金链、人才链"四链"融合 ……… 200
　　二、高端化、数字化、智能化、绿色化"四化"发展 ……… 204

第八章　新质生产力相适应的制度建设 ………………………… 209
第一节　深化体制机制改革 …………………………………… 209
一、探索新质生产力发展需要的体制机制 …………………… 209
二、发展电子政务创新政府管理方式 ………………………… 212
三、优化企业经营与市场准入环境 …………………………… 214
四、推进科研与教育体制改革 ………………………………… 217

第二节　发展和完善市场体系 ………………………………… 219
一、建立更加开放灵活的市场体系 …………………………… 219
二、发展服务业和数字经济，拓展新的增长点 ……………… 220
三、推动行业标准和质量，提升促进产业升级 ……………… 221
四、强化知识产权保护和技术创新激励机制 ………………… 223
五、发展科技金融服务提供创新支持 ………………………… 226
六、完善市场监管，确保公平竞争 …………………………… 227

第三节　扩大对外开放 ………………………………………… 229
一、全面提高对外开放水平 …………………………………… 229
二、深化国际合作 ……………………………………………… 230
三、引进先进技术和人才 ……………………………………… 232
四、提升教育和文化国际交流合作水平 ……………………… 233

第九章　新质生产力评价指标 …………………………………… 235
第一节　新质生产力评价一级指标 …………………………… 235
一、新质生产力评价指标体系 ………………………………… 235
二、科技生产力评价指标概述 ………………………………… 237
三、绿色生产力评价指标概述 ………………………………… 240
四、数字生产力评价指标概述 ………………………………… 241

第二节　新质生产力评价二级指标 …………………………… 242
一、科技生产力评价二级指标 ………………………………… 242
二、绿色生产力评价二级指标 ………………………………… 244
三、数字生产力评价二级指标 ………………………………… 245

第三节　新质生产力评价三级指标 ……………………… 247
一、科技生产力评价三级指标 ………………………… 247
二、绿色生产力评价三级指标 ………………………… 253
三、数字生产力评价三级指标 ………………………… 257

参考文献 ……………………………………………………… 262

后　记 ………………………………………………………… 275

上 篇

现代科学技术发展的日新月异，带来了经济社会发展格局的重大转变，科技创新、绿色发展和全球化的转型，使生产力的发展面临一个全新的背景。大力发展新质生产力，赋予生产力基本要素的全新内涵，准确把握新质生产力的时代特征，才能使新质生产力成为中国式现代化的着力点，为中国的高质量发展打下坚实的基础，进一步提升中国的国际竞争力。

第一章　新质生产力产生的背景

人类文明进入 21 世纪以来，一方面全球经济和社会迅速发展，另一方面由于地缘经济和政治利益的支配，存在着许多与可持续发展格格不入的消极因素，使全球发展面临巨大的困境。变革生产力的发展路径，改革与新生产力相适应的生产关系，成为人类当前面对的一个重大课题。适应新产业技术革命的变革，加快推进绿色发展的步伐，直面全球化转型，发展新质生产力，才能给经济和社会发展注入全新的活力。

第一节　新产业技术革命

科学技术决定着人类社会发展的速度，同时深刻影响了人类社会的未来走向。科学技术是促进生产力发展的有力杠杆，是人类社会进步的动力，现代科学技术作为第一生产力的作用日益明显。美日等发达国家的科技进步对经济的贡献率，多在 70% 以上。2023 年，我国科技进步贡献率超过 60%，农业科技进步贡献率超过 63%。我们置身于新一轮产业技术革命中，这场革命将为全球经济和社会发展带来深远影响。新质生产力形成和发展的基础与动力就源自新产业技术革命。

一、新产业技术革命带来的影响

（一）新产业技术革命的含义

新产业技术革命是指自21世纪以来，以科技创新为核心推动一系列如信息技术、人工智能、大数据、云计算、物联网、5G通信等为代表的新兴技术的快速发展和广泛应用，实现全面的产业变革和社会转型的历史过程。这一革命涵盖多个领域，是继工业革命、电气化革命、信息化革命之后的第四次工业革命，也被称为工业4.0。它推动着生产力的提升，带来了数字化、智能化与自动化的转型，促进了产业升级、经济发展与社会进步。在这一背景下，各行各业都在积极应对新技术的挑战和机遇，涌现出了新的商业模式与经济发展模式，为实现创新驱动发展、绿色可持续发展等提供了契机和途径。

新产业技术革命是以新技术革命为基础与动力　新技术革命的共识之一在于技术创新驱动发展。多种前沿技术的创新与发展能够不断地优化生产流程，提高生产效率。例如，在制造业，通过升级自动化生产设备与引入智能化管理系统，能够实现高质量生产的同时缩短生产周期。技术的创新发展通常还可以实现资源的有效利用。利用信息技术和大数据分析实现精细化管理以实时监测资源的利用、回收、再利用与调整生产计划、助推循环经济。再如，创新发展可再生能源、清洁能源等能源技术实现低能耗、低污染的生产，在降低成本、保护环境的同时实现经济的可持续发展。随着信息技术、大数据、物联网等新兴技术的蓬勃发展，传统产业正经历着数字化升级和智能化改造，新产业技术革命在技术层面表现为数字化、智能化和自动化的转型。这种转型驱动了共享经济、在线教育等新的商业模式产生，创造了新的消费模式、消费产品与服务领域。在这一过程中，社会生产需要不断地关注新技术的研发和应用来保持自身的优势。

新产业技术革命将可持续发展作为其发展目标和导向 可持续发展理念和战略切实表明，新产业技术革命在追求技术创新驱动发展的过程中意识到它既能对经济领域产生变革式影响，也同样会对生存环境、全体社会产生深刻的变革，因而需将经济可持续性、环境可持续性、社会可持续性等纳入考虑。在经济可持续性方面，生成方式或手段的技术创新实现的资源的高效利用、循环利用就是具体的表现。在环境可持续性方面，新兴产业更加注重环境保护、绿色发展，尽可能地减少生产过程中对环境造成的负面影响。例如，积极地研发与使用清洁能源，减少对石油、煤炭、天然气等不可再生能源的依赖。中国正在不断地致力于推动生态文明建设，努力实现绿色低碳转型，目的是推动实现经济可持续发展，实现人与自然的和谐共生。而在社会可持续发展方面，新技术的发展是要以人为本。新技术的引入和应用应该解决人类社会发展中的问题，满足人类发展的物质需求与精神需求，提升社会福祉、创造社会价值。这意味着技术的创新发展需要考虑人的权益、公众的参与以及社会利益的平衡。譬如，人工智能技术的应用就可以改善人们的生活品质、提高医疗水平、促进教育资源公平分配等，生物技术的发展则能改善农业生产，增加粮食供应，解决粮食安全问题等。当代新产业技术对可持续发展的重视能在经济增长与环境可持续性及社会发展之间获得平衡，为人类社会创造出一个繁荣、公正与可持续的未来。

新产业技术革命具有全球性的影响和竞争 在全球化背景下，新产业技术革命的出现和持续发展对全球经济与价值观念产生了重大影响。一是新兴技术的研发与应用不断地冲击和颠覆传统产业，促成了一批新的产业和业态。新兴产业如生命健康产业、电动汽车、无人机技术、虚拟现实与增强现实等不断涌现，带动了全球产业链的重组、调整与全球产业结构的重塑，形成全新的产业生态系统，也改变了传统产业的竞争格局。在变革的浪潮中，跨国公司更会把研发和创新放置于核心地位并加大投入力度，以获取技术领先优势。各个国家和地区在经济全球化的进程中扮演了不同的角色，中国作为世界上人口最多的国家之一，也是全球第二大经济体，其经济发展对全球经济格局和全球化进程有着重要的影响。二是新产业技术革命加强了技术转移和知识共享，促使各国之间的国际合作与竞争。跨国公司在全球范围内进行资源整合与优势互补，积极推广先进技术和创新成果，持续提高自身竞争力的同时，也切实促进不同国家和地区之间的知识共享与传播、技术交流与合作。一些发展中国家可能会因为技术创新突破与发展而提升经济地位和国际竞争力。中国在经济全球化中始终扮演着重要的角色，积极参与国际组织和多边合作机制，倡导构建开放型世界经济，积极推动区域合作，如亚太经合组织、"一带一路"倡议等，积极拓展新技术领域的发展与加大科技创新的投入，为全球技术创新贡献了重要力量。

新产业技术革命是一个全方位、深层次的变革过程，既是技术方面的革新，更是产业、经济、社会及全球发展模式的重构。它能切实有效地提升生产力水平和优化经济结构，使新质生产力不断地涌现并积极投入应用。它也仍将持续深入地推进并不断地扩大影响，渗透社会生活的方方面面。因此，需要各国政府、企业和社会共同努力，积极顺应和引领这一产业技术变革，推动人类社会的进步。

（二）新产业技术革命的兴起和发展

新产业技术革命是面向数字化、智能化、自动化等新技术和新模式的产业发展变革，是继20世纪中叶信息技术革命之后的新一轮产业革命，涉及人工智能、大数据、区块链、生物技术、新能源等领域，它的兴起与发展也得益于这些新技术、新领域的推动，其中就包括信息技术的革新和普及、大数据的爆炸和价值挖掘、人工智能的崛起和广泛应用、云计算和物联网的发展与融合,以及5G通信技术的突破和推广等。

信息技术的产生与发展为新产业技术革命提供了基础与前提 20世纪末,信息技术的发展迎来了关键转折期,计算机技术、网络通信等信息技术取得了巨大突破。个人计算机迅速普及、互联网迈入商业化模式、移动通信技术逐渐完善等,这些技术的突破为新产业技术革命提供了必要的基础设施和平台支撑。信息技术的广泛运用成功实现了各行各业向信息化、数字化的转型,而信息化、数字化变革不仅改变了传统产业的运作方式,促进产业升级转型,也为新兴产业的兴起创造了有利条件,推动了经济社会向更加智能化、高效化的方向发展。

大数据的涌现及其价值挖掘为新产业技术革命注入重要动力 随着信息技术的发展,全球每天产生的信息数量呈指数增长。这些信息不仅在数量上十分庞大,还具有多样性和动态实时性的特征。由此形成的规模庞大且多样化的数据集合被称为大数据。大数据不仅是信息的载体,更是一种宝贵的资源和资产。通过对大数据的分析和利用,我们可以发现数据背后隐藏的重要信息,揭示数据所呈现的各种规律和趋势,为决策和创新提供支持。企业和组织通过对大数据资源的深入分析,可以发现市场趋势、消费者偏好、用户需求等关键信息。这些关键信息为企业发展提供科学有利的数据支撑,有助于企业作出更科学与有效的发展战略决策。大数据技术除了在商业领域发挥效用,也在医疗健康、城市规划、交通管理、环境保护等领域展现出强大的潜力。在社会数字化转型的过程中,可以预见大数据将在各个领域发挥越来越重要的作用,数据驱动的发展模式将为未来的可持续发展和智慧社会建设奠定坚实基础,推动新的经济时代的到来。

人工智能推动产业信息化、数字化转型和智能化升级 人工智能是一门研究如何实现计算机模拟人类智能的学科。它通过一系列的方法、技术让计算机具备类似于人类的智能,包括感知、理解、学习、推理、交互、决策等。人工智能的发展可以大致划分为4个阶段。第一阶段是20世纪50年代至80年代初的符号主义阶段。符号主义的人工智能系统主要通过人为定义的符号和规则来表征和处理知识，就是通过符号的表征与操作模拟人类处理问题的方式。第二阶段是连接主义阶段，发生于20世纪80年代中期至90年代。符号主义的人工智能方法在处理复杂问题时表现出了严重的局限性，人类智能无法用符号表征的方式进行模拟。连接主义则是模拟大脑神经元之间工作的机制，强调基于神经网络等模型的机器学习方法。第三阶段人工智能迎来了一个发展高潮，深度学习等机器学习逐渐得到广泛的应用。机器学习的方法，即是让计算机系统自身具备从数据中学习和提取知识，实现自适应改进与优化的能力。而深度学习则是指通过神经网络来模拟人类大脑的结构和功能，使人工智能更好地模拟人类大脑的工作方式进行复杂任务的学习。一些著名的人工智能项目，如深蓝、阿尔法狗等，都是基于此方法。从2010年至今，是人工智能发展的第四阶段，人工智能进入了一个全新的高峰期，取得了令人瞩目的成就。深度学习方法，即通过多层神经网络来学习数据的抽象和高级特征的方法，在这一阶段重新得到民重视，成为人工智能的主流方法之一。它能够高效地处理复杂的数据，表现出惊人的计算处理能力。随着深度学习和神经网络等技术的快速发展，生成式人工智能的能力得到了显著提升，并展现出它的创造性和想象力，为许多领域带来新的可能。此外，人工智能与大数据、云计算等技术的结合又进一步推动其快速发展。从早期的符号主义、连接主义，到近年来的机器学习和深度学习，人工智能的性能和能力不断提高，并应用于更加广阔的领域，促进社会向智慧化发展迈进。

云计算和物联网的蓬勃发展为新产业技术革命注入了新的活力 云计算技术是建立在实时数据传输和处理基础上的管理和控制方法，它的引入使企业能够更加灵活高效地共享和调配计算资源，获得弹性扩展的信息技术基础设施，从而降低了企业的运作成本，提升了工作效率。随着云计算的普及和应用，企业可以根据实际需求灵活调整计算资源，避免了因规模扩张或收缩而带来的信息技术基础设施压力，继而更好地应对市场变化，提高了企业的竞争力和创新能力。物联网技术则开启了万物互联的时代，物联网技术结合其他信息技术可以使各种设备和传感器之间实现数据的实时共享与交互，对数据进行分析和应用，为城市、交通、制造、医疗等各个领域的智能化发展提供有力支撑，也为人们的生活、工作、出行等提供了便捷智能的体验。物联网技术的广泛应用促进了信息的全面连接和智能化管理，使物与物、人与物、人与人之间互联互通。这种发展使得智慧城市的概念从理想转化为现实，推动了数字经济和智能产业的发展，有利于为社会创新和可持续发展。

5G通信技术的引入将进一步加速新产业技术革命的推进　作为新一代移动通信技术，5G以其超高速、超低延迟、大容量、高可靠性等特点为各种新兴技术的应用提供更强有力的网络支持。例如，在虚拟现实、增强现实等领域中，5G实现的数据高速传输和低延迟性能够为用户带来更加沉浸式的体验。这种通信技术的发展不仅提升了用户的体验感，更重要的是为智能制造、智慧城市、智能医疗、无人驾驶等新兴领域的发展提供了基础保障。5G技术的广泛应用也将催生出一系列智能化产品和服务，推动数字经济和智能产业的快速发展。随着科学技术的不断进步和创新，未来社会将迎来更多智能化、数字化的应用场景，通信技术的革新为这样的社会发展变化带来新的活力和推动力。

新产业技术革命的兴起和发展是多种因素促成的结果，其中新技术的发展是重要的因素之一。技术的突破和创新能改变生产方式和生产要素配置，也能催生新的产业形态，进一步形成新质生产力。可以说，新产业技术革命和新质生产力两者相互促进、相互支持，共同引领全球科技的创新发展，推动着数字化、智能化时代的到来。

二、中国积极应对新产业技术革命

面对新产业技术革命的浪潮,中国秉持了积极的应对态度,并提出了一系列有效的应对举措。中国将新产业技术革命视为推动国家经济转型升级和社会创新发展的重要机遇,并通过多方面的努力应对挑战、抓住机遇,已成为全球科技创新和数字经济发展的重要力量。

中国高度重视新产业技术革命的发展,发布了一系列文件和规划以促进技术的研发与应用、推动智能化与数字化转型。《中国制造2025》是中国政府于2015年提出并发布的一项旨在推动制造业转型升级的国家战略,是我国实施制造强国战略的第一个十年的行动纲领,其主要目标是通过促进信息化、智能化和绿色制造,提升中国制造业的国际竞争力,实现由"大国"向"强国"的转变。该战略的基本方针可以概括为创新驱动、质量为先、绿色发展、结构优化、人才为本。它可以被视为中国对德国工业4.0倡议的回应。《中国制造2025》强调了中国制造业在技术创新、质量提升、绿色制造等方面的发展目标,以提升中国制造业的竞争力和创新能力。

《"十四五"规划和2035年远景目标纲要》提出,坚持创新驱动发展,全面塑造发展新优势。《"十四五"规划和2035年远景目标纲要》提出的重大创新领域包括量子信息、光子与微纳电子、网络通信、人工智能、生物医药、现代能源系统等,前沿领域包括人工智能、量子信息、集成电路、生命健康、脑科学、生物育种、空天科技、深地深海等,提出的科技前沿攻关领域有:新一代人工智能、量子信息、集成电路、脑科学与类脑研究、基因与生物技术、临床医学与健康、深空深地深海和极地探测。

2021—2025年,我国的研发支出将每年增加7%以上,以追求技术上的重大突破。"十四五"时期,我国加快建设创新型国家支撑引领高质量发展。《"十四五"国家科技创新规划》将面向世界科技前沿、面向经济主战场、面向国家重大战略需求、面向人民生命健康,紧跟研判当今世界科技发展的特征和新阶段的特点,加强基础和前沿研究。"十四五"国家科技创新规划将集中在15个重大问题:科技创新趋势及面临国家形势;科技创新支撑引领新发展格局;增强企业技术创新主体地位;增加我国基础研究投入;构建科技、教育、产业、金融紧密融合创新体系;科技领域统筹发展与安全;创新科技成果转化机制;营造国际化科研环境;科技创新对社会的综合影响;青年科技人才培养;科技领域加快转变政府职能;科研院所改革;国际科技合作;科学开发和技术开源;弘扬科学家精神。

中国发布了《"十四五"数字经济发展规划》《数字中国建设整体布局规划》《关于积极促进"互联网+"行动指导意见》《关于促进大数据复制行动纲要》《"十四五"国家信息化规划》《物联网新型基础设施建设三年行动计划》《新一代人工智能发展规划》《"十四五"大数据产业发展规划》《关于加快推动区块链技术应用和产业发展的指导意见》《"十四五"机器人产业发展规划》《"十四五"智能制造发展规划》《"机器人+"应用行动实施方案》等,致力于推动数字化、智能化转型,促进智能制造、工业互联网等的发展,积极培育新兴产业,寻找新的经济增长点。

中国重点支持战略性新兴产业的发展,如人工智能、生物医药、高端装备制造等领域。其中,中国新能源汽车市场也是发展迅速的热点之一,目前已成为全球最大的新能源汽车市场。中国政府不仅出台了一系列支持政策,包括购车补贴、免费牌照等措施,以鼓励消费者购买新能源汽车,进而有效刺激了新能源汽车市场的增长,还不断地推动新能源汽车技术创新,提高车辆性能和续航里程等,使新兴产业具备了较强的竞争力与创新能力。此外,中国新能源汽车产业链不断完善,涵盖电池技术、充电基础设施建设、智能网联技术等关键领域,这些关键领域中的突破性进展为整个新兴产业提供了坚实基础。

新兴产业的快速发展和创新不仅推动了经济增长，也催生了新的生产方式、商业模式和技术应用，为中国经济注入了新的动力和活力，形成了新的生产力。新产业技术革命和新质生产力之间存在着密切的关系。新产业技术革命以信息技术和人工智能等为技术集群实现新一轮技术革命，而新质生产力则是在这一背景下形成的，由技术革命性突破、生产要素创新配置、产业深度转型升级而催生的当代先进生产力。这种紧密结合促进了各行业的进步和跨界融合，推动着中国经济向更高质量发展。

第二节　绿色低碳循环经济

绿色低碳循环经济作为一种新的经济发展模式，是对高能耗、高污染经济发展模式的彻底变革，是实现经济社会绿色发展的新经济发展范式。我国一直着力推进绿色发展、循环发展、低碳发展，坚定不移地走绿色低碳循环经济发展道路，在构建绿色低碳循环产业体系、推进能源结构清洁化低碳化等方面积极探索，取得了显著的成效。绿色低碳循环经济作为一种绿色生产力，是以绿色发展为本色的经济模式，是新质生产力的底色。

一、绿色经济的提出和发展

传统的经济发展方式较为粗放，环境污染和生态破坏等问题凸显，消耗了大量的能源和资源，给经济和社会的持续发展带来了严峻的挑战，在走向生态文明的过程中，人类社会正在经历一场经济发展方式的变革，发展绿色经济就成为这场变革的基础。

1989年英国环境经济学家大卫·皮尔斯出版的《绿色经济的蓝图》一书首先提出了"绿色经济"一词。经济发展必须以人类赖以生存的生态环境为基础，破坏生态环境和超出人类自身可承受范围的经济发展无法持续，必须建立一种"可承受的经济"。在这种经济模式下，发展、推广环境友好型的技术和工艺，将创新型的技术应用到生产部门，改进工艺流程，使生态效益、经济效益和社会效益有机地结合起来，增加产品的有效供给，最终使经济得到持续进步。

2001年，世界银行发布的中国环境战略更新报告《中国：空气、土地和水——新千年的环境优先领域》提出，绿色发展的一个重要特征就是资源与环境是生产力发展的要素，必须把自然资源（包括环境容量）的价值和污染治理、生态恢复的成本纳入GDP和国民财富的核算。将绿色发展作为一种发展之路最早明确提出的是联合国开发计划署的《中国人类发展报告2002：绿色发展 必选之路》。报告提出让绿色发展成为一种选择，中国应该抛弃走以牺牲环境为代价高速发展经济的"危险之路"，选择一条以保护环境为前提的绿色发展之路。由于中国现代化发展速度极快、规模宏大、程度复杂，必须制定一整套的政策与实践相配合，才能选择正确的绿色发展道路。

2008年10月，联合国环境规划署提出绿色经济和绿色新政倡议；2008年12月，联合国秘书长潘基文在联合国气候变化大会上强调"绿色新政"；2009年3月，联合国环境规划署发布了《全球绿色新政政策纲要》，呼吁各国实施"绿色新政"，促使世界经济向低碳、节能型经济转变。在"绿色新政"的大旗下，一些国家纷纷制定绿色发展规划。

2012年6月，联合国可持续发展大会通过了《我们憧憬的未来》的最终成果文件，围绕绿色经济和可持续发展两大主题，明确了全球向绿色转型的发展方向，全球达成了发展绿色经济的广泛共识。2015年9月，联合国可持续发展峰会通过了凝聚国际社会共识的《变革我们的世界——2030年可持续发展议程》，提出了到2030年的17项可持续发展目标和169项具体目标，将全球可持续发展提升到一个新的阶段。

绿色经济是以节约能源资源为目标、以生态科技为基础、以市场为导向、以新能源革命为依托的经济发展模式，其宗旨是经济发展必须与自然环境、人类社会的发展相协调，其核心是人力资本、生态资本、人造资本、社会资本存量不断增加，实现绿色GDP的稳步增长。

生态文明的经济建设就是实现经济的绿色化。从微观看，发展绿色经济就是要加速淘汰落后产能和工艺，用技术创新和工艺创新促进绿色企业的发展，推动绿色产品的有效供给，同时大力提倡绿色生活，形成资源节约、环境友好的绿色生活方式和绿色消费模式；从中观看，发展绿色经济就是要使部门经济、地区经济、集团经济绿色化，通过产业结构、技术结构、规模结构的绿色化，实现产业的绿色升级、分类和分布，探索绿色经济结构的演化规律，揭示经济与自然、社会之间的绿色联系；从宏观看，发展绿色经济就是要不断降低国民经济中能源资源消耗多、环境污染重的行业比重，推动整个宏观经济的绿色化进程。

《关于加快建立健全绿色低碳循环发展经济体系的指导意见》提出，建立健全绿色低碳循环发展经济体系，促进经济社会发展全面绿色转型，是解决我国资源环境生态问题的基础之策。要促进绿色产品消费和倡导绿色低碳生活方式，促进绿色经济的发展。要完善法律法规政策体系，加快建立健全绿色低碳循环发展的经济体系。《"十四五"规划和2035年远景目标纲要》提出，加快发展方式绿色转型。坚持生态优先、绿色发展，推进资源总量管理、科学配置、全面节约、循环利用，协同推进经济高质量发展和生态环境高水平保护，大力发展绿色经济。

从改变经济发展的能源结构角度看，发展绿色经济就是要发展低碳经济；从生产过程、产品和服务看，发展绿色经济就是要推进清洁生产，实行节能减排；从资源利用程度看，发展绿色经济就是要大力发展循环经济；从资源节约的角度看，发展绿色经济就是要发展共享经济；从人与自然共生和谐的角度看，发展绿色经济就是要发展生物经济；从资源优化管理的角度看，发展绿色经济就是要发展数字经济。

低碳经济是一种通过发展低碳能源技术，建立低碳能源系统、低碳产业结构、低碳技术体系，倡导低碳消费方式的经济发展模式。低碳经济以低碳排放、低消耗、低污染为特征，技术创新和制度创新是低碳经济的核心。低碳经济将打造全新的生态系统，对政府行为、企业活动、民众生活产生巨大的影响。从当前看，低碳经济是要造就低能耗、低污染的经济，减少温室气体的排放；从长远看，低碳经济是打造一个持续发展的人类社会生产方式和消费方式的重要途径。

清洁生产是指把综合性预防的战略持续地应用于生产过程、产品和服务中，以提高效率和降低对人类安全和环境造成的风险。清洁生产是关于生产和制造产品过程中预防污染的一种创造性的思维方法。清洁生产在产品的生产过程持续运用整体预防的环境保护策略，其实质是一种物耗和能耗最小的人类生产活动的规划和管理，将废物减量化、资源化和无害化，或消灭于生产过程之中。节能减排就是节约能耗、减少污染物排放。中国是世界上产值能耗最高的国家之一。降低能耗是推进生态文明建设的重大举措，是推进经济结构调整，转变增长方式的必由之路。

循环经济是一种最大限度地利用资源和保护环境的经济发展模式，它是在生态文明理念的指导下，按照清洁生产的方式，对能源及其废弃物实行综合利用的经济活动过程。循环经济要求把经济活动组织成一个"资源—产品—再生资源"的反馈式流程，以"低开采、高利用、低排放"为特征。所有的物质和能源要能在这个不断进行的经济循环中得到合理和持久的利用，以把经济活动对自然环境的影响降低到尽可能小的程度。

在经济发展过程中，不同的人拥有不同的资源，这种资源在不用时会闲置，造成资源的浪费。共享经济将社会上的各种资源重新配置、整合和优化，使其发挥最大作用。

生物经济是以生物学、生命科学等理论为基础，以生物技术创新和生物产业发展为基础，在能源和工业原料方面不再完全依赖于化石能源的一种新型经济形态。发展生物经济更有利于人与自然和谐相处，保护生物多样性，使经济形态更加绿色化。

数字经济是以数据资源为关键要素，以现代信息网络为主要载体，以信息通信技术融合应用、全要素数字化转型为重要推动力，促进公平与效率更加统一的新经济形态。

二、健全绿色低碳循环发展经济体系

建立健全绿色低碳循环发展经济体系，促进经济社会发展全面绿色转型，是解决我国资源环境生态问题的基础之策。2021年2月，国务院印发了《关于加快建立健全绿色低碳循环发展经济体系的指导意见》[①]。

《关于加快建立健全绿色低碳循环发展经济体系的指导意见》提出，健全绿色低碳循环发展的生产体系，推进工业绿色升级、加快农业绿色发展、提高服务业绿色发展水平、壮大绿色环保产业、提升产业园区和产业集群循环化水平、构建绿色供应链；健全绿色低碳循环发展的流通体系，打造绿色物流、加强再生资源回收利用、建立绿色贸易体系；健全绿色低碳循环发展的消费体系，促进绿色产品消费、倡导绿色低碳生活方式；加快基础设施绿色升级，推动能源体系绿色低碳转型、推进城镇环境基础设施建设升级、提升交通基础设施绿色发展水平、改善城乡人居环境；构建市场导向的绿色技术创新体系，鼓励绿色低碳技术研发、加速科技成果转化；完善法律法规政策体系，强化法律法规支撑、健全绿色收费价格机制、加大财税扶持力度、大力发展绿色金融、完善绿色标准和绿色认证体系及统计监测制度、培育绿色交易市场机制。到2025年，产业结构、能源

---

① 国务院关于加快建立健全绿色低碳循环发展经济体系的指导意见［EB/OL］.（2021-02-22）［2024-03-08］. https：//www.gov.cn/zhengce/content/2021-02/22/content_5588274.htm.

结构、运输结构明显优化，绿色产业比重显著提升，基础设施绿色化水平不断提高，清洁生产水平持续提高，生产生活方式绿色转型成效显著，能源资源配置更加合理、利用效率大幅提高，主要污染物排放总量持续减少，碳排放强度明显降低，生态环境持续改善，市场导向的绿色技术创新体系更加完善，法律法规政策体系更加有效，绿色低碳循环发展的生产体系、流通体系、消费体系初步形成。到2035年，绿色发展内生动力显著增强，绿色产业规模迈上新台阶，重点行业、重点产品能源资源利用效率达到国际先进水平，广泛形成绿色生产生活方式，碳排放达峰后稳中有降，生态环境根本好转，美丽中国建设目标基本实现。

三、发展绿色低碳循环经济的实践

（一）推动产业结构绿色转型

近年来，中国一直致力于大力发展战略性新兴产业，积极推进传统产业的节能降碳改造，推动产业结构绿色转型。

在推动经济结构和发展方式的绿色转型上，我国积极调整产业结构，大力扶持战略性新兴产业，积极推进传统产业的节能降碳改造。在战略性新兴产业的发展上，2022年，我国高技术制造业、装备制造业增加值占规模以上工业增加值比重分别达到15.5%和31.8%，较2012年分别提高了6.1个和3.6个百分点，2023年上半年规模以上高技术制造业增加值同比增长1.7%。十年来，通过实施能效提高、节能降耗、产品设备升级等措施，中国能耗强度累计下降26.4%，以年均3%的能源消费增速支撑了6.2%的经济增长，相当于少用14亿吨标准煤，少排放二氧化碳近30亿吨。在传统产业的节能改造上，截至2023年3月，我国在钢铁、有色金属、建材、石化、化工、纺织等行业创建86家能效"领跑者"企业，行业内先进绿色数据中心电能利用效率（PUE）值降至1.1左右，带动各地近7万家制造业企业实施智能制造，建设数字化车间和智能工厂9000余家，其中2500余家基本完成了数字化转型，209家探索了智能化升级。2012—2022年，规模以上工业单位增加值能耗累计下降幅度超过36%，大宗工业固废资源综合利用率提高近10个百分点①。

（二）推动能源结构绿色化低碳化

近年来，中国提高化石能源清洁利用水平，大力发展非化石能源，推动能源结构绿色化低碳化。

为了构建绿色低碳循环经济体系，实现人与自然和谐共生的现代化，中国积极优化能源结构。近年来，大力提升煤炭、石油等化石能源的清洁利用水平，大力发展风能、太阳能、水能、生物质能等非化石能源。在化石能源的清洁使用上，我国积极推动煤电机组节能降碳改造、灵活性改造、供热改造"三改联动"，2022年全年完成改造2.9亿千瓦以上，截至2022年底，累计完成燃煤电力机组超低排放改造10.6亿千瓦，占煤电总装机容量比重约94%，火电机组平均供电标准煤耗下降0.3%。2023年实现全面供应国ⅥB标准车用汽油。在非化石能源的发展上，2022年我国风电新增3763万千瓦，太阳能发电新增8741万千瓦，生物质发电新增334万千瓦，常规水电新增1507万千瓦，核电新增225万千瓦，全国已建成加氢站数量超过350座②。

近十年，中国完成了全面脱贫目标，以年均3%的能源消费增速，支撑了平均6.5%的经济增长，用于可再生能源的累计投资居全球第一，是世界风电、光伏和电池设备主要供应国，新能源汽车保有量占全球一半以

---

① 中国应对气候变化的政策与行动2023年度报告［EB/OL］.（2023-10-27）［2024-03-08］. https://www.mee.gov.cn/ywgz/ydqhbh/wsqtkz/202310/W020231027674250657087.pdf.
② 中国应对气候变化的政策与行动2023年度报告［EB/OL］.（2023-10-27）［2024-03-08］. https://www.mee.gov.cn/ywgz/ydqhbh/wsqtkz/202310/W020231027674250657087.pdf.

上。2022年非化石能源消费占比较2021年提高了0.8个百分点，比十年前提高了7.7个百分点。2022年二氧化碳排放强度比2005年下降超过51%。截至2023年12月底，全国可再生能源发电总装机达15.16亿千瓦，占全国发电总装机的51.9%，在全球可再生能源发电总装机中的比重接近40%。

（三）积极推进碳达峰碳中和

2020年9月，中国向世界作出的庄严承诺，将提高国家自主贡献力度，采取更加有力的政策和措施，二氧化碳排放力争于2030年前达到峰值，努力争取2060年前实现碳中和。

中国历来高度重视气候变化问题，早在1994年3月就发布了《中国21世纪议程——中国21世纪人口、环境与发展白皮书》，2007年6月制定了《中国应对气候变化国家方案》，2008年10月发布了《中国应对气候变化的政策与行动》白皮书，2013年11月发布第一部专门针对适应气候变化的《国家适应气候变化战略》，2015年6月向《联合国气候变化框架公约》秘书处提交了《强化应对气候变化行动——中国国家自主贡献》文件，2016年4月签署了《巴黎协定》，2016年9月发布了《中国落实2030年可持续发展议程国别方案》。中国通过把低排放发展战略中的有关要求融入国民经济和社会发展规划，建立健全绿色低碳循环发展经济体系，有力地促进了经济社会发展的全面绿色转型。

2021年9月22日，中共中央、国务院印发了《关于完整准确全面贯彻新发展理念做好碳达峰碳中和工作的意见》；2021年10月24日，国务院印发了《2030年前碳达峰行动方案》。这是中国实现碳达峰、碳中和目标的顶层设计，指明了中国实现"3060"前"双碳"目标的方向和路径。2021年10月发表了《中国应对气候变化的政策与行动》白皮书，2021年10月中国政府向《联合国气候变化框架公约》秘书处正式提交《中国落实国家自主贡献成效和新目标新举措》和《中国本世纪中叶长期温室气体低排放发展战略》，2022年5月发布了《国家适应气候变化战略2035》，11月中国政府向《联合国气候变化框架公约》秘书处正式提交《中国落实国家自主贡献目标进展报告（2022）》，主动承担相应责任。同时，积极参与国际对话，努力推动全球气候谈判，在历届联合国气候变化大会上，中国都发挥了积极的作用，促进了相关协议的达成。

中国一直以持续的务实行动应对气候变化。2020年中国碳排放强度比2005年下降48.4%，超额实现了向国际社会承诺的到2020年下降40%~45%的目标。国际能源机构（IEA）发布的数据显示，2022年全球与能源相关的二氧化碳排放量达到368亿吨以上，比上年增加3.21亿吨，增幅为0.9%。2022年中国二氧化碳排放量为114.8亿吨，碳排放量相较2021年下降了2300万吨，约占全球的31%。中国人均累计碳排放远不及世界平均水平，万元GDP排放约1吨，二氧化碳仅为20世纪90年代的1/12，我国在减少碳排放上取得了长足的进步。

中国始终坚持积极应对气候变化的战略定力，把推进绿色低碳发展作为生态文明建设和促进高质量可持续发展的重要战略举措。中国成立碳达峰碳中和工作领导小组，形成了较为系统完整的碳达峰、碳中和"1+N"政策体系，通过正确处理好发展与减排、整体与局部、长远目标与短期目标、政府与市场的关系，积极推进低碳发展和绿色转型。

《"十四五"规划和2035年远景目标纲要》提出"落实2030年应对气候变化国家自主贡献目标""锚定努力争取2060年前实现碳中和"后，陆续出台的"十四五"专项规划、实施方案和各项规定都就实现碳达峰碳中和进行了部署，各地区和行业也出台了碳达峰实施方案，积极稳妥地推进碳达峰碳中和进程。

碳达峰试点建设是推动绿色低碳循环经济体系发展的重要抓手。碳达峰试点建设有助于推动试点地区节能减排技术、清洁能源技术和循环利用技术的创新与发展，促进区域经济的协同联动，凭借上下游产业链的绿色转型，推动实现区域经济的整体低碳化。《国家碳达峰试点建设方案》提出，要在全国范围内选择100个具有典型代表性的城市和园区开展碳达峰试点建设（见表1-1），聚焦破解绿色低碳发展面临的瓶颈问题，通过积极探索和实践低碳发展的有效路径，形成可复制、可推广的经验和模式，为全国范围的绿色低碳循环经济体系建设提供示范。

表1-1　　　　　　　　我国首批国家碳达峰试点名额安排

地　区	名　额	地　区	名　额	地　区	名　额
河　北	3	江　苏	3	湖　北	2
山　西	2	浙　江	2	湖　南	2
内蒙古	3	安　徽	2	广　东	3
辽　宁	2	山　东	3	陕　西	2
黑龙江	2	河　南	2	新　疆	2

资料来源：国家发展改革委关于印发《国家碳达峰试点建设方案》的通知［EB/OL］．（2023-11-06）［2024-03-08］．https：//www.ndrc.gov.cn/xxgk/zcfb/tz/202311/t20231106_1361804.html.

第三节　经济区域化和全球化

当代世界经济发展的两个重要特征是经济区域化和全球化。科学的发展和技术的进步加速了信息和资本的流动，使全球性的交流与合作变得便捷高效，推动了全球化的深化。近年来，经济区域集聚效应加剧，经济全球化的形态发生了变化。科技创新支撑的新质生产力的发展环境也在改变。

一、经济区域化与全球化的内涵及历史渊源

经济区域化和全球化是一对相互关联、相辅相成的概念。随着全球化

进程的不断推进与演变，经济区域化作为其重要的组成部分扮演着越来越关键的角色。自2008年金融危机后，经济全球化与区域化出现了此消彼长的势态。在新产业技术革命推动与新冠疫情暴发的境况下，又加速了这一转变趋势的显现①。而在这样的世界经济格局大变动时期，中国积极地倡导发展新质生产力，寻求经济高质量发展的多重途径，推崇合作共赢，展现大国担当。

经济区域化和全球化均是经济一体化的表现形式，但前者更侧重于区域范围内的经济一体化，强调区域内国家或地区之间的紧密合作与相互依赖。例如，欧洲联盟（EU）、北美自由贸易协定（NAFTA）、东南亚国家联盟（ASEAN）、中国—东盟自由贸易区（CAFTA）等都是一些经济区域化的典型代表。而后者则涉及全球范围内的经济一体化，强调跨越国界的相互联系与交流。这两者都是国际经济一体化的重要表现形式。

经济区域化的目的就是通过区域内的市场整合、资源配置和政策协调等，提高区域内各个国家或地区以及区域整体的经济效率和竞争力，实现和平与稳定的发展。它有多种存在形式，比如构建自由贸易区、建立关税同盟、成立共同市场等，而不同形式的经济区域化具有不同的经济一体化程度和政治一体化程度。近年来，经济区域化中的组织有许多相似的特征，包括参与的国家或地区是相邻、相近的，这有助于降低交流合作的成本便于加强联系。为了实现经济的一体化发展，成员国之间需要进行政策的协商，涉及贸易政策、货币政策等重要方面，它们至少属于一个贸易区域组织。此外，这些区域化组织还具有同时发展的特点，而同时发展可以促进成员国之间发展协调并与全球化的发展更加同步②。这些组织在各自地区扮演着重要角色，不仅有助于推动区域内成员国的共同繁荣和发展，也对区域和全球经济作出了积极的贡献。

---

① 王健. 区域化趋势与周边优先的外交创新［J］. 探索与争鸣，2022（1）：25-27.
② 刘亮. 全球区域化浪潮中的开放区域化研究［J］. 生态经济，2010（2）：68-70，77.

经济全球化则是在全球范围内推动经济资源得到大量的、广泛的自由流动和配置,从而使各国之间经济活动日益开放和相互依存。在这一背景下,各国经济发展与全球经济变动之间的联系越来越紧密,彼此之间产生着深远的影响和制约。它的基本内涵,首先是经济资源可以在全球范围内流动与分配,包括商品、劳动力、技术、资本等,它们都可以跨越国界进行交换和配置。并且,随着技术的进步,这种流动愈加广泛、快速与自由。其次是各国经济活动的逐步开放和相互依存。这表明,某一国家的经济发展受制于外部经济环境的影响,需要积极融入国际经济体系。与此同时,世界经济的发展也受到各个国家的经济发展状况限制[1]。全球化作为经济区域化更大的背景,为之提供了更加广阔的竞争与合作空间。经济区域化也能够更加高效地实现地区内部的强势合作,凝结成更具竞争力的经济体,并融入和助推全球经济体系发展进程。经济区域化和全球化相互促进,共同构成了全球经济体系的复杂网络。

从20世纪80年代开始,在政治格局的变化、信息技术迅速发展等因素相互作用下,经济区域化和全球化进入了一个新的阶段。一方面,冷战结束和苏联解体使世界政治格局发生了重大转变,国际关系呈现出多极化和多样化的发展趋势,促进了各国和地区之间的经济联系和互动。区域化的组织越来越多,各国之间的交往也变得更加频繁和紧密。另一方面,信息技术的发展为远距离的、跨国界的交流合作提供基础保障。同时,信息技术革命本身也带来了高新技术及相关产业的发展,它与催生的新产业技术革命共同促进全球经济的发展转型,推动经济区域化和全球化的深化和拓展。

经济区域化和全球化在推动各个国家或地区之间经济发展和合作方面发挥着不同的作用。尽管它们之间是部分与整体还是相互对立的关系没有

---

[1] 张伯里. 当代世界经济趋势与中国经济发展 [J]. 中共中央党校学报, 2008 (3): 49 - 53.

确切的定论,尤其是2008年金融危机使经济区域化与全球化的发展状况出现分歧,但是两者的客观存在是不争的事实。经济区域化可以被视为全球化的一个组成部分。它在加强区域内经济联系与合作的基础上,促使各个成员国提升自身的整体实力和影响力,而这些实力和影响力又能够为它们在全球化进程中争取更多、更有力的话语权和竞争力,增进与其他地区和国家的经济交流与往来,并更好地适应与助推全球化的发展。同时,面对全球性金融危机等突发事件的冲击,区域经济一体化具有更强大的力量应对挑战。然而,特定阶段的区域化组织在横向范围的扩张中所获得的经济效应明显超出纵向深化所带来的效果。区域一体化的层次提升受到更大范围或全球一体化的制约①。因为,全球化能使全球的经济资源自由流通,为各国提供更广阔的市场和合作伙伴的选择机会。这促使经济区域化向外扩展,寻求更多的合作机会和发展空间。因此,区域一体化组织要积极地在全球经济格局中发挥更大的作用,并取得更多的经济效益。

总体而言,经济区域化有助于深化全球化进程,提升地区内成员国的竞争力和合作水平,同时也受到全球化的推动和影响。经济区域化和全球化共同促进了全球经济的增长、繁荣和合作发展。各国应更好地利用经济区域化和全球化带来的机遇,通过科技创新与合作,共同推动经济的可持续发展,实现更加包容和繁荣的全球经济。

二、全球化2.0时代对生产力发展的挑战

经济全球化形成的全球水平分工产业链自身便存在一些弊端。例如,某些国家或地区对外部供应链有高度的依赖性,一旦供应链出现问题或者中断,就会对本地区的经济造成严重影响;一些跨国公司控制着全球产业

---

① 黄宁,鄢佩. 经济区域化与全球化发展及其关系分析 [J]. 经济问题探索,2015(9):133 – 138.

链的关键环节，导致其他国家或企业在全球价值链中处于相对较低的地位，继而难以获得更多的利润和技术积累，加剧了对外部环境的依赖；全球分工也会导致资源过度消耗和环境污染等问题。因此，近年来世界经济区域化的趋势在不断加快，全球化1.0时代正向全球化2.0时代转变。它可能有助于应对全球分工导致的一系列问题，但要实现真正的可持续发展仍需要全球范围内的合作和努力。全球化1.0是基于全球产业链的水平分工，而全球化2.0则以产业链的垂直整合和国际化水平分工为基础，呈现出升级和转变的特征。在这一过渡中，国际分工的广度正在收缩，深度逐渐趋向表面。美国对华贸易战可以被视为全球化2.0的先兆，而全球公共卫生事件则彻底揭开了全球化2.0的序幕。

世界贸易组织的统计显示，仅从2002年年底到2014年1月，全球累计签署的区域贸易协定由255个上升到583个，新的区域贸易协定如TPP（跨太平洋伙伴关系协定）、EPA（经济伙伴关系协定）、RCEP（区域全面经济伙伴关系协定）、USMCA（新北美自由贸易协定）等不断涌现，使全球化1.0举步维艰，公共卫生事件则完全合上了全球化1.0的大幕。

全球化2.0代表的是全球化进程的一个新阶段，其主要特征是数字化和智能化技术的迅猛发展驱动了全球生产、交流和合作的深刻变革。这一阶段的全球化趋势特别强调数字经济、数据流通和科技创新，对既有的产业格局和全球产业链、价值链带来了挑战，同时也激发了新的发展活力。新冠疫情的暴发对全球供应链、国际贸易和经济产生了深远影响，也进一步催生了全球化2.0时代的加速到来。疫情之下，各个国家纷纷将关注点放在确保本国产业链的安全性和自给自足的能力上，这促进了数字化办公和远程工作等新兴模式的发展，并加速了全球经济结构的优化和转型。面对疫情，各国亦在重新评估全球化的模式及其未来走向，不断探索如何更好地适应全球化2.0的新态势，以期推动经济的复苏与增长。

要大力发展生产力，推动文明的进步，必须正确把握经济全球化的发展新形势。

三、中国应对全球化转型与升级

中国在经济区域化和全球化中扮演着重要的角色，20世纪80年代以来，中国逐步融入全球经济体系。2001年，中国正式加入世界贸易组织（WTO），标志着中国经济与世界更加紧密地联系在一起。加入WTO后，中国的经济结构和发展模式经历了深刻的变革，凭借庞大的劳动力群体、完善的基础设施和巨大的市场潜力吸引了大量资本和制造业向中国转移。中国由此成为全球制造业的重要基地和供应枢纽，一举成为世界工厂。同时，中国也积极参与区域经济合作，如东盟、上合组织、亚太经合组织等，为推动了区域经济一体化与合作发展作出了贡献。

自2010年起，中国跃升为世界第二大经济体，标志着我国经济实力的快速增长和在世界经济体系中的显著地位。在世界经济发展的大趋势下，中国能顺应时代变局中的规律和发展趋势，在全球经济中准确地定位自身，并更加注重经济社会发展的质量和可持续性。

全球化2.0的转型也对中国经济带来了重大挑战，它会导致全球战略性行业产业链的重构，对中国的传统产业和出口导向型产业链带来冲击，但其中也蕴含着机遇，比如，它加速推动产业升级、深化改革开放、推动创新驱动发展等。

中国要加快生产力的发展，必须应对全球化2.0带来的挑战，积极调整发展战略，发展新质生产力。要坚定不移地继续将经济建设置于核心地位，鼓励企业加大自主创新力度，发展高附加值、高技术含量的产业，提高产业链的竞争力，积极推动产业升级和转型升级，更加注重技术创新、管理创新和商业模式的创新，注重提高产品质量和资源利用效率，积极有效地面对全球化、数字化等快速变化的经济环境；持续保持开放的状态和调整开放的节奏，坚定不移地走全球化之路，致力于打造开放型世界经济，建立成熟的市场经济体系，并努力实现世界贸易组织所确立的经济全球化目标，同时重视和加强与周边国家和地区的经济合作，积极参与多边贸易体系建设，支持多边主义，维护自由贸易体制，推动全球经济发展的均衡和包容性，通过调整进出口产品结构、重塑生产要素投资方向等措施，突破区域壁垒，消除经济全球化的阻碍，促进贸易畅通和经济融合；加强人才培养和科技创新，人才培养是创新的关键，要更加注重高素质科研人才及技术工人的培养，推动科技成果的产业转化，以提升综合创新能力，积极开展国际合作，进行联合项目研究，共同攻克科学难题，提升科研水平和国际影响力；坚持全面发展绿色经济，随着全球资源稀缺性的不断加剧，传统的高能耗、高排放的发展模式已经不再适用，调整经济结构，实现可持续发展，才能长期保持经济增长和社会稳定，绿色经济发展不仅可以改善环境，还可以刺激新的经济增长点，而促进绿色产业的发展也可以提升技术创新水平，为中国经济转型升级提供新的动力，鼓励技术创新特别是绿色技术的研发和应用，推动中国经济向绿色、低碳、可持续方向转型升级，实现经济增长与环境保护的良性循环。

全球化是一个不可逆转的历史趋势，尽管在某些时期受到全球性事件的影响处于暂缓、停摆乃至逆向发展的状态，但它将继续并更加深刻地影响和改变人类的生活和发展。就经济领域而言，全球化未来的趋势将朝着更加开放和互联的方向推进，以数字、智能、绿色等为主要特征，倡导创新、协作、共赢等原则，追求全球经济的平衡、协调和可持续发展。中国在全球化2.0时代展现了其应对挑战的决心和实力，大力推进新质生产力的发展，促进经济转型升级，推动全球经济发展和维护全球经济秩序的稳定。

第二章　新质生产力的含义和特征

生产力是推动文明发展的决定性力量。长期以来，我们对生产力的定义是"生产力是人类征服自然和改造自然的能力"，"征服"的宗旨使生产力快速发展的同时带来了人与自然关系的不断对立。工业革命引发的生产力大发展造成了大量的资源消耗和废弃物排放，导致了今天全球性的资源危机、环境危机和生态危机。反思以人为万物的主宰、以征服和掠夺自然为生存和发展的理念，重新定义生产力的内涵，构建新的生产力理论，才能使人类永续、自然万物永生、人类与自然万物永存①。

第一节　新质生产力的内涵

在农业文明和工业文明时代，生产力是人类在生产过程中征服自然和改造自然获得物质资料的能力，它是具有一定生产经验和劳动技能的劳动者和他们所使用的生产资料结合，进而在物质资料生产过程中所发生的力量，反映生产过程中人与自然的关系。在生态文明建设的进程中，新质生产力有丰富的内涵，它是生产力发展的新模式，是实现高质量发展的先进生产力，是形塑战略性新兴产业和未来产业的新力量。

---

① 贾卫列. 新质生产力是人类适应自然和利用自然的能力 [EB/OL]. （2024-03-18） [2024-03-19］. https://weibo.com/ttarticle/p/show?id=2309405013120266403842.

一、新质生产力的含义

（一）新质生产力的概念

新质生产力是人类走向生态文明过程中适应自然和利用自然的能力，是一种遵循人与自然共生和谐、通过科技创新不断推进文明进步和增进公众福祉的能力。新质生产力是创新起主导作用，摆脱传统发展路径，具有创新、绿色、智能、高质等特质的先进生产力质态。

如果说传统生产力表现为生产力＝劳动者＋劳动对象＋劳动资料，新质生产力则是生产力＝（信息技术＋数字技术）×（劳动者＋劳动对象＋劳动资料）＋科学管理。新质生产力是对工业文明时代传统生产力理论的扬弃，强调在走向生态文明的进程中，依靠科学突破和技术创新，实现资源循环和节约，优化资源管理，高效高质推动生产力的发展[①]。

（二）新质生产力是生产力发展的新模式

从经济思想史的发展历程来看，法国经济学家弗朗索瓦·魁奈最早提出生产力概念，但他强调农业劳动才是生产性劳动，这里的生产力实际上指的是土地生产力。亚当·斯密提出了劳动生产力，认为分工可以提高劳动效率，增加生产总量。萨伊在其著作《政治经济学概论》中提出了生产力的比例理论。李嘉图在《政治经济学及赋税原理》中基于对不同国家发展差异性因素的考察，提出了比较生产力的概念。德国经济学家弗里德里希·李斯特认为生产力是一种由交换价值决定的客观存在，并认为国家的主要任务是发展生产力。

马克思在前人的基础上加深了对生产力的理解。早期阶段他主要强调生产力的物质性层面；成熟时期，他开始认识到生产力的社会性层面，并

---

① 贾卫列.新质生产力是人类适应自然和利用自然的能力［EB/OL］.（2024－03－18）［2024－03－19］.https://weibo.com/ttarticle/p/show?id=2309405013120266403842；贾卫列.新质生产力绘制绿色经济新图景［N］.环球时报，2024－02－21（15）.

初步批判分析了资本主义社会自然生产力受到破坏的情况①。除此以外，马克思还提到精神生产力、由协作产生的作为集体力的生产力、个人生产力、个人的充分发展作为最大的生产力、资本生产力等，并强调指出"在这些生产力中也包括科学"②。在工业社会中，整个生产过程不再是简单的手工业生产，而是表现为科学在工艺上的应用过程，被赋予了科学性质，开始逐渐摆脱个人经验的积累和技艺的历史传承。这在通过力学规律而运转的机器体系上获得最充分体现。强大的机械力量可以取代工人的直接劳动。

新质生产力对传统生产力的迭代更替遵循了生产力变化发展的基本规律，但它不是对包括农业社会和工业社会在内的传统生产力的简单补充和拓展，而是生产力发展进程中的一场质变，呈现为一种新的质态、新的模式。放眼当代世界，科技变革加速推进，新技术叠加涌现，新突破层出不穷。"科学技术越来越成为推动经济社会发展的主要力量，创新驱动是大势所趋。新一轮科技革命和产业革命正在孕育兴起，一些重要问题和关键技术已经呈现出革命性突破的先兆。"③ 新质生产力建立在敏锐观察和牢牢把握科技进步大方向、产业革命大趋势、全球科技竞争新要求、创新体系竞争的新特点的基础上，是具有高科技、高效能、高质量等特征的生产力质态，是一种符合新发展理念的生产力发展新模式，具体表现为劳动者、劳动资料和劳动对象实现优化组合，生产要素获得创新性配置。最根本的标志体现在全要素生产率得到有效提升。这一切的实现要依赖于技术创新和进步在其中起主导作用。这里的科技创新不是一般意义上的创新，主要是指通过原创性、颠覆性的科技创新实现技术的革命性突破，从源头和底层破解"卡脖子"的关键技术问题。科技创新可以深刻重塑和优化生产力基本要素，推动生产力迈向更高级、更先进的质态，形成高科技赋能的生产力。

---

① 李政，廖晓东. 发展"新质生产力"的理论、历史和现实"三重"逻辑［J］. 政治经济学评论，2022（6）：146-159.
② 马克思，恩格斯. 马克思恩格斯全集：第31卷［M］. 北京：人民出版社，1998：94.
③ 习近平. 习近平关于科技创新论述摘编［M］. 北京：中央文献出版社，2016：77-78.

(三) 新质生产力是实现高质量发展的先进生产力

发展是破解我国所有问题的关键和基础。不同的经济发展阶段具有不同的发展要求、发展任务、发展目标、发展模式和发展理念。正确认识发展阶段的变化和发展的不同要求是做好一切工作的前提。党的十八大以来，经济发展阶段性的特征和规律不断得到深化。2013年党中央指出我国经济正处在增长速度换挡期、结构调整阵痛期和前期刺激政策消化期"三期叠加"的关键发展阶段，2014年指出我国经济发展进入经济新常态。这表明我国经济发展面临的形势、环境、任务、条件、要求等发生了根本性的变化，增长速度要从以集约型中高速增长取代粗放型高速增长，经济发展任务要以深化供给侧结构性改革、重视实体经济的发展、支持传统产业优化升级和加快建设制造强国为主，发展方式要以质量效率型取代规模速度型，发展动力要以创新驱动取代主要依靠土地、劳动力、资本等要素密集投入和资源大量消耗，发展理念要以五大新发展理念取代传统发展理念。党的十九大报告明确作出了我国经济已由高速增长转入经济高质量发展阶段的论断，党的二十大报告强调全面建设社会主义现代化国家的首要任务是经济高质量发展。

随着我国经济进入新发展阶段，渐进式的以技术引进和模仿创新为主的技术更新难以满足发展新要求，也无助于我国科技创新体系的优化和构建。我国急需增添发展新动力，充分利用好新产业革命带来的机遇，激发全社会的创新活力，打造新的创新策源地，利用国家力量聚焦关键核心技术的创新，加大协同攻关创新的力度，不断提高我国的科技国际竞争力。新质生产力代表我国的生产力发展进入新的历史阶段，其特点和要求充分符合高质量发展要求。它是与新发展阶段的高质量要求相匹配的质优的先进生产力。高质量发展无法依靠传统生产力量的积累和扩张，"因此必须依靠新技术形态、新产业组织形成的新质生产力内生地改变我国经济增长的动能构成，以增量发展促进结构性调整，推动经济实现质的有效提升和量的合理增长。"[①]

---

① 赵峰，季雷. 新质生产力的科学内涵、构成要素和制度保障机制［J］. 学习与探索，2024（1）：92-101.

（四）新质生产力是形塑产业的新力量

生产力变革要通过产业布局获得具体表现形式。生产力的跃迁通过重大技术革命实现主导产业和支柱产业的迭代升级。不同生产方式的不同发展阶段需要与其相适应的技术基础以及产业结构。现代资本主义生产方式的物质基础是机器大工业生产。从人类社会发展进程来看，每次重大技术变革不仅带来交通运输和通信基础设施的升级，而且催生新的技术和组织创新集群，造成经济支柱和其他主导部门的显著变化。工业机械力（水力）促进了棉纺织品、铁制品、水车等行业的发展，工业和运输机械化（蒸汽）促进了蒸汽机、机床、铁路设备等行业的发展，工业、运输和家庭电气化促进了重型机械、电气设备、重化工等行业的发展，运输、民用经济和战争动力机动化促进了汽车、卡车、飞机、炼油厂、柴油机等行业的发展，国民经济计算机化促进了计算机、软件、电信设备等行业的发展①。"当今全球科技革命发展的主要特征是从'科学'到'技术'转化，基本要求是重大基础研究成果产业化。"② 新一轮科技革命必将引发新一轮产业革命，必须牢牢把握产业革命的大势所趋，推动科技创新面向经济社会主战场，重点培育具有核心竞争力的主导产业，突破制约产业优化升级的关键核心技术，把科技创新与产业发展紧密融合起来。

同传统生产力发展跃迁中产业调整和布局不同，新质生产力需要匹配高质量发展、符合新发展理念的产业升级，它是以新科技革命为先导的、以科学与技术加速融合而推动的、以战略性新兴产业和未来产业为核心的生产力，这是一个国家核心竞争力的集中体现，对经济社会的长远发展具有重大支撑和引领作用。未来产业由处于探索期的前沿技术所激发，符合科技发展的长期方向，具有巨大发展潜力。"新质生产力对产业的形塑，主要表现在功能替代、组织替代与生产方式替代上。"③ 以数据为主要功能

---

① 克里斯·弗里曼，弗朗西斯科·卢桑. 光阴似箭：从工业革命到信息革命 [M]. 沈宏亮，沈尤佳，译. 北京：中国人民大学出版社，2007：148.
② 习近平. 习近平关于科技创新论述摘编 [M]. 北京：中央文献出版社，2016：100.
③ 姜奇平. 新质生产力：核心要素与逻辑结构 [J]. 探索与争鸣，2024（1）：132-141.

载体的高附加值取代以物质、能源为主要功能载体的传统产业；以知识、技术、管理、数据等新型生产要素取代传统有形生产要素，有效降低资源和能源的消耗和投入；以无形要素的快速排列重组取代受时空制约的传统产业的组织方式，使生产要素加速流动，实现要素的优化配置和组合。新兴产业和未来产业凭借其产业的完整性、持续增长性、高渗透性、高科技性、高溢出性、突破性等特征，赋予传统产业以信息化、网络化、数字化、智能化、自动化、绿色化等特点，充分发挥带动经济高质量发展的引擎作用，形成高效能的支柱产业和主导产业。

二、新质生产力与传统生产力的区别

（一）动力之新

传统生产力是指人类在劳动实践活动中利用相应的劳动资料改造和影响自然以满足社会需要的物质力量。生产力的基本要素包括劳动资料、劳动对象和劳动者。随着农业社会进入现代工业社会，科学与技术的关系日益密切。资本借助科学技术的力量，不断克服时空限制，重塑生产力的基本要素，使生产日益机械化、自动化、非人化、全球化。马克思充分肯定了科学技术在历史发展中的杠杆作用，指出"蒸汽和机器引起了工业生产的革命，现代大工业代替了工厂手工业"[1]，认为科学是"伟大的历史杠杆"，是"最明显的字面意义而言的革命力量"[2]。通过征服自然力、采用机器、在工业和农业中应用化学、使用电报等，资产阶级在不到100年的时间内好像用"魔法"创造了巨大生产力，超过了以往所有世代创造的全部生产力总和[3]。显而易见，手工业生产与机器生产之间存在本质性区分。在工场手工业中，工人必须用手工工具完成特殊的局部过程，各自相对独立的特殊过程遵循分工本身的原则；在机器生产中，整个过程被机械地分

---

[1] 马克思. 共产党宣言[M]. 北京：人民出版社，2014：28.
[2] 马克思，恩格斯. 马克思恩格斯全集：第25卷[M]. 北京：人民出版社，2001：592.
[3] 马克思. 共产党宣言[M]. 北京：人民出版社，2014：32.

解成具有客观连续性的不同组成阶段，局部过程如何结合的问题由科学通过技术上的应用来解决①。18世纪70年代以蒸汽机的发明为主要标志的第一次科技革命，推动资本主义国家完成了第一次产业革命，使手工业生产迅速过渡到机器大生产，为资本主义生产方式建立了相应的物质基础。随后以电力的广泛运用为标志的第二次科技革命，使蒸汽机被电力取代，生产力再次得到迅猛发展。

中国在改革开放的历史进程中，丰富和发展了生产力理论。1988年，邓小平指出现代科学开辟了生产技术的发展道路，决定了其发展方向，"科学技术是第一生产力"②。随着我国经济进入新常态的历史阶段，主要依靠土地、资源、劳动力、资本等要素投入推动经济增长和规模扩张的粗放型发展必须转向创新驱动发展。基于对新一轮科技革命和产业变革大势的清醒认识，习近平总书记指出"创新是引领发展的第一动力。抓创新就是抓发展，谋创新就是谋未来。适应和引领我国经济发展新常态，关键是要依靠科技创新转换发展动力"③。党的十八大作出实施创新驱动发展的重大战略，科技创新开始成为提高我国社会生产力和综合国力的战略支撑，占据我国发展全局的核心位置。科技创新决定了中国式现代化能否顺利实现，决定了我国能否在国际上占得先机、赢得优势，决定了中华民族伟大复兴的前途命运。同传统生产力相比，新质生产力是科技创新的第一动力，是起决定性作用的新模式、新动力和新力量。

（二）要素之新

传统生产力主要包括农业社会和工业社会的生产力。在传统农业社会，生产的核心要素是土地，生产力的发展主要靠劳动者利用劳动工具对土地的开垦和利用，种植经验和农业技艺的传承至关重要。在这种社会形式下，首先，土地不仅提供劳动资料和劳动材料，而且还为共同体提供基础，它被当作共同体的共同财产。当然，每一个单个的人只能作为共同体

---

① 马克思. 资本论：第1卷 [M]. 北京：人民出版社，2004：437.
② 邓小平. 邓小平文选：第3卷 [M]. 北京：人民出版社，1993：274.
③ 习近平. 习近平关于科技创新论述摘编 [M]. 北京：中央文献出版社，2016：7.

的一员而存在，才能成为土地的所有者。"他的财产，即他把他的生产的自然前提看作属于他的，看作他自己的东西这样一种关系，是以他本身是共同体的天然成员为中介的。"① 其次，人的生产能力和交往能力受到时空的限制，"只是在狭小的范围内和孤立的地点上发展着"②。这样的社会阶段表现为"人类的地方性发展和对自然的崇拜"③。因此，农业社会生产力的发展很缓慢，主要目的是生产使用价值，旨在满足人类最基本的生存需要。最后，劳动的主客观条件是已经存在的自然条件，并不是劳动的产物，而是劳动的前提。劳动的客观条件同劳动者不是分离的，而是同劳动者形成有机的内在联系。随着农业社会向工业社会转型，农业变成由资本支配的工业行业，资本成为资本主义工业社会的核心生产要素，同时也是支配一切的经济权力。"在土地所有制处于支配地位的一切社会形式中，自然联系还占优势。在资本处于支配地位的社会形式中，社会、历史所创造的因素占优势。"④ 资本为了追求无限增殖，调动一切有助于实现这一目标的力量，解除所有阻碍发展生产力、扩大需要、使生产多样化等限制，克服一切影响发展的地域限制和民族界限，征服自然和整个地球，用时间消灭空间，使自然界第一次成为"真正的有用物"，"创造出普遍利用自然属性和人的属性的体系，创造出一个普遍有用性的体系"⑤，科学是这个体系的体现者。在资本的强力推动下，科学与技术的联系越来越紧密，科学技术产生越来越大的推动力。在这种社会条件下，人的创造力得到前所未有的激发，生产力得到快速的爆炸式增长，世界的面貌被根本改变和重塑。不过，资本推动的生产力必将遭遇自然、资源和人本身力量的限制，造成人与人、人与自然、人与自身关系的高度紧张，导致生产力量的快速扩张和经济力量受到巨大的破坏。

从我国的实际发展情况来看，改革开放破除了束缚生产力发展的体

---

① 马克思，恩格斯．马克思恩格斯全集：第30卷［M］．北京：人民出版社，1995：482．
② 马克思，恩格斯．马克思恩格斯全集：第30卷［M］．北京：人民出版社，1995：107．
③ 马克思，恩格斯．马克思恩格斯全集：第30卷［M］．北京：人民出版社，1995：390．
④ 马克思，恩格斯．马克思恩格斯全集：第30卷［M］．北京：人民出版社，1995：49．
⑤ 马克思，恩格斯．马克思恩格斯全集：第30卷［M］．北京：人民出版社，1995：390．

制机制，充分激发了生产力发展的巨大潜能。生产要素的相对优势比较明显，包括新生劳动力和农业富余劳动力在内的劳动力成本低，引进技术和管理的成本不高，土地成本偏低，国际资本不断流入国内，但经过几十年经济的高速增长，人口老龄化问题日趋严重，劳动适龄人口总量不断下降，农业富余劳动力减少明显，关键核心技术难以突破，依赖传统要素的规模驱动力减弱。"根据要素禀赋理论，伴随着经济积累和要素价格的变动，过去粗放型发展依赖的传统生产要素会逐渐转化或被替代为新型生产要素，支撑经济继续向高质量方向演进。"① 因此，我国生产力发展的模式不可能继续依赖生产要素量的扩张，必须进行质态的"格式塔"转换。一方面，新质生产力要求生产要素质的提高。这不是要完全抛弃传统生产要素，而是这些生产要素需要通过改造和重组进行升级换代。与此同时，需要注意新质生产力主要依赖的不是传统生产要素质的提高。即使传统生产要素经过质的改造和提升，它们也不可能使传统生产力跃迁为新质生产力。另一方面，新质生产力需要引入"知识""技术""数据"等核心生产要素。数据以及具有高创新型、强渗透性、广覆盖性等特点的数据产业和数字经济对变革传统生产方式有重大影响。

（三）目标之新

传统生产力要求的主要是量的扩张和规模拓展，并尽可能在比较短的时间内通过要素的积累增加生产力的总量，提高劳动者的生活水平。不过，农业社会与工业社会的生产力要求具有较大的差异。这种差异并不完全是量的区别，而是阶段性的部分质变所导致的。农业社会生产力一方面受到外在自然条件和土地本身肥力、位置等限制，另一方面受到劳动者的投入量、农业生产工具、传统农艺学水平、农业协作水平、精耕细作、人口增长等因素的影响。本身很肥沃的土地一旦被过度开发利用，其肥力也

---

① 钞小静，王清. 新质生产力驱动高质量发展的逻辑与路径 [J]. 西安财经大学学报，2024，37（1）：12－20.

会逐渐丧失；不太肥沃的土地如果处于较有利的地理位置，其优势地位将更加突出。贫瘠的土地如果得到精耕细作，获得很好的轮作和保养，其肥力也会逐渐提高。在传统社会，占主导地位的土地所有制形式是小土地所有制，其前提是"人口的大多数生活在农村，占统治地位的，不是社会劳动，而是孤立劳动；在这种情况下，财富和再生产的发展，无论是再生产的物质条件和精神条件的发展，都是不可能的，因而，也不可能具有合理耕作的条件"①。

工业社会发展进程中，需要大量廉价劳动力为资本而劳作。资本家为了提高生产率，获得更多剩余价值，不断利用现代工艺提高大工业的技术和管理水平以及分工协作水平。因此，工业社会的生产力是同机器大工业生产相匹配的，主要受到资本、劳动力、科学技术水平、管理水平、工场制度、劳动强度、城市建设等影响，并会受到劳动力身体和道德方面、土地以及自然生态等难以突破的绝对限制。"机器生产的原则是把生产过程分解为各个组成阶段，并且应用力学、化学等等，总之应用自然科学来解决由此产生的问题。这个原则到处起着决定性作用。"②尽管工业社会的生产力要求城市的集中、资本的投入、劳动力的增加、科学技术水平的相对提高、信用和金融的发展等，其发展速度远超农业社会生产力，使越来越多的工人有可能从事非生产劳动，但总体而言，支撑这一生产力的劳动者主要是大量的蓝领工人。科学与技术的融合程度有限，科学技术对工业社会生产力的推动作用还不是非常突出。随着工业社会生产力的持续发展，其受到的生态限制、规模扩张的时空限制、劳动者消费水平和福利水平的限制、土地成本的限制、资本利润率减少的限制等日益明显，各种矛盾日益加剧。生产力的发展和突破需要新的要求，传统生产力发展道路需要改弦更张。

新质生产力瞄准世界科技革命的最前沿，以科技的自主创新为第一动力，以人才资源为第一资源，以新发展理念为引领，追求高质量发展的目

---

① 马克思. 资本论：第3卷 [M]. 北京：人民出版社，2004：918.
② 马克思. 资本论：第1卷 [M]. 北京：人民出版社，2004：531.

标，服务于实现人们美好生活的需要。为实现这一目标，它具有完全不同于传统生产力发展的具体要求。

首先，我们应充分认识新质生产力与创新之间的关系，深刻把握确立新发展理念、落实创新驱动发展战略、推动科技创新的重大意义。新质生产力要求必须把创新作为引领社会发展的第一动力。"纵观人类历史，创新始终是推动一个国家、一个民族向前发展的重要力量，也是推动整个人类社会发展的重要力量。"① 创新包括理论创新、体制创新、制度创新、人才创新等多种形式，但其核心是科技创新。同社会发展不同阶段中的创新不同，新质生产力要求的是以创新为核心驱动力的发展战略，重在解决发展动力的根本转换问题。新一轮各国综合国力的竞争归根到底是科技创新能力的竞争，我们必须增强对创新驱动发展的认识和紧迫感，以积极主动的精神破解制约创新的深层次问题，加快以要素驱动、投资规模驱动发展为主向，以创新驱动发展为主的转变，推动以科技创新为核心的全面创新，发挥创新对经济社会发展的支撑引领作用，增强创新对经济增长的贡献度，形成新的增长动力源，推动经济全面持续健康发展。

其次，新质生产力要求增强我国独立自主创新能力，牢牢把握科技进步大方向、产业革命大趋势、集聚人才大举措，坚定不移走中国特色自主创新道路，加快推动创新型文化、人才和国家建设。"实施创新驱动发展战略，根本在于增强自主创新能力。"② 改革开放以来，我国引进了不少国外技术成果，加快了发展，缩短了同发达国家的差距，但长期处于国际产业分工格局的中低端，自主创新能力不强，关键核心技术无法通过购买和引进而获得。推动自主科技创新需要增强科技自信，提前谋划，掌握制高点和主动权，发挥社会主义制度的优势，推动科技体制改革，激发人才的积极性和创造性，大力重视基础理论研究，夯实以国家实验室为引领的创新基础平台，提高自主创新能力。

---

① 习近平. 习近平关于科技创新论述摘编 [M]. 北京：中央文献出版社，2016：4.
② 习近平. 习近平关于科技创新论述摘编 [M]. 北京：中央文献出版社，2016：50.

第二节 新质生产力的要素

劳动者、劳动资料、劳动对象构成生产力的三个基本要素。大力发展新质生产力，必须赋予生产力基本要素的全新内涵①。新质生产力要求生产要素创新性配置，强调劳动者、劳动资料、劳动对象及其优化组合，全要素提升生产率。

一、新质劳动者

生产力的三要素中，劳动者是最活跃、最富有能动性和创造性的生产要素，是物质财富和精神财富的创造者，在生产力发展中占据主导作用。在劳动过程中，劳动对象和劳动资料离开劳动者将无法发挥作用，物的因素与人的因素紧密相结合才能产生现实生产力。因此，劳动者素质和技能的提升是推动生产力跃迁的关键性和主导性因素。

在农业社会时代，社会生产以农业生产为主，家庭作坊式的小生产和简单的手工业生产在局部地区或地点存在，生产主要是为了使用价值满足人民的基本的物质文化需要，生产力发展缓慢，剩余产品有限。在农业时代，普通劳动者一般只需掌握世代传承下来的简单耕作技能，根据季节和物候的变迁重复劳作，不断提升自己的劳作技能和丰富自己的种植经验。对于他们而言，祖祖辈辈积淀和留传下来的经验至关重要。这些经验不仅是技能，同时还浓缩了先辈们的生命智慧、生命情感和生命态度。工业社会的大机器生产取代了传统的生产方式，机器体系将完整的劳动过程分解为沿流水线分布的简单重复劳动，日益摆脱劳动者身体、经验、技艺等限制。大部分劳动者需要熟悉和适应机器体系的运作原理，成为熟练的机械工人。随着自动机器体系的应用，劳动者成为从旁照料机器的简单工人。

---

① 贾卫列. 新质生产力绘制绿色经济新图景［N］. 环球时报，2024-02-21（15）.

"工人不再是生产过程的主要作用者,而是站在生产过程的旁边。"① 工人主要作为生产过程监督者和调节者的身份而存在。

新质劳动者既不是依靠经验和技艺,也不是依赖简单重复的机械操作,而是能够充分利用现代信息技术、适应先进高端装备、具备快速迭代知识能力的新型人才。与此同时,数字孪生人和人机交互型机器人等也属于新质劳动者的组成部分。它们具有更强的适应环境的能力,能替代一部分传统劳动力处理危险性工作以及人力难以完成的工作。随着生产力数字化和智能化步伐的加快,数字和数据基础设施不断健全,数字产业化和产业数字化双向发展,数字技术与实体经济加强融合,数字经济、大数据产业、人工智能等蓬勃发展,机器学习和深度学习的加速推进,劳动者需要了解和掌握同数字技术相适应的新思维、新知识和新技能,改变传统的以识记为主的知识型学习方式和思维方式,提高自己的自主学习能力和创新能力。与传统生产力对劳动者的要求相比,新质劳动力需要大批具有高数字技能和强创新能力的科技人才。"尽管在以往历次工业革命中,人才的作用都毋庸置疑,但从后期大规模的产业发展和生产力发展角度看,最终主要依赖的是大量的普通劳动者。"②

改革开放以来,我国生产力依靠"人口红利"获得发展,制造业种类和部门不断增加,人民群众物质文化需要得到基本满足。随着生产力的升级迭代,"人才红利"的发挥和人才素质的提升至关重要。"人才资源是第一资源,也是创新活动中最为活跃、最为积极的因素。要把科技创新搞上去,就必须建设一支规模宏大、结构合理、素质优良的创新人才队伍③。"目前,我国的科技人才总量不少,但创新型科技人才结构性不足的矛盾突出,世界级大师欠缺,科技领军人才、尖端人才和高级工程师不足。教育同创新型人才培养的高要求还存在明显的差距,创新文化氛围还不够浓厚。为此,要建立更为灵活的人才评价和管理的机制体制,破除各种阻碍人才发展的障碍;要深化教育改革,提高人才培养质量;要广泛招引各种

---

① 马克思,恩格斯. 马克思恩格斯全集:第31卷[M]. 北京:人民出版社,2009:100.
② 戴翔. 以发展新质生产力推动高质量发展[J]. 天津社会科学,2003(6):103-110.
③ 习近平. 习近平关于科技创新论述摘编[M]. 北京:中央文献出版社,2016:110-111.

高层次人才，大力培育大胆创新、勇于创新、包容创新的良好文化氛围。

二、新质劳动资料

使用和创造劳动资料是人类劳动过程特有的。区分各种经济时代的主要标准不在于人们生产什么东西，而是在于人们运用何种劳动资料在何种社会条件下进行生产。"劳动资料不仅是人类劳动力发展的测量器，而且是劳动借以进行的社会关系的指示器。"[1] 在农业社会中，主要的生产工具是铁制的农具。它们代替了人类早期阶段的石制工具以及铜制工具等，成为人力最重要的辅助工具。在工业社会中，由机械性劳动资料总和组成的生产骨骼系统和肌肉系统变得越来越重要。除此之外，包括厂房、铁路等在内的为劳动过程提供物质基础条件的也属于劳动资料。机械性劳动资料的集中体现是机器。需要注意的是，机器不同于机器体系。"只有在劳动对象顺次通过一系列互相连结的不同的阶段过程，而这些过程是由一系列各不相同而又互为补充的工具机来完成的地方，真正的机器体系才代替了各个独立的机器。"[2] 作为工业革命起点的机器在单一动力的推动下，用许多同样的或同类的工具共同作业，代替只使用单一工具的工人。机器体系的关键在于工具机的发明创造。它完全摆脱了人力限制，使作为"人的有机体的工具"转变成"一个机械装置即工具机的工具。"[3] 劳动者不再需要用工具作用于劳动对象，而是成为机器体系的一个附属部分。机器体系的运转可以取代以人为动力而设计的工具。机器体系进一步发展为自动体系。中央自动机推动许多工作机运转的庞大"机械怪物"是机器生产最发达的形态[4]。它为大工业提供了相应的技术基础。"劳动资料取得机器这种物质存在形式，要求以自然力来代替人力，以自觉应用自然科学来代替从

---

[1] 马克思. 资本论：第 1 卷 [M]. 北京：人民出版社，2004：210.
[2] 马克思. 资本论：第 1 卷 [M]. 北京：人民出版社，2004：436.
[3] 马克思. 资本论：第 1 卷 [M]. 北京：人民出版社，2004：432.
[4] 马克思. 资本论：第 1 卷 [M]. 北京：人民出版社，2004：438.

经验中得出的成规。"①

第三次和第四次科技革命推动了生产力的加速跃迁,劳动资料的更新加快。与新质生产力相匹配的劳动资料是经过数字化升级的高端精密仪器和智能机器设备。虚拟现实(VR)和增强现实(AR)设备、人工智能、自动生产和装配线、图形处理单元(GPU)和张量处理单元(TPU)、高性能服务器、嵌入式传感器、云服务器等成为新型劳动资料。它们体现了更高的科技含量,拥有更高效的处理效率,具有强渗透性、强时空突破性以及强链接性特征,彻底改变了传统工具机、传动机和组织控制系统的运转模式,可有力推动实体经济与数字经济、线上线下场景的深入融合,实现生产的智能化、信息化、数字化。数据兼具劳动资料和劳动对象的双重身份。企业可以通过传感设备实时收集传送的数据,通过云平台进行数据的提取和分析,为设备的改造和科学的决策提供参考。在当今保护好绿水青山的时代,良好的生态系统在支撑人类生存的同时也产出"生态财富",人类通过维持生态系统内部可持续性及其生产能力,可以保护生态环境、提高资源能源利用效率、维护生态平衡,走生态经济化之路发展生产力。通过科技创新成果的广泛应用,加速推进传统产业绿色转型升级,培育战略性新兴产业和未来产业,建立绿色低碳循环的现代产业体系。

三、新质劳动对象

在以自然经济为主的农业社会中,有些劳动对象往往以土地、河流、森林、矿产等形式天然存在。它们能够直接提供满足人类简单需要的现成生活资料。更多的天然存在的劳动对象需要人类通过劳动将其从自然环境中分离出来。"土地(在经济学上也包括水)最初以食物,现成的生活资料供给人类,它未经人的协助,就作为人类劳动的一般对象而存在。所有那些通过劳动只是同土地脱离直接联系的东西,都是天然存在的劳动对

---

① 马克思.资本论:第1卷[M].北京:人民出版社,2004:443.

象。"① 劳动对象还包括以前劳动过滤过的劳动对象，即原料。"一切原料都是劳动对象，但并非任何劳动对象都是原料。劳动对象只有在它已经通过劳动而发生变化的情况下，才是原料。"② 原料既可以成为产品的主要材料，也可以成为产品的辅助材料。与此同时，产品具有不同的属性而具有不同的用途，同一产品可以作为不同劳动过程的原料。在以机器化大生产为主的工业社会中，天然存在的劳动对象日益减少，作为原料的劳动对象以及被人为创造出来的劳动对象日益增多。随着科技的进步变革和劳动资料的升级更新，人类社会劳动对象的种类不断增多，从农业领域扩展到工业领域，从手工业领域扩展到机器大生产领域。机器本身可以作为机器生产的劳动对象。更多的劳动对象进入流水线工人的机械化生产中被源源不断地批量加工成人工制品。它们通过便利的交通网络跨越空间的障碍走向全球。这些人工制品日益脱离与自然界、与经验技能以及与具体时空的联系，构筑了一个日益抽象和独立的世界，满足人类不断精致化的需要。

在以数字技术为核心的信息社会中，科技变革的加速和科学与技术融合的加快使生产不断走向高端化、智能化、绿色化、服务化，催生出一大批新兴产业和未来产业。海洋技术、信息技术、能源技术、材料技术等的革命以及蛋白质工程、基因工程、深空深海探测工程、脑科学工程等的实施使劳动对象的范围和种类不断深度拓展，新质生产力的劳动对象超过了以往任何时代。"科技创新深度显著加深，深空探测成为科技竞争的制高点，深海、深地探测为人类认识自然不断拓展新的视野。科技创新速度显著加快，以信息技术、人工智能为代表的新兴科技加速发展，大大拓展了时间、空间和人们的认知范围。"③ 劳动对象与科学技术的关联日益紧密。科技可以创造新的劳动对象，产生新的产业和就业岗位，激发经济发展新的动能。新能源、新材料是与新质生产力相匹配的新型物质形态的劳动对象。它们不仅具有更高的科技含量，而且能不断再生，重复利用，克服传统能源和材料储量不足、不可再生、对环境破坏严重等缺陷，对自然生态

---

① 马克思. 资本论：第 1 卷 [M]. 北京：人民出版社，2004：208 - 209.
② 马克思. 资本论：第 1 卷 [M]. 北京：人民出版社，2004：209.
③ 习近平. 习近平谈治国理政 [M]. 北京：外文出版社，2022：196 - 197.

具有更好的保护作用。

数据是与新质生产力相匹配的非实体形态的劳动对象。通过利用强大的数据算力、深度学习算法以及生成式预训练变换模型等，高素质劳动者可以对海量的数据进行采集、存储、加工、分析、服务，激活数据要素潜能，释放其强大的数据生产力。这些非实体性劳动对象具有依附倍增性和集约替代性等特点，可以转换为信息和知识等，可以优化生产和交易决策①。

第三节 新质生产力的时代特征

新质生产力是指在数字性和智能化背景下，通过技术创新和管理创新，不断提升生产要素配置效率和生产力水平，推动经济社会持续发展的生产力形态。新质生产力的核心特征包括数字性、全球性、创新性、智能性、可持续发展性等，是当今时代生产力发展的重要标志和特征。

一、数字性

数字性是指利用信息技术手段对传统产业进行全面升级和改造的过程，其内涵包括了信息化、智能化、网络化、数字化四大特征。信息化是指通过信息技术对生产过程、管理流程和服务方式进行优化和改造，实现信息资源的高效利用和全面整合。智能化是指利用先进的人工智能和智能设备，提升生产力水平和产品服务质量，实现智能制造、智能物流等智能化生产方式。网络化是指构建数字化平台和互联网基础设施，实现生产要素的互联互通，推动产业链、价值链和供应链的数字化协同。数字化是指将传统产业的生产要素、运营模式和管理方式数字化，实现全产业链的数

---

① 钞小静，王清. 新质生产力驱动高质量发展的逻辑与路径［J］. 西安财经大学学报，2024，37（1）：12-20.

字化重构和升级。数字性的核心目标是提高生产效率、降低成本、提升产品质量、拓展市场空间，实现产业升级和转型发展。

数字性对生产力结构产生了深刻影响。所谓"新质生产力的'质'，从技术角度看主要是指效率的性质。数字时代新质生产力与工业时代新生产力相比，效率的性质有所不同。全要素生产率中的技术，以往一直被默认为只有一种工业技术"[①]。从某种意义上来看，数字性是新质态生产力的本质特征。首先，数字性加速了生产要素的数字化重构，推动了生产方式、经营模式和管理手段的数字化升级，提高了生产力的效率和质量。其次，数字性拓展了生产要素的空间范围，实现了全球性生产要素的高效配置和利用，拓展了产业链和价值链的全球性空间。再次，数字性推动了生产要素之间的深度融合和协同创新，促进了生产力结构的升级和优化，提高了产业链和价值链的整体效益和竞争优势。最后，数字性培育了新型生产要素和新兴产业，推动了生产力结构的更新和重构，为新质生产力的形成和发展提供了有力支撑。

新质生产力具有明显的数字化特征。首先，新质生产力在生产要素的组织和运作中充分利用数字化技术手段，实现了生产过程的智能化、数字化和网络化。其次，新质生产力紧密结合数字性，充分发挥了信息技术的推动作用，实现了生产要素的智能化配置和高效利用。再次，新质生产力借助数字化技术手段，实现了生产要素的高效协同和智能决策，提升了生产力的整体效益和竞争力。最后，新质生产力在数字性中形成了数字化生产要素和数字化生产方式，为产业链和价值链的数字化升级和优化提供了有力支撑。新质生产力的数字化特征体现了数字性在推动生产力发展和产业升级中的重要作用，为数字性与新质生产力的关系提供了深刻内涵和重要启示。

二、全球性

随着全球经济的快速发展和科技的飞速进步，新质生产力已经成为国

---

① 姜奇平. 新质生产力：核心要素与逻辑结构［J］. 探索与争鸣，2024（1）：133.

家经济发展和竞争力提升的重要因素。在全球竞争中，中国正与其他国家和地区展开着激烈的竞争，并且开始争夺新质生产力的制高点①。因此，在全球化的背景下，生产力的演进呈现出多样化和复杂化的趋势，其中最为显著的就是全球性特征。首先，全球性促进了生产要素的跨境流动，包括资本、技术和人才的跨境配置，从而加速了全球生产力的整合和提升。其次，全球性使全球市场更加互联互通，企业可以更便捷地获取全球资源和市场机会，从而提高了生产效率和竞争力。同时，全球性也带来了国际分工的深化和产业链的全球性，不同国家和地区的生产力逐渐地紧密联系和相互依存。

在这种背景下，全球性加速了新技术的传播和应用，推动了新质生产力的快速增长。全球范围内的创新合作加强了不同国家和地区的新质生产力发展，促进了全球生产力水平的整体提升。全球性使跨国企业可以更便捷地获取全球资源和市场机会，从而发挥了重要的推动作用，成为新质生产力的积极参与者和推动者。全球性视角下的新质生产力在跨国企业的积极参与和国际合作的共生互动中展现出了丰富的内涵和广阔的前景。全球性的背景下，新质生产力的演进呈现出多元化和复杂化的趋势，跨国企业和国际合作在其中发挥着重要的作用和推动的力量。这为新质生产力的可持续发展和全球范围内的生产力水平提升提供了坚实的基础和有力的支撑。

三、创新性

创新作为推动生产力进步的重要动力，其范畴涵盖了技术创新、管理创新、商业模式创新等多个方面，党的十八届五中全会明确提出创新、协调、绿色、开放、共享的新发展理念。在创新的诸多理念之中，技术创新是其中的核心，包括了产品技术创新和生产工艺技术创新。新质生产力的发展也为中国的经济发展提出了更高的要求，而其核心就在于创新性，即

---

① 张林，蒲清平. 新质生产力的内涵特征、理论创新与价值意蕴［J］. 重庆大学学报：社会科学版，2023（6）：137–148.

"要求中国提高科技研发投入，加强基础研究和应用研究，培育和吸引高水平的科技人才，推动科技成果转化和应用，推动中国经济迈向创新驱动型发展"[1]。

在新质生产力的发展中，技术创新扮演着重要的角色，通过不断引入新的生产技术和工艺流程，提高生产效率和产品质量，从而推动了生产力的提升。管理创新则体现在组织结构、运营模式、人力资源管理等方面，通过提高管理效率和资源配置的灵活性，促进了生产力的优化和提升。同时，商业模式创新通过重新设计企业的商业模式，实现了市场需求和资源配置的有效匹配，进而推动了新质生产力的迅速发展。创新可以提高生产效率，降低生产成本，从而提高产品的竞争力；创新可以提高产品质量，提升消费者满意度，拓展市场份额；创新可以拓展新的产业领域，创造新的市场需求，促进产业结构升级和经济增长；创新可以加强企业的核心竞争力，提高企业的盈利能力和可持续发展能力。

技术创新作为新质生产力发展的核心驱动力，通过不断引入新的科技成果和应用技术，推动了生产方式、生产工具和生产关系的变革。技术创新加速了生产工艺的现代化，如数字化、智能化、自动化等技术手段的应用，提高了生产效率和灵活性，降低了生产成本，从而实现了生产力的提升；技术创新推动了产品的升级换代，如互联网、大数据、人工智能等技术的广泛应用，催生了新的产品形态和消费需求，促进了产业结构的优化和升级；技术创新催生了新的商业模式和产业生态，如共享经济、云计算、物联网等技术的发展，催化了新的商业模式和产业生态的形成，推动了新质生产力的跨界融合和创新发展。技术创新在新质生产力中的核心地位体现在对生产方式、产品形态和市场需求的深刻影响上。通过技术创新，企业能够不断提升自身的核心竞争力，实现可持续发展和长期竞争优势。同时技术创新也为产业升级和经济增长提供了有力支撑，推动了新质生产力的快速发展和全面升级。

---

[1] 姚树洁，张晓倩.新质生产力的时代内涵、战略价值与实现路径［J］.重庆大学学报：社会科学版，2024（1）：118.

创新性特征也通过创新生态系统得以体现。创新生态系统是指在一定区域内，以创新要素为基础，政府、企业、科研机构、资本市场等多方参与，形成良性互动和合作共赢的创新体系。在新质生产力的发展过程中，构建和维护创新生态系统至关重要。创新生态系统能够提供广阔的创新空间和资源支持，为技术创新和商业模式创新提供良好的孵化土壤和资源对接平台；创新生态系统能够促进创新要素的高效流动和融合，实现产学研用的深度融合和资源优化配置；创新生态系统能够形成政策、技术、市场协同的创新网络，促进创新成果的产业化和市场化，实现创新效益的最大化和产业链的全面升级。创新生态系统构建与维护，需要政府、企业和社会各界的共同努力和合作。政府应当出台政策引导和资金支持，为创新生态系统的形成和发展提供有力保障；企业应当加强技术创新和人才培养，积极参与创新生态系统的建设和运营；社会各界应当加强协作和资源整合，共同推动创新生态系统的良性发展和长期稳定。只有构建和维护良好的创新生态系统，才能够为新质生产力的健康发展和可持续升级提供坚实支撑和保障。

四、智能性

智能性要素不断渗透和提升生产力三要素。以智能技术为载体智能化成为新时代新质生产力发展的特征以及核心驱动力之一，并且不断维护着新质生产力的产生及其发展。"在劳动者方面，传统生产力的劳动者主要是普通工人和技术工人，新质生产力的劳动者以知识型、技能型、创新型的智力工人为主。在劳动资料方面，相对于传统生产力的劳动资料主要为传统机械仪器设备，新质生产力的劳动资料升级为具有高端、精密、智能等特点的仪器设备。在劳动对象方面，传统生产力主要以自然物与粗加工材料的物质形态物质为劳动对象，新质生产力的劳动对象不仅包括以物质形态存在的新材料与新能源，还包括以非物质形态存在的数据、算力等新质态劳动对象。"[1] 因

---

[1] 周文，李吉良. 新质生产力与中国式现代化 [J]. 社会科学辑刊，2024（2）：3.

此，综合生产力三要素在新时代的特征来看，新质生产力的重要特征也应当具体表现为以智能技术为代表的智能性特征。

智能技术的广泛应用使生产过程更加智能化、自动化，提高了生产效率和质量。智能技术的数据分析和预测能力为生产决策提供了更精准的支持，降低了生产中的风险和浪费。智能技术与生产力的发展紧密相连，为新质生产力的成长提供了有力支持。

智能制造作为智能技术在生产领域的具体应用，在新质生产力的发展中扮演着重要角色。智能制造通过数字化的生产流程和实时数据分析，实现了生产过程的高度可视化和透明化，提高了生产效率和质量；智能制造的柔性生产能力使生产能够更快速地适应市场需求的变化，缩短了产品从设计到上市的周期。通过智能制造技术，企业可以更加灵活地调整生产线，实现小批量、多品种的生产，满足了个性化定制的市场需求。智能制造的发展为新质生产力注入了活力和灵活性，使生产更加适应多变的市场环境。智能制造还能够将新质生产力的智能性与数字性相结合，"在生产的微观层面激发出数字对要素的赋能效应，在生产的宏观层面呈现出经济总量增加的连锁反应，遵循可持续、高效率、低能耗、高质量的发展方式，实现从'量'到'质'的飞跃。"[1]

人工智能作为智能技术的重要支撑，引领着新质生产力的机遇与发展。人工智能在生产中的应用使生产过程更加智能化和自主化，降低了生产过程中的人力成本和错误率；人工智能的智能决策能力为生产管理提供了更加精准和迅速的支持，优化了生产资源的配置和利用效率。人工智能"不仅能够显著降低诸如搜索成本、复制成本、认证成本、生产成本和管理成本等，而且能够有效提升研发、仓储、运输、营销等环节的效率，从而使诸如智能化、柔性化、个性化定制等上述新型生产方式成为可能。"[2]人工智能的引领为新质生产力带来了更多的机遇和可能性，推动着生产力向着更高效、智能化的方向发展。

---

[1] 沈坤荣，金童谣，赵倩. 以新质生产力赋能高质量发展［J］. 南京社会科学，2024（1）：38.

[2] 戴翔. 以发展新质生产力推动高质量发展［J］. 天津社会科学，2024（2）：110.

五、可持续性

可持续发展是一种基于长期平衡和协调的发展理念,旨在满足当前世代的需求,同时不损害满足后代需求的能力。它强调经济、社会和环境的协调发展,追求经济效益、社会公平和环境保护的统一。

新质生产力必须抛弃传统生产力通过过度消耗资源能源、破坏环境促进经济发展的模式,加快经济和社会发展方式的绿色转型。新质生产力倡导绿色经济。"当前新一轮科技革命和产业变革正深入突进,颠覆性技术群包括数字技术、低碳技术、生物技术等,其中颠覆性最强、影响力最广的是数字技术与低碳技术,推动当前的新质生产力呈现数字化、绿色化的特征。"[①] 可持续性具体在经济发展的实践中即为发展绿色经济。绿色经济是一种以环境为核心的经济模式,旨在实现经济发展、社会进步和环境保护的协调发展。绿色经济与生产力的可持续增长密切相关,是新时代生产力发展的重要方向。

绿色经济通过提高资源利用效率和生产效率,推动生产力的可持续增长。在绿色经济模式下,推动绿色技术和清洁能源的应用,可以实现资源的高效利用和生产过程的低碳排放。同时,绿色经济倡导循环经济和资源回收利用,最大限度地减少资源的浪费和排放的废物。这些举措可以提高生产力的效率,推动生产力的可持续增长。绿色经济通过创造绿色就业和促进产业升级,推动生产力的可持续增长。绿色经济的发展需要大量的绿色就业和技术创新,为经济增长提供了新的动力和支持。绿色经济的发展也需要推动产业的升级和转型,促进产业结构的优化和创新能力的提升。绿色经济通过促进生态系统的保护和恢复,推动生产力的可持续增长,提供人类社会所需的生态服务和资源,提高环境质量,降低自然灾害的风险,为生产力的可持续增长提供必要的支持和保障。

---

① 李晓华. 新质生产力的主要特征与形成机制[J]. 人民论坛,2023(21):16.

第三章　新质生产力的时代作用

新质生产力是经济发展的新起点、新动能，是推动高质量发展的内在要求和重要着力点。发展新质生产力，不仅对当前经济发展有重要作用，也决定着未来中国式现代化建设的进程。加快形成新质生产力，是中国式现代化的着力点，也是我国高质量发展的基础，更是在当前地缘经济格局和地缘政治格局变迁中取得优势的突破口和支撑点。

第一节　新质生产力是中国式现代化的着力点

科技创新是现代化的内生动力，创新在中国式现代化建设中居于核心。新质生产力的最显著时代特性就是创新性，作为推动当代中国社会发展的决定性力量，大力发展新质生产力为中国式现代化发展注入了新活力。

一、优化人才结构

中国是世界人口第二大国，人口规模巨大，决定了现代化必须走自己的路，必须是高度自立自强的现代化。人口多，住房、教育、就业、医疗、社保等社会基本公共服务的压力就大，也给现代化建设所需要的各类要素保障等带来严峻压力。但同时，人口规模巨大也创造了"人口红利"，支撑劳动和人力资本密集型产业的发展。国家统计局的数据显示，2023年年末全国人口 140967 万人，比上年末减少 208 万人，2023 年自然增长率为 -1.48‰，65 周岁及以上人口占比达 15.4%，人口老龄化的现象日益严重。这意味着劳动力供给逐渐减少，劳动力成本不断上升，劳动力市场的"人口红利"也将逐渐消失，将会对推动社会发展的根本力量的生产力产生深刻影响。

作为生产力系统中最活跃、最能动因素的劳动者，不同时代对人的劳动能力和技能要求是不一样的。在自然经济时代，劳动者只需要掌握渔猎、耕地、家庭手工制造等简单的劳动技能；在工业时代，劳动者需要了解机器的基本构造和运转方式，掌握机器的使用；在信息时代，使用计算机、手机等电子工具已经成为劳动者的基本技能，特别是在新一轮信息革命中，AI、数字经济等领域的生产必须要有相应的劳动者，因而先进技术这种劳动技能的培训必须要先于生产力变革。马克思曾指出："沃康松、阿克莱、瓦特等人的发明之所以能够实现，只是因为这些发明家找到了相当数量的、在工场手工业时期就已准备好了的熟练的机械工人。"① 马克思将"工人的平均熟练程度"视为生产力的影响因素之一，强调了劳动者技能和素质的重要作用。

与传统生产力相比，新质生产力对劳动者的素质和水平提出了更新更高的要求，而作为新质生产力重要构成要素的科学技术，只有与高素质的劳动者的结合，才能产生现实性的力量伴随着物联网、数字技术、云计算等新技术形态的发展，新质生产力对知识型、技能型、创新型劳动者的需求更为庞大，嵌入式编程、虚拟仿真、数据分析、新能源开发与储能研究、新材料研究等正在成为高级劳动技能。世界经济论坛发布的《2023 年未来就业报告》预测，在接下来的 5 年（2023—2027 年）全球劳动力市场对数据分析师和科学家、大数据专家、人工智能和机器学习专家、网络安全专业人士等职位的需求预计增加 30%~35%。可以说，没有人力资本的跃升特别是懂科技、懂市场的科技领军人才和创新团队的建设，难以推动生产形态向信息化、数智化的转变，更难以培育战略性新兴产业、未来产

---

① 马克思，恩格斯. 马克思恩格斯全集：第 23 卷 [M]. 北京：人民出版社，1972：419.

业，也难以形成新质生产力。

因而，在培育战略性新兴产业、未来产业过程中，需要坚持以人为基本的出发点和着力点，必须高度重视人才这一实践主体在创新发展、赢得国际竞争主动权方面的引领和保障作用。习近平指出："我国要实现高水平科技自立自强，归根结底要靠高水平创新人才"①，应"遵循社会主义市场经济规律和人才成长规律……充分激发各类人才的创造活力，在全社会大兴识才、爱才、敬才、用才之风，开创人人皆可成才、人人尽展其才的生动局面"②。

二、实现共同富裕

人是现代化的主体，尊重人民主体地位，调动最广大人民的积极性、主动性和创造性，是现代化成功的根本前提。中国现代化始终"坚持把实现人民对美好生活的向往作为现代化建设的出发点和落脚点，着力维护和促进社会公平正义，着力促进全体人民共同富裕"。

马克思、恩格斯早在《共产党宣言》中就阐明："过去的一切运动都是少数人的，或者为少数人谋利益的运动。无产阶级的运动是绝大多数人的，为绝大多数人谋利益的独立的运动。"③ 在未来的共产主义社会，阶级之间、城乡之间、脑力劳动和体力劳动之间的对立和差别将彻底消除，实行各尽所能、按需分配，社会高度和谐，实现每个人自由而全面的发展。在那里，"每个人的自由发展是一切人的自由发展的条件"。

推进共同富裕是中国式现代化的一大目标，改革开放以来我们坚持共同富裕和实现人的全面发展目标，主动解决地区差距、城乡差距、行业差距、收入差距等问题，坚决防止两极分化，推动了经济社会全面进步，为中国式现代化不断取得进展提供了不竭的力量之源。到"十四五"末，全体人民共同富裕将迈出坚实步伐，居民收入和实际消费水平差距会逐步缩

---

① 习近平. 习近平谈治国理政：第4卷［M］. 北京：外文出版社，2022：202.
② 习近平. 习近平关于科技创新论述摘编［M］. 北京：中央文献出版社，2016：114.
③ 马克思，恩格斯. 马克思恩格斯文集：第2卷［M］. 北京：人民出版社，2009：42.

小。到2035年，全体人民共同富裕将取得更为明显的实质性进展，基本公共服务实现均等化。到21世纪中叶，全体人民共同富裕基本实现，居民收入和实际消费水平差距缩小到合理区间。正如习近平指出的："只有坚持以人民为中心的发展思想，坚持发展为了人民、发展依靠人民、发展成果由人民共享，才会有正确的发展观、现代化观。"① 面对当今国内国际形势，迫切需要实现生产力变革，而发展新质生产力则是寻求创造社会财富的新路向。

新质生产力强调科技创新和先进生产方式的运用可以促进产业结构的优化和升级。通过引入先进技术和智能制造，传统产业可以实现转型升级，向价值链更高端的环节迈进，提高整体产业竞争力。促进区域、城乡发展的均衡和协调。中国的高铁发展连接了许多发展相对滞后的地区，提供了快速的交通通道，高铁的引入使这些区域的经济活力得到了提升，就业机会增多，促进了区域的平衡发展。新质生产力的应用可以帮助企业提高生产效率，降低生产成本，提高产品质量和服务水平。这将进一步增强企业的市场竞争力，推动整个产业链向高效、智能化方向发展。同时，新质生产力的引入将促进创新驱动发展的转型。通过技术创新和商业模式创新，企业可以不断推出具有竞争力的新产品和服务，并将推动科技与产业的深度融合。通过引入人工智能、大数据、物联网等前沿技术，各行各业可以实现更高水平的智能化生产，提升整体产业的创新能力。发展新质生产力不仅可以促进产业结构升级，还可以推动经济向高质量发展，实现经济的可持续增长，进而保障社会财富的持续性增长，扩大社会财富总量，为实现全体人民共同富裕的目标提供有力支撑。

三、更好满足人民群众对美好生活需要

始终把满足人民对美好生活的新期待作为发展的出发点和落脚点，是推进中国式现代化建设的重要经验，也是建成社会主义现代化强国的必然

---

① 习近平. 习近平谈治国理政：第4卷［M］. 北京：外文出版社，2022：169.

要求。毛泽东写于1940年的《新民主主义论》提到，我们不但要把一个政治上受压迫、经济上受剥削的中国，变为一个政治上自由和经济上繁荣的中国，而且要把一个被旧文化统治因而愚昧落后的中国，变为一个被新文化统治因而文明先进的中国。邓小平曾经指出，在社会主义国家一个真正的马克思主义政党在执政以后，一定要致力于发展生产力，这个基础上提高人民的生活水平①。这就是建设物质文明。与此同时，还要建设社会主义的精神文明，最根本的是要使广大人民有共产主义的理想，有道德，有文化，守纪律。社会主义现代化建设的奋斗目标，就是建设富强、民主、文明的社会主义现代化国家，是社会物质财富的丰富和高度的社会主义精神文明相统一的现代化。物质贫困不是社会主义，精神贫乏也不是社会主义。中国式现代化是注重物的全面丰富和人的全面发展相统一的现代化。我们既要让人民享有美好物质生活，也享有美好精神生活。人民群众对美好生活的需要是全方位、多层次的，不仅对物质生活提出了更高要求，而且对民主、法治、公平、文化、正义、安全、环境等方面的需求也更为强烈，这决定了只有建立在顺应时代发展需要的生产力之上的物质文明与精神文明协调发展，物质生活和精神生活都实现富裕，才能真正满足人民对美好生活的向往，最终实现人的全面发展。

作为生产力的最新形态，新质生产力的功能在于实现高质量的发展，而衡量质量的关键标准在于是否满足人民群众对美好生活的需要。人的全面发展是建立在生产力高度发展的基础上的。正如马克思所言："个人的全面性不是想象的或设想的全面性，而是他的现实联系和观念联系的全面性……要达到这点，首先必须使生产力的充分发展成为生产量发展。条件，不是使一定的生产条件表现为生产力发展的界限。"② 实现物质和精神的共同富裕，离不开新科技、新业态为代表的新质生产力的大力发展。发展新质生产力，使互联网经济、媒体经济、网络营销、个性化订制等得到快速发展，从而形成优质高效多样化的供给体系，提供更多优质产品和服

---

① 1983年4月29日，邓小平会见印度共产党（马克思主义）总书记南布迪里巴德率领的印度共产党（马克思主义）中央代表团时的讲话。
② 马克思，恩格斯. 马克思恩格斯文集：第8卷 [M]. 北京：人民出版社，2009：172.

务,不断提供满足人民物质和精神需要的高质量产品,提高人民的幸福感、获得感。

四、促进人与自然和谐共生

中国式现代化的重要特征就是人与自然和谐共生,这是基于中国主动地应对现代化建设中出现的人与自然矛盾的生态实践,在生态文明理念下具有中国特色、中国风格的发展道路。传统的现代化进程中,长期割裂人与自然、视自然为满足人类需要的工具性存在,无视自然规律,在资本逻辑的支配下对自然毫无节制地索取与压榨,造成生态严重破坏、环境深度污染等全球问题,导致人与自然的关系日益紧张与对抗。这种生产力虽然创造了物质财富,但导致人类赖以生存的地球资源环境承载力趋于极限因而具有不可持续性。我国人均能源资源禀赋严重不足,加快发展面临着更多的能源资源和环境的约束,这决定了我国必须形成和巩固以促进人与自然和谐共生为出发点和归宿的发展模式,发展新质生产力,实现人与自然的协调发展。

"绿色发展是高质量发展的底色,新质生产力本身就是绿色生产力",这一重要论断深刻阐明了新质生产力与绿色生产力的内在必然联系。新质生产力必然是环境友好型、资源节约型的生产力,是按照保护生态环境就是保护生产力、改善生态环境就是发展生产力的发展理念形成的生产力,其展现的是促进"绿水青山就是金山银山"的能力,实现人与自然和谐共生的发展能力。特别是新质生产力是以知识和信息、数据和算力为基础的科技创新来推动现代产业的迭代升级,并将绿色低碳理念、技术、标准、管理等贯穿现代化产业体系发展始终,以产业的绿色化水平提升推动经济社会全面绿色低碳转型,为中国式现代化的稳步推进奠定必要前提。我国绿色发展已取得重大成就,经济发展"含金量"和"含绿量"显著提升。"2023年,我国生态环境领域'十四五'重大工程台账系统纳入项目1.2万个,完成投资6000亿元;可再生能源发电装机容量占比过半,历史性超过火电装机;新能源汽车产销两旺,连续9年位居世界第一。"① 因而，发展绿色生产力，就要抓住全球绿色经济、绿色产业、绿色技术快速发展的机遇，要坚定不移走生态优先、绿色发展之路，加快发展方式绿色转型，加强绿色科技创新与先进绿色技术的推广应用，做大做强绿色产业，发展绿色低碳产业和供应链，助力碳达峰碳中和，不断提升经济发展的含金量和含绿量，以绿色发展的新成效不断激发新质生产力，实现人与自然和谐共生的现代化。

五、走和平发展的现代化道路

实现现代化是一项极具复杂性、长期性和艰巨性的工程，需要持续投入大量人力资源和物质资源。传统现代化发展之路，是通过原始暴力、战争、殖民掠夺等残酷血腥的手段获取现代化发展的各种资源。随着全球化进程不断加深加快，使世界各国的相互依赖性增强，现代化原有的发展道路模式已然不可能重新上演。中国式现代化不走殖民掠夺的老路，不走国强必霸的歪路，走的是和平发展的人间正道。坚持和平发展，在坚定维护世界和平与发展中谋求自身发展，又以自身发展更好维护世界和平与发展，推动构建人类命运共同体，这是中国式现代化的突出特征。中国将始终做世界和平的建设者、全球发展的贡献者、国际秩序的维护者。中国将继续秉持人类命运共同体理念，高质量共建"一带一路"，积极参与全球治理体系变革，同世界各国一起共同发展、合作共赢，走出一条既发展自身、又造福世界的现代化之路。

在实现现代化的征程中走和平发展道路，必须发掘和利用既能满足现代化发展需要，又能促进资源节约的动力。科技的进步和迭代是驱动经济发展的强大动力，有助于在一定程度上减少发展过程对资源的消耗。因此，利用新质生产力助推中国式现代化，可以有效促使中国式现代化减少对资源的极度需要与深度依赖，从而为走和平发展道路提供新的机遇。正如埃及埃中商会秘书长迪亚·赫尔米所言："中国发展新质生产力符合世界利益。"

---

① 周人杰. 新质生产力本身就是绿色生产力［N］. 人民日报，2024－03－14.

第二节 新质生产力是高质量发展的基础

发展是硬道理，发展是解决一切问题的关键与基础，高质量发展是全面建设社会主义现代化国家的首要任务。我国经济已由高速增长阶段转向高质量发展阶段，这是当前和今后一个时期明确发展思路、制定各项经济政策、实施宏观调控的基本依据。高质量发展已经成为满足人民日益增长的美好生活需要、增强综合国力、提升国际竞争力的关键所在。而生产力迭代更新和跃迁升级成为必然，培育新质生产力成为推动高质量发展的内在要求和重要基础。

一、高速增长阶段转向高质量发展阶段的转变

当前，我国经济发展正处在"三期叠加"阶段：增长速度换挡期、结构调整阵痛期、前期刺激政策消化期。我国经济发展的环境、条件、任务和要求等都已发生新的变化，经济增长速度由高速增长转向中高速，发展方式也由过去的规模速度型转向了质量效率型，尤其是发展动力，从过去主要依靠资源、低成本劳动力等要素投入开始转向创新驱动，这是保持经济持续健康发展的必然要求，也是遵从经济发展规律的主动调整。随着我国经济由高速增长阶段进入高质量发展阶段，2023年中央经济工作会议强调，必须把坚持高质量发展作为新时代的硬道理。

我国经济由高速增长阶段转向高质量发展阶段，是遵循经济发展规律的调整，也是保持经济持续健康发展的必然要求。事物的发展是一个螺旋式上升过程，上升从来都不是线性的，当量的积累达到一定程度，必然转向质的提升，我国经济发展也遵从这个规律。经济发展进入高速增长阶段，也是新时代经济发展的一个阶段性特征，客观上要求经济发展由高速增长转向质的提升。经历快速发展阶段后，我们传统行业供给不足问题已基本得到解决，甚至部分行业出现了产能过剩的情况，但是人民更需要的

个性化产品、高质量产品生产不足，其种类和数量尚且不足，未能满足人民对美好生活的需要。当前，我们面临许多新的情况，传统数量型"人口红利"在逐渐减少，资本效率持续走低、收益逐年递减，资源环境压力也在持续增大，传统生产力条件下的高污染、高消耗、低效益、不可持续的经济增长模式越来越难以为继。随着经济增长速度下调，经济社会中各种隐性风险逐渐显现出来，防范和化解重大风险，维护社会稳定是重要的任务。因此，要求我们必须更好地统筹经济量的合理增长与质的有效提升，转向低环境污染、低能源消耗、高经济效益的发展模式，建立健全化解各类风险的机制体制，提升国家和社会抗击风险能力。

我国正处在全面建设社会主义现代化国家的关键时期，新的发展阶段、新的发展环境和新的使命都对我国经济发展提出了更高的要求，推动高质量发展应成为经济社会发展的主旋律。我们应当看到，一方面，近年来高质量发展取得明显成效，科技创新硕果累累，创新驱动发展成效也日益显现，城乡区域发展的协调性、平衡性取得更好的成绩，改革开放全面深化，发展动力活力竞相迸发，发展方式转变步伐加快；另一方面，制约高质量发展因素还大量存在。习近平总书记指出："高质量发展需要新的生产力理论来指导，而新质生产力已经在实践中形成并展示出对高质量发展的强劲推动力、支撑力"①，习近平总书记还强调，要牢牢把握高质量发展这个首要任务，因地制宜发展新质生产力②。培育、提升新质生产力，顺应相互交织的"两个大局"，顺应推进高质量发展的新要求，意义深远而重大。

二、推动高质量发展的内在要求和重要着力点

高质量发展是推进中国式现代化建设的一个本质要求，其从根本上强调发展的质量与效益，将创新、协调、绿色、开放、共享的新发展理念贯穿发展全过程。高质量发展是全面的发展、协调的发展，统筹政治、经

---

① 习近平在中共中央政治局第十一次集体学习时强调 加快发展新质生产力 扎实推进高质量发展［N］. 人民日报，2024－02－02.

② 2024年3月5日，习近平参加十四届全国人大二次会议江苏代表团审议时讲话。

济、文化、社会、生态等各个方面的发展。高质量发展需要新的生产力理论来指导。新质生产力已经在实践中形成，并逐渐显示出赋能高质量发展的强劲推动力、支撑力。习近平总书记指出："发展新质生产力是推动高质量发展的内在要求和重要着力点，必须继续做好创新这篇大文章，推动新质生产力加快发展。"① 高质量发展归根结底是生产力的发展，新质生产力是高质量发展的重要基础。

新质生产力是高质量的生产力。新质生产力作为新理念和新要求，其提出首先是立足于我国现阶段经济发展水平，其次是客观地把握了生产力发展规律，从而在新发展阶段，对什么是高质量发展以及如何实现高质量发展，作出了科学的回应。新质生产力突破传统经济增长模式，新质生产力的"质"强调新质量和新质态。传统生产力的发展依赖大量要素、资源的投入，是高消耗、低效率的，具有不可持续性。新质生产力则是高效利用数字技术与生产要素有效融合，能有效克服传统生产力的不足，在生产的微观层面上有效激发数字对生产要素的赋能效用，在生产的宏观层面则可以呈现出经济总量增加的系列连锁反应，实现低能耗、高效率、可持续的发展方式。

新质生产力的形成建立在充分、有效整合科技创新资源以及现有产业基础，提高资源配置效率，提升要素质量，是生产力的迭代更新，是先进生产力替代传统生产力，是比过去高增长模式更高效、更高质、更具有可持续性的发展模式加速形成的过程。新质生产力是新形态的生产力，其能够大力推动经济发展动力变革、效率变革、质量变革，为高质量发展提供有效动能。

三、赋能高质量发展

（一）科技创新是新质生产力的核心要素，为高质量发展提供不竭动力

近代以来世界各国发展历程，尤其是我国改革开放成功实践说明，坚

---

① 习近平在中共中央政治局第十一次集体学习时强调 加快发展新质生产力 扎实推进高质量发展［N］．人民日报，2024-02-02．

持创新发展是增强发展动力、应对环境变化、于世界竞争中把握发展主动权的根本之策。"科技创新能够催生新产业、新模式、新动能，是发展新质生产力的核心要素。"① 新发展阶段，实施创新驱动发展战略，是提升新质生产力的核心路径。新质生产力以创新促进质的提升，以数字技术为主导，革新传统经济增长模式，促进生产要素的创新组合，高效实现技术进步以及全要素生产率的高质提升，能够有效降低能耗，补齐战略性新兴产业与未来产业发展短板，充分运用数字技术推动产业数字化转型，为实现高质量发展提供强劲动力。

因此，培养和提升新质生产力，应当坚定不移地实施创新发展战略，加大科研投入，优化创新环境，激发企业和个人的创新活力，推动科技创新、产业创新、商业模式创新等多领域全面开花。需要强调的是，加强科技创新，特别要加强原创性的、颠覆性的科技创新，"加快实现高水平科技自立自强，打好关键核心技术攻坚战，使原创性、颠覆性科技创新成果竞相涌现，培育发展新质生产力的新动能"②，为高质量发展提供不竭动力。

（二）技术进步与现代化产业体系建构，为高质量发展提供强劲动力

优化升级产业结构，是推动新质生产力发展的重要举措。要及时将科技创新成果转化、运用到具体产业以及产业链中，促进传统产业优化升级，加快建设现代化产业体系。技术进步是推动产业升级的关键。通过引进和自主研发先进技术，同时加大市场调节力度与政府政策引导，加快传统产业升级改造，加快培育、发展新兴产业和包括生产性服务业和生活性服务业在内的现代服务业，推动产业结构向智能化、高端化、绿色化、融合化方向发展，建设具有竞争力的、先进的、完整的、安全的现代化产业体系。与此同时，必须加强与国际先进技术的交流合作，吸收借鉴国际先

---

① 习近平在中共中央政治局第十一次集体学习时强调 加快发展新质生产力 扎实推进高质量发展 [N]. 人民日报，2024-02-02.

② 习近平在中共中央政治局第十一次集体学习时强调 加快发展新质生产力 扎实推进高质量发展 [N]. 人民日报，2024-02-02.

进经验，提升产业整体竞争力。由此，我们非常明确，新质生产力在现代化产业体系中居于主导地位，新质生产力是现代化产业体系的本质。加快发展新质生产力，有利于现代化产业体系的培育，为高质量发展提供强劲动力。

（三）人才是新质生产力的核心要素，为高质量发展提供内生活力

实现高质量发展，最根本的就是要能够满足人民日益增长的美好生活需要，满足人民日益增长的物质需要、精神需要、生态需要以及文化需要等，从而实现人的全面发展。因此，高质量发展，其本质上是以"人"为中心的发展，人的全面发展是高质量发展的出发点和最终的落脚点。加快发展新质生产力，必须坚守正确的人才观，着眼人才的培养、引进、使用以及合理流动等各个方面各个环节，加强政策引导、完善各项人才保障制度，优化人才培养模式，充分释放优秀人才创造活力，让各类人才向发展新质生产力流动、集聚。经济高速增长模式转向高质量发展模式，劳动密集开始转向到技术创新密集，加强人才培养，特别是高层次、创新型人才的培养，是提升新质生产力的关键。同时，重视知识积累，通过教育、培训、实践等多种方式，不断提升人才的知识水平和综合素质，为高质量发展提供坚实的人才保障和持续的内生活力。

（四）新质生产力是绿色生产力，不断夯实高质量发展的绿色底色

新质生产力的"新质"很大程度体现在绿色发展上，是其"质优"的重要表现，绿色发展是新质生产力的重要发展方向，也是高质量发展的底色。在新的发展阶段，绿色发展是新一轮科技革命与产业变革中最富前景的发展领域之一。

坚持生态优先、绿色发展，推动经济社会与生态环境协调发展，推动能源结构、产业结构、交通运输结构等全面绿色转型，并在此基础上加快推进经济社会全面绿色转型，是高质量发展的必由之路。通过发展绿色产业、推广绿色技术、完善绿色政策体系，促进资源节约、环境友好，构建绿色低碳循环经济体系，实现经济社会健康可持续发展，加快形成绿色健

康生活方式，不断夯实高质量发展的绿色底色。

（五）新质生产力是不断发展的生产力

深化改革与扩大开放、完善市场机制与法治环境、实现社会公平正义与改善民生等是提升、发展新质生产力的必然要求，在此基础上进一步推动经济高质量发展。深化改革，破除制约高质量发展的体制机制障碍，释放市场活力和社会创造力。坚持对外开放的基本国策，积极参与国际经济合作与竞争，吸收全球先进生产要素，推动经济高质量发展。完善的市场机制和法治环境，是新质生产力的重要保障。加大市场监管和执法力度，保障公平竞争和市场秩序，为新质生产力的培养与发展创造良好环境。加强法治建设，完善法律法规体系，保护企业和个人的合法权益，为新质生产力提供坚实的法治保障。实现社会公平正义、不断改善民生，是高质量发展的重要目标。通过加强社会保障体系建设、推动教育公平、促进就业创业等措施，不断提高人民群众的生活水平和幸福感。加强社会治理创新，维护社会和谐稳定，为新质生产力的发展提供坚实的社会基础。

第三节 新质生产力是提升国际竞争力的支撑

工业革命是由科学突破和技术创新引领的，并带来了生产力的飞跃。近年来，新一轮科技革命与产业变革正蓬勃兴起，全球治理体系和国际秩序变革加速推进。保持经济健康可持续发展、不断增强综合国力、在国际竞争中把握主动权，是我们面临的一个重大课题。加快形成新质生产力，以科技创新为引擎，发展战略性新兴产业和未来产业，有助于增强国际竞争力。

一、先进生产力质态契合国际竞争力的本源

生产力与生产关系、经济基础与上层建筑，共同构成了社会的基本框

架。生产力是最革命、最活跃的因素，是社会发展的物质前提，是衡量社会发展水平的根本性标准。生产力由多重要素构成，涵盖劳动者、劳动资料和劳动对象等实体性要素，以及科学技术、教育和管理等非实体性要素。这些要素一方面各自发挥作用，另一方面相互依存促进，在推动生产力从低级到高级、从落后到先进的演进过程中，不断实现新的发展。

生产力的发展，基本上都是由科技的进步与变革引领的，进而带来深刻的生产关系和社会关系变革。马克思指出："随着大工业的发展，现实财富的创造较少地取决于劳动时间和已耗费的劳动量，较多地取决于在劳动时间内所运用的作用物的力量，而这种作用物自身——它们的巨大效率——又和生产它们所花费的直接劳动时间不成比例，而是取决于科学的一般水平和技术进步，或者说取决于这种科学在生产上的应用。"[①] 产业革命发展史证明，历次重大科学、技术进步无不极大地提升了生产力，重塑了社会生产生活方式，造就了在国际竞争中具有核心竞争力和话语权的强国，带来世界政治经济格局的深刻变化。

18世纪60年代中期起，人类技术发展史上的一次巨大变革以发明、改进和使用机器拉开序幕，瓦特等英国科学家、工程师的创造性贡献，使蒸汽机作为动力机被广泛使用，开创了以机器代替手工工具的时代。在生产力方面，技术变革用机器代替了手工劳动，使工厂代替了手工作坊。社会关系上，依附于落后生产方式的自耕农阶级消失了，工业资产阶级和工业无产阶级形成和壮大起来。这次技术革命和与之相关的社会关系变革，被称为第一次工业革命或者产业革命。作为第一次工业革命的发源地，英国逐步成长为当时的世界霸主，并在相当长的时间内，处于国际竞争领导者地位。

19世纪70年代到20世纪初期，科学技术持续进步，工业生产持续高涨，由于发电机、电动机相继发明，远距离输电技术出现，电气工业迅速发展起来，电力在生产和生活中得到广泛的应用，加上内燃机的出现及广

[①] 马克思，恩格斯. 马克思恩格斯全集：第46卷下册［M］. 北京：人民出版社，1972：217.

泛应用，推动了电气、化学、石油、汽车、飞机等新兴工业的发展。这次以电力技术为代表的产业革命，被称为第二次工业革命，世界从"蒸汽时代"进入"电气时代"。在这一轮产业革命中走在自主创新前列的美国，在国际竞争中的地位不断攀升，20世纪初迅速崛起为世界第一大工业国和第一经济强国。

20世纪50年代以来，电子计算机划时代地迅速发展并被广泛运用，开辟了"信息时代"。第三次产业革命催生了一大批新型工业，第三产业迅速发展，并且在原子能、电子计算机、微电子技术、空间技术、生物工程等诸多领域不断取得重大突破。这次革命是人类文明史上的又一次重大飞跃，科学技术的重要性更加彰显，更加广泛而深刻地影响着人类生活方式和思维方式，推动经济、政治、文化等领域的深层次变革，使人类社会生活向更高境界发展，国际竞争日趋激烈、复杂，人们更加重视以科技创新培育发展新动能、塑造发展新优势。

改革开放以来，我国依靠引进和叠加运用工业革命成果，实现了从生产力相对落后到经济总量跃居世界第二位的历史性突破，国际竞争力大幅提升，科技创新从以跟踪为主转向跟踪和并跑、领跑并存的新阶段。

综观人类历史上的几次工业革命，可以看出，都是由当时的科技革命性进步和突破而带动的，很多新产业、新赛道由此被催生，形成产业浪潮，同时也让掌握先进科技的国家，生产力得到极大提升，并在国际竞争中占据优势。归根结底，国际竞争从本质和源头上讲，就是生产力的竞争。而新质生产力，本质是先进生产力，是由技术革命性突破、生产要素创新性配置、产业深度转型升级而催生的当代先进生产力，完全契合国际竞争力的本源。加快形成和发展新质生产力，就抓住了国际竞争的根本。

二、应对国际竞争大变局的必然选择

人类历史上每一次重大科技进步都带来了劳动生产率的极大提高、产业结构的快速优化以及生产力的全面跃升。可以说，科技是先进生产力的集中体现和主要标志。随着新一代信息技术的发展，移动互联网、大数据、云计算、人工智能、区块链等加速创新、大规模应用，给经济社会发展增添了强大驱动力，以信息化、数字化、智能化、绿色化为特征的新一轮科技革命和产业变革正在加速酝酿，第四次工业革命浪潮扑面而来。相应地，尖端核心科技及其产业化，日益成为国际竞争的核心。

在这样的国际竞争态势下，大国博弈不可避免地呈现出日趋激烈的状态，经济全球化遭遇逆流，全球产业链供应链调整收缩，技术封锁、贸易制裁多发频发，世界进入新的动荡变革期。随着世界百年未有之大变局加速演进，世界之变、时代之变、历史之变正以前所未有的方式展开，地缘冲突频发，形势错综复杂，我国发展面临外部环境的复杂性、严峻性、不确定性持续上升。面对这种情况，我国原来主要依靠低要素成本形成的国际竞争优势明显减弱，市场和资源"两头在外"的国际大循环动能和发展模式也难以为继，必须加快构建国内大循环为主体国内国际双循环的新发展格局，把发展立足点放在国内，以自主发展和内生增长为先，更多依靠国内市场实现经济高质量发展，从而在外部风险冲击下化险为夷。尽管国内改革发展稳定任务比较艰巨繁重，面临不少躲不开、绕不过的深层次矛盾，国内大循环也还存在堵点，但从人口和市场体量看，我国拥有14亿多人口，人均国内生产总值已经突破1万美元，是全球最大和最有潜力的消费市场，具有巨大增长空间和强劲发展韧性。

在日趋激烈的国际竞争中，我们必须立足自身优势，走自主创新道路，采取更加积极有效的应对措施，在重点科技领域超前部署、大胆探索。科学技术深刻影响着国家前途命运和人民生活福祉，要想打破科技封锁，实现中华民族伟大复兴，必须大力发展科学技术，努力成为世界主要科学中心和创新高地，有且只有拥有了强大的科技创新能力，才能提高我国的国际竞争力。习近平总书记指出："自力更生是中华民族自立于世界民族之林的奋斗基点，自主创新是我们攀登世界科技高峰的必由之路"，"实践反复告诉我们，关键核心技术是要不来、买不来、讨不来的。只有把关键核心技术掌握在自己手中，才能从根本上保障国家经济安全、国防安全和其他安全"，"必须加强科技创新特别是原创性、颠覆性科技创新，加快实现高水平科技自立自强"①。

新质生产力具有高科技、高效能、高质量特征，特点是创新，关键在质优，创新起主导作用，对加强科技创新特别是原创性、颠覆性科技创新提出了紧迫要求。我们应当增强忧患意识，把握产业革命大趋势，努力抓住新一轮科技革命和产业变革的重要时机，加强源头性技术储备，以科技创新为支撑点，组织具有重大引领作用的协同攻关，积极攻克关键领域核心技术的"卡脖子"问题，加快形成新质生产力，从而在日益激烈的国际竞争中把握发展主动权，在世界市场竞争中占据主动。

在这一过程中，要特别重视和把握两个方面：一方面，重视深化科技体制改革和人才发展体制机制改革，健全科技评价体系和激励机制，"不能让繁文缛节把科学家的手脚捆死了，不能让无穷的报表和审批把科学家的精力耽误了"②。要进一步激发各类人才创新活力和潜力，增强科教兴国强国抱负，加强基础研究和转化应用研究，打好关键核心技术攻坚战，培育发展新质生产力的新动能。另一方面，要切实认识到自主创新是开放环境下的创新，发展科学技术、发展新质生产力必须具有开放胸怀、全球视野，不能闭门造车，我国的科技水平同发达国家还有不少差距，必须始终坚持改革开放，主动深化国际科技交流合作，在更高起点上推进自主创新。这样所形成的新质生产力，才能有效应对国际竞争。

三、构建现代化产业体系是提升国际竞争力的主阵地

世界正在进入以信息产业为主导的新经济发展时期。大数据、云计算、区块链、人工智能等新一代信息技术深刻改变人类生产生活方式，发展速度之快、辐射范围之广、影响程度之深前所未有。信息技术作为率先渗透到经济社会生活各领域的先导技术，促进以物质生产、物质服务为主

---

① 习近平. 在中国科学院第十九次院士大会、中国工程院第十四次院士大会上的讲话 [N]. 人民日报，2018-05-29（2）.

② 习近平. 在中国科学院第十九次院士大会、中国工程院第十四次院士大会上的讲话 [N]. 人民日报，2018-05-29（2）.

的经济发展模式向以信息生产、信息服务为主的经济发展模式转变，并且推动学科之间、科学和技术之间、技术之间加速交叉融合，为诞生更多前沿技术、颠覆性技术提供了创新源泉。信息科技、生物科技、新能源、新材料、低碳环保等领域的产品创新和技术革新不断涌现，成为国际战略博弈的主要战场。可以预见，未来几十年，新一轮科技革命和产业变革将同人类社会发展形成历史性交汇，并重构全球经济版图。

在历史性交汇时期，要抓住全球产业结构调整和经济版图重构过程中孕育的新机遇，抢占前沿科技制高点，在未来发展和国际竞争中赢得战略主动，关键是要勇于开辟新领域、制胜新赛道，提前布局，系统性重构产业体系。习近平总书记强调，"要及时将科技创新成果应用到具体产业和产业链上，改造提升传统产业，培育壮大新兴产业，布局建设未来产业，完善现代化产业体系"①，这是提升国际竞争力、构筑竞争新优势的主阵地和突破口。

现代化产业体系具有完整性、先进性、安全性三个突出特性，是生产力系统改旧纳新、推陈出新的演化成果。而新质生产力涉及领域新、技术含量高，代表着中国社会生产力系统在新时代演化进程中的能级质变，其形成和发展促进了传统产业的改造和升级，推动了战略性新兴产业的崛起和发展，对把握新科技革命浪潮，高效集聚全球创新要素，系统性重构产业体系具有重要意义。从本质上来说，现代化产业体系是新质生产力居于主导地位的生产力系统。因此，加快发展新质生产力，是完善现代化产业体系的必然要求，是不断提升国家综合实力与国际竞争力的必然选择。

大力推进现代化产业体系建设，加快发展新质生产力。充分发挥创新主导作用，以科技创新推动产业创新，加快推进新型工业化，提高全要素生产率，不断塑造发展新动能新优势，促进社会生产力实现新的跃升。发展新质生产力不是忽视、放弃传统产业，要防止一哄而上、泡沫化，也不能只搞一种模式。各地要坚持从实际出发，先立后破、因地制宜、分类指

---

① 习近平在中共中央政治局第十一次集体学习时强调 加快发展新质生产力 扎实推进高质量发展［N］．人民日报，2024-02-02（1）．

导，根据本地的资源禀赋、产业基础、科研条件等，有选择地推动新产业、新模式、新动能发展，用新技术改造提升传统产业，积极促进产业高端化、智能化、绿色化。

要在培育壮大先进制造业集群，推进产业基础高级化，产业链供应链优化升级的同时，着力培育新兴产业和未来产业。进一步巩固智能网联新能源汽车产业领先优势，加快发展氢能、新材料、创新药等前沿新兴产业，积极打造生物制造、商业航天、低空经济等新增长引擎，开辟量子技术、生命科学等新赛道。

中篇

当前和今后相当长一段时间，发展新质生产力主要围绕新制造、新服务、新业态展开，以战略性新兴产业和未来产业为代表的新制造、以高附加值生产性服务业为代表的新服务、以全球化和数字化为代表的新业态，是建设现代化产业体系、推动经济体系优化升级的重点。

第四章 新制造

新质生产力是以科技创新为出发点新的时代的生产力,实现制造业转型升级,培育壮大先进制造业集群,是发展新质生产力的立足点。科技创新重新定义制造业,以科学发现为基础,运用颠覆性的技术创新成果,更合理配置生产要素,大力发展新能源、新材料、新医药、新制造装备和新信息技术等,培育壮大产业发展新动能,以战略性新兴产业为发展重点,谋划布局未来产业,才能促进新质生产力的发展。

第一节 科技创新

新质生产力即有别于传统生产力的新型生产力,是以科技创新为主的生产力,是摆脱传统增长路径、符合高质量发展要求的新型生产力。

一、新科学发现

科学是关于自然界、人类社会及人类自身规律的原理、方法、观念和事实的知识体系,以及创造知识体系的实践活动。科学的任务是发现规律,然后提出理论,用理论去认识世界,在此基础上解释世界,提高人类的认识水平。科学是研究自然、社会的本质及其规律所获得的知识体系,是产生知识体系的活动和过程。

文明的演进依赖于科学发现。重大科学发现在改变了科学进程的同时，也推动了人类文明的发展，对人类社会进程或思想观念有重大影响的科学发现主要有：勾股定理、微生物学、运动三大定律和万有引力、元素周期表、电磁感应原理、基因、热力学四大定律、相对论、量子力学等。

随着人类文明的进步，自然科学与社会科学趋于综合，交叉学科、新兴学科不断涌现，学科边界更加模糊，许多重大的创新越来越依赖于多学科的融合。经济社会发展中的一些重大问题，必须运用自然科学、社会科学、工程技术的综合手段才能解决。

当前，科学研究的领域不断拓展，前沿基础研究向宏观拓展、微观深入和极端条件方向交叉融合，宇宙起源、天体起源、宇宙生命起源、暗物质与暗能量、黑洞、微观物质结构、极端条件下的奇异物理现象、量子调控、复杂系统、合成生物学、生物大分子和基因、人类脑科学等领域的研究将不断深化[①]。

2023年，从天文学、医学到量子物理学和合成生物学等各个知识领域，人类均取得了科学发现和突破：天文学家在时空结构中发现巨浪、大脑解码器翻译人类思想、远古鲸鱼可能是有史以来最大的动物、首次获得室温下的量子超导性、科学家用合成DNA创造了第一个活细胞、人工智能有人类思维的可能、科学家首次能够在人体内编辑基因、用青蛙干细胞制造出第一个活体机器人、首次利用光学神经假体让盲人重见光明、更具代表性的新基因组、创造了第一个可以消化塑料的人造胃等。

2023年，"中国科学十大进展"主要分布在生命科学和医学、人工智能、量子、天文、化学能源等科学领域，分别为：人工智能大模型为精准天气预报带来新突破、揭示人类基因组暗物质驱动衰老的机制、发现大脑"有形"生物钟的存在及其节律调控机制、农作物耐盐碱机制解析及应用、新方法实现单碱基到超大片段DNA精准操纵、揭示人类细胞DNA复制起始新机制、"拉索"发现史上最亮伽马暴的极窄喷流和十万亿电子伏特光子、玻色编码纠错延长量子比特寿命、揭示光感受调节血糖代谢机制、发

---

① 参见：白春礼. 创造未来的科技发展新趋势[N]. 人民日报, 2015-07-05 (5); 白春礼. 世界科技前沿发展态势[EB/OL]. (2021-01-18) [2024-03-20]. https://www.sohu.com/a/445363464_660408.

现锂硫电池界面电荷存储聚集反应新机制[1]。

《"十四五"规划和2035年远景目标纲要》提出，在事关国家安全和发展全局的基础核心领域，制定实施战略性科学计划和科学工程。重大创新领域包括量子信息、光子与微纳电子、网络通信、人工智能、生物医药、现代能源系统等，前沿领域包括人工智能、量子信息、集成电路、生命健康、脑科学、生物育种、空天科技、深地深海等[2]。

《"十四五"规划和2035年远景目标纲要》提出的科技前沿攻关领域：

新一代人工智能　前沿基础理论突破，专用芯片研发，深度学习框架等开源算法平台构建，学习推理与决策、图像图形、语音视频、自然语言识别处理等领域创新。

量子信息　城域、城际、自由空间量子通信技术研发，通用量子计算原型机和实用化量子模拟机研制，量子精密测量技术突破。

集成电路　集成电路设计工具、重点装备和高纯靶材等关键材料研发，集成电路先进工艺和绝缘栅双极晶体管（IGBT）、微机电系统（MEMS）等特色工艺突破，先进存储技术升级，碳化硅、氮化镓等宽禁带半导体发展。

脑科学与类脑研究　脑认知原理解析，脑介观神经联接图谱绘制，脑重大疾病机理与干预研究，儿童青少年脑智发育，类脑计算与脑机融合技术研发。

基因与生物技术　基因组学研究应用，遗传细胞和遗传育种、合成生物、生物药等技术创新，创新疫苗、体外诊断、抗体药物等研发，农作物、畜禽水产、农业微生物等重大新品种创制，生物安全关键技术研究。

临床医学与健康　癌症和心脑血管、呼吸、代谢性疾病等发病机制基础研究，主动健康干预技术研发，再生医学、微生物组、新型治疗等前沿

---

① 2023年度"中国科学十大进展"发布［EB/OL］.（2024-03-01）［2024-03-20］. https：//www.nsfc.gov.cn/publish/portal0/tab440/info91968.htm.
② 中华人民共和国国民经济和社会发展第十四个五年规划和2035年远景目标纲要［EB/OL］.（2021-03-13）［2024-03-20］. http：//www.gov.cn/xinwen/2021-03/13/content_5592681.htm.

技术研发，重大传染病、重大慢性非传染性疾病防治关键技术研究。

  深空深地深海和极地探测 宇宙起源与演化、透视地球等基础科学研究，火星环绕、小行星巡视等星际探测，新一代重型运载火箭和重复使用航天运输系统、地球深部探测装备、深海运维保障和装备试验船、极地立体观监测平台和重型破冰船等研制，探月工程四期、蛟龙探海二期、雪龙探极二期建设。

  《"十四五"规划和2035年远景目标纲要》提出的国家重大科技基础设施：

  战略导向型 建设空间环境地基监测网、高精度地基授时系统、大型低速风洞、海底科学观测网、空间环境地面模拟装置、聚变堆主机关键系统综合研究设施等。

  应用支撑型 建设高能同步辐射光源、高效低碳燃气轮机试验装置、超重力离心模拟与试验装置、加速器驱动嬗变研究装置、未来网络试验设施等。

  前瞻引领型 建设硬X射线自由电子激光装置、高海拔宇宙线观测站、综合极端条件实验装置、极深地下极低辐射本底前沿物理实验设施、精密重力测量研究设施、强流重离子加速器装置等。

  民生改善型 建设转化医学研究设施、多模态跨尺度生物医学成像设施、模式动物表型与遗传研究设施、地震科学实验场、地球系统数值模拟器等。

  《"十四五"规划和2035年远景目标纲要》提出，支持北京、上海、粤港澳大湾区形成国际科技创新中心，建设北京怀柔、上海张江、大湾区、安徽合肥综合性国家科学中心，支持有条件的地方建设区域科技创新中心。

  2021—2025年，我国的研发支出将每年增加7%以上，以追求技术上的重大突破。"十四五"时期，我国加快建设创新型国家支撑引领高质量发展。《"十四五"国家科技创新规划》将面向世界科技前沿，面向经济社会发展主战场，面向国家重大战略需求，面向人民生命健康，紧跟研判当今世界科技发展的特征和新阶段的特点，加强基础和前沿研究。"十四五"

国家科技创新规划将集中在 15 个重大问题：科技创新趋势及面临国家形势；科技创新支撑引领新发展格局；增强企业技术创新主体地位；增加我国基础研究投入；构建科技、教育、产业、金融紧密融合创新体系；科技领域统筹发展与安全；创新科技成果转化机制；营造国际化科研环境；科技创新对社会的综合影响；青年科技人才培养；科技领域加快转变政府职能；科研院所改革；国际科技合作；科学开发和技术开源；弘扬科学家精神。

2024 年是科学研究迈出重要一步的一年，特别是在医学、能源和科技领域。在医学和生命科学领域，新药物和治疗方法的批准为神经退行性疾病患者带来了希望，而生物标志物的发现则为早期癌症的诊断和监测提供了新的工具。在能源和环境领域，大规模储能设备的开发以及核能技术的进步为可再生能源的应用和清洁能源的发展铺平了道路。而在科技和工程方面，人工智能和 CRISPR 技术的应用则为医疗诊断、基因编辑和自动驾驶等领域带来了革命性的变革。这些重大的科学发现不仅为解决医疗、能源和环境等领域的挑战提供了新的思路和解决方案，也为推动社会和经济的可持续发展提供了强大的动力。

二、新技术创新

（一）新技术及创新

技术是根据生产实践或科学原理而发展成的工艺操作方法和技能，以及所使用的相应的材料、设备、工艺流程等。技术的任务是在科学原理的指导下或实践中，发明或开发出新的方法、手段或措施。技术的内容包括：技术是为变革自然和社会所采取的手段、工具和方法；技术是由技术思想、方案设计向生产技术、工程技术转化的过程；技术是生产力发展水平的时代标志。技术的作用是变革世界，增强人类适应自然、改造自然的能力。

现代技术创新日新月异，呈现出以下特征：一是信息技术和高新技术带来经济社会发展格局的重大转变，极大地节约自然资源和劳动力资源，使各种生产要素的流动更为方便，信息增值速率更快；二是在科学进步基础上的技术创新成为国家绿色发展的制高点，原始创新、引进消化吸收再创新、集成创新的能力已成为一国科技竞争力的核心，成为决定一个国家在全球经济格局和国际产业分工所处的生态位的基础条件；三是能源与资源技术的创新，解决生态环境保护中的瓶颈问题，推动经济结构的优化和经济增长方式的转变；四是技术进步的方向发生变化，技术研究向基础研究发展，越来越多的技术进步依赖于科学理论的超前研究，新技术革命取决于科学的新发现和重大突破；五是科学技术的研发全球化和区域化交错，国际科技的合作步伐加快的同时，技术研发区域化也日趋增强。

技术创新是促进生产力发展的有力杠杆，是人类社会进步的动力，现代科学技术作为第一生产力的作用日益明显。美、日等发达国家的科技进步对经济的贡献率多在 70% 以上。2023 年，我国科技进步贡献率超过 60%。

当代技术革命的最显著特点是出现了一系列高新技术。技术变革将催生产业变革，信息网络技术、生物科技、清洁能源技术、新材料与先进制造、量子计算机与量子通信技术、干细胞与再生医学、合成生物和"人造叶绿体"、纳米科技和量子点技术、石墨烯材料、人机共融的智能制造模式、智能材料与3D打印结合形成的4D打印技术、低能耗和高效能的绿色技术、分子模块设计育种技术、智能技术、基因测序技术、干细胞与再生医学、分子靶向治疗技术、远程医疗技术、无线传输和无线充电技术实用化、空间新技术、海洋新技术、地质勘探技术和装备研制技术、非硅信息功能材料、第五代移动通信技术（5G）会取得突破性进展；大数据、云计算技术进一步发展，工业互联网、能源互联网、车联网、物联网、太空互联网等新网络改变传统，智慧地球、智慧城市、智慧物流、智能生活等应用技术极大方便生产和生活；围绕极地、空间、网络等领域国防技术创新加速推进，信息化战争、数字化战场、智能化装备、新概念武器将成为创新的主要方向；国际科技合作重点围绕全球共同挑战展开，集中在全球气候变化、能源资源短缺、粮食和食品安全、网络信息安全、大气海洋等生态环境污染、重大自然灾害、传染性疾病疫情和贫困等重大问题上①。下一个科学技术革命的引爆点将是智能化（万物互联、万物传感、万物智能），生物科技、人工智能、可再生能源、网络接入技术和智能家电彻底改变人类的生活方式。

美国公布的《2016—2045年新兴科技趋势》预测报告，通过对近700项科技趋势的综合对比分析，最终明确了20项最值得关注的科技发展趋势：物联网、机器人与自动化系统、智能手机与云计算、智能城市、量子计算、混合现实、数据分析、人类增强、网络安全、社交网络、先进数码设备、先进材料、太空科技、合成生物科技、增材制造、医学、能源、新型武器、食物与淡水科技、对抗全球气候变化。

欧盟委员会发布的《面向未来的100项重大创新突破》报告，筛选了九大类100项可能对全球经济产生重大影响的颠覆性技术：人工智能和机器人（增强现实、室内自动耕作、区块链、聊天机器人、计算创造力、无人驾驶、外骨骼、高光谱成像、语音识别、群体智能、无人机、人工智能、全息图、类人机器人、神经科学、精准农业、柔性机器人、非接触手势识别、飞行汽车）、人机交互和仿生（神经形态芯片、仿生学、脑功能映射、脑机接口、情绪识别、智能纹身、人工突触/大脑）、电子与计算机（柔性电子、纳米发光二极管、碳纳米管、计算内存、石墨烯晶体管、高精度时钟、纳米线、光电子学、量子计算机、量子密码学、自旋电子学）、生物交叉学科（生物降解的传感器、芯片实验室、分子识别、生物电子学、生物信息学、植物通信）、生物医学（基因编辑、基因治疗、抗生素药敏试验、生物打印、基因表达的控制、药物输送、表观遗传技术、基因疫苗、微生物组、再生医学、重编程的人类细胞、靶向细胞死亡途径）、印刷与材料（2D材料、食物3D打印、玻璃3D打印、大型物体的3D打印、4D打印、水凝胶、超材料、自愈材料）、突破资源边界的技术（生物塑料、碳捕获与封存、海水淡化、地球工程与气候工程、超级高铁、塑胶

---

① 参见：白春礼. 创造未来的科技发展新趋势［N］. 人民日报，2015-07-05（5）；白春礼. 世界科技前沿发展态势［EB/OL］.（2021-01-18）［2024-03-20］. https：//www.sohu.com/a/445363464_660408.

食虫、分解二氧化碳、备灾技术、水下生活、废水养分回收、小行星采矿)、能源(生物发光、能量收集、收集甲烷水合物、氢燃料、海洋和潮汐能技术、微生物燃料电池、熔盐反应堆、智能窗、热电涂料、水分解、机载风力发电机、铝基能源、人工光合作用)、社会领域的重大创新突破(协同创新空间、游戏化趋势、共享经济、读写文化——多元化的信息控制者、重塑教育、自我量化、无车城市、新的记者网络、本地食物圈、拥有和共享健康数据、替代货币、基本收入、生命缓存)。

2023年1月,《麻省理工科技评论》发布了"2023年全球十大突破性技术",包括:詹姆斯·韦伯太空望远镜、用于高胆固醇的CRISPR(基因编辑)、制作图像的AI、按需器官制作、远程医疗堕胎药、改变一切的芯片设计、古代DNA分析、电池回收利用、必然到来的电动汽车、大规模生产的军用无人机。

2023年6月,世界经济论坛发布了《2023年十大新兴技术报告》,最有潜力、对世界产生积极影响的十大技术包括:柔性电池、生成式人工智能、可持续航空燃料、工程噬菌体、改善心理健康的元宇宙、可穿戴植物传感器、空间组学、柔性神经电子学、可持续计算、人工智能辅助医疗。

2023年12月,中国工程院《工程》评选出"2023全球十大工程成就",入选的包括:ChatGPT、中国空间站、百亿亿次超级计算机、白鹤滩水电站、双小行星重定向测试、RTS,S/AS01疟疾疫苗、鸿蒙操作系统、Spot&Atlas机器人、锂离子动力电池、无人驾驶航空器。

2024年1月,《麻省理工科技评论》发布了"2024年全球十大突破性技术",包括:无处不在的人工智能、超高效太阳能电池、苹果Vision Pro、减肥药、增强型地热系统、芯粒技术、首例基因编辑治疗、百亿亿次计算机、热泵、分散式社交平台。

当前,我国无人机、高铁、5G网络、特高压输电、盾构机、北斗导航、量子通信、核能发电、核废料处理、石油勘测等技术取得了突破性的进展并广泛应用。

《"十三五"国家科技创新规划》提出,发展现代农业技术(生物育种研发、粮食丰产增效、主要经济作物优质高产与产业提质增效、海洋农业/蓝色粮仓与淡水渔业科技创新、畜禽安全高效养殖与草牧业健康发展、林业资源培育与高效利用、农业面源和重金属污染农田综合防治与修复、农林资源环境可持续发展利用、盐碱地等低产田改良增粮增效、农业生物制造、农机装备与设施、农林生物质高效利用、智慧农业、智能高效设施农业）、**先进制造技术**（网络协同制造、绿色制造、智能装备与先进工艺、光电子制造关键装备、智能机器人、增材制造、激光制造、制造基础技术与关键部件、工业传感器）、**新材料技术**（重点基础材料、先进电子材料、材料基因工程、纳米材料与器件、先进结构材料、先进功能材料）、**清洁高效能源技术**（煤炭安全清洁高效开发利用与新型节能、可再生能源与氢能技术、核安全和先进核能、智能电网、建筑节能）、**现代交通技术与装备**（新能源汽车、轨道交通、海洋运输、航空运输技术与装备、综合交通运输与智能交通）、**现代食品制造技术**（加工制造、机械装备、质量安全、保鲜物流、营养健康）、**生态环保技术**（大气污染防治、土壤污染防治、水环境保护、清洁生产、生态保护与修复、化学品环境风险防控、环保产业技术、重大自然灾害监测预警与风险控制、全球环境变化应对）、**资源高效循环利用技术**（水资源高效开发利用、煤炭资源绿色开发、油气与非常规油气资源开发、金属和非金属资源清洁开发与利用、废物循环利用）、**人口健康技术**（重大疾病防控、精准医学关键技术、生殖健康及出生缺陷防控、数字诊疗装备、体外诊断产品、健康促进关键技术、健康服务技术、药品质量安全、养老助残技术、中医药现代化）、**新型城镇化技术**（城镇功能提升和协调发展、绿色建筑与装配式建筑研究、文化遗产保护与公共文化服务）、**公共安全与社会治理技术**（公共安全风险防控与应急技术装备、重大灾害风险监测与防范、社会治理与社会安全关键技术研发和应用示范）、**海洋资源开发利用技术**（深海探测、海洋环境安全保障、海洋生物资源可持续开发利用、海水淡化与综合利用、大型海洋工程装备）、**空天探测及开发和利用技术**（空间科学卫星系列、深空探测、首次火星探测、地球观测与导航、新型航天器、重型运载火箭）、**深地极地技术**（深地资源勘探、极区环境观测、极区变化对全球及我国气候的影响、极区资源探测与利用、我国主导的大型极区国际合作计划)①。

《"十四五"规划和2035年远景目标纲要》提出,强化国家战略科技力量,打好关键核心技术攻坚战,提高创新链整体效能。"十四五"时期,全社会研发经费投入年均增加7%以上,以追求技术上的重大突破。《"十四五"文化和旅游科技创新规划》《全民科学素质行动规划纲要(2021—2035年)》《上海市建设具有全球影响力的科技创新中心"十四五"规划》《知识产权强国建设纲要(2021—2035年)》《关于推动城乡建设绿色发展的意见》《"十四五"国家知识产权保护和运用规划》《"十四五"铁路科技创新规划》《"十四五"生物经济发展规划》《"十四五"能源领域科技创新规划》《"十四五"全国农业农村科技发展规划》《"十四五"水利科技创新规划》《知识产权人才"十四五"规划》《地理标志保护和运用"十四五"规划》《专利和商标审查"十四五"规划》《交通领域科技创新中长期发展规划纲要(2021—2035年)》《"十四五"住房和城乡建设科技发展规划》《"十四五"交通领域科技创新规划》《"十四五"市场监管科技发展规划》《关于开展"携手行动"促进大中小企业融通创新(2022—2025年)的通知》《面向2035高校哲学社会科学高质量发展行动计划》《"十四五"国家科学技术普及发展规划》《企业技术创新能力提升行动方案(2022—2023年)》《"十四五"中医药科技创新专项规划》《"十四五"国家高新技术产业开发区发展规划》《"十四五"技术要素市场专项规划》《黄河流域生态保护和高质量发展科技创新实施方案》《"十四五"生态环境领域科技创新专项规划》《关于知识产权助力专精特新中小企业创新发展的若干措施》《生态环境卫星中长期发展规划(2021—2035年)》《"十四五"卫生与健康科技创新专项规划》《关于健全社会主义市场经济条件下关键核心技术攻关新型举国体制的意见》《关于进一步完善市场导向的绿色技术创新体系实施方案(2023—2025年)》《关于进一步鼓励外商投资设立研发中心的若干措施》《质量强国建设纲要》《关于完善科技激励机

---

① 国务院关于印发"十三五"国家科技创新规划的通知[EB/OL].(2021-02-22)[2024-03-20]. https://www.gov.cn/zhengce/content/2016-08/08/content_5098072.htm?ivk_sa=1024320u.

制的意见》《数字中国建设整体布局规划》《加快推动北京国际科技创新中心建设的工作方案》《科技成果赋智中小企业专项行动（2023—2025年）》《知识产权助力产业创新发展行动方案（2023—2027年）》《专利转化运用专项行动方案（2023—2025年）》《制造业技术创新体系建设和应用实施意见》《关于加强文物科技创新的意见》《关于全面推进美丽中国建设的意见》《关于推动未来产业创新发展的实施意见》等，分别就各行业的技术创新作出部署。

《〈"十四五"规划和2035年远景目标纲要〉实施中期评估报告》指出，两年多来，创新驱动发展战略深入实施，发展新优势不断塑造。关键核心技术攻关取得突破。在第五代移动通信（5G）和光通信、高速铁路等领域攻克一批重大关键核心技术，新一代人工智能、量子通信与量子计算机、脑科学与类脑研究、生物育种等科技创新2030—重大项目取得重要进展。多项"卡脖子"技术被攻克并实现产业化，核电机组关键部件实现整机国产化，腔镜手术机器人、体外膜肺氧合机（ECMO）、深海采矿等核心技术取得突破。战略高技术领域取得新突破，中国空间站全面建成并开启长期有人驻留时代，"天问一号"火星探测器开展中国首次地外行星环绕、着陆、巡视探测，"羲和号"实现太阳探测零的突破。国家战略科技力量加快布局。国家实验室组建运行，全国重点实验室基本重组完成，新型研发机构数量超过2400家。北京、上海、粤港澳大湾区国际科技创新中心建设成效显著，综合性国家科学中心建设进展顺利。77个已布局国家重大科技基础设施建成投运35个，形成一批全球领先科技成果。基础研究经费投入占研发经费投入比重保持在6%以上，高被引论文数保持世界第二位。原始创新能力有效提升，在国际上首次实现利用二氧化碳人工合成淀粉，首次实现人体细胞发育过程"大逆转"，成功证明凯勒几何两大核心猜想。企业技术创新能力稳步提升。各类创新要素加速向企业集聚，将符合条件行业企业研发费用加计扣除比例提升至100%，企业研发经费投入占全社会比重超过77%，中央工业企业研发投入强度超过3%，企业参与或牵头的国家重点研发计划占比接近80%。全国技术合同成交额达到4.8万亿元，企业贡献了超过80%的技术吸纳。科技创新体制机制不断完善。社会主义市场经济条件下关键核心技术攻关新型举国体制进一步健全，探索型和任务导向型科技项目分类评价制度不断完善，赋予科研人员职务科技成果所有权或长期使用权、高等学校和科研院所薪酬制度改革、使命导向的科研院所管理改革等试点稳步开展。知识产权保护运用体制更加健全，专利合作条约（PCT）国际专利申请量突破7万件，稳居全球第一①。

2024年4月发布的《国家高新区创新能力评价报告（2023）》显示，国家高新区高技术产业优势进一步提升，创新成果产出质高量硕，创新资源加快聚集，加速融入全球创新网络，创新驱动成效显著。报告评价对象范围涵盖至2022年底的全部177家国家高新区，主要基于国家高新区创新能力评价指标体系②展开。2022年，国家高新区园区全口径增加值（相当于GDP）达到17.3万亿元，创造了全国14.3%的GDP，贡献了全国13.6%的税收。自2010年以来，创新能力总指数实现稳定增长，在12年内增长333.1点，年均增长约27.8点，2022年创新能力总指数突破430点。从5个分项指数来看，科技创新生态指数最高（1064.8点），其次是创新国际拓展指数、创新资源集聚指数、产业创新绩效指数、创新驱动发展指数。从分指数增速来看，相比2021年，增速最大的是产业创新绩效指数（增长8.6%），其次是创新资源集聚指数（7.3%）。全国国家高新区独角兽企业达到178家，占全球比重为13.1%。

《"十四五"国家科技创新规划》将面向世界科技前沿，面向经济社会发展主战场，面向国家重大战略需求，面向人民生命健康，紧跟研判当今世界科技发展的特征和新阶段的特点，加强基础和前沿研究。"十四五"国家科技创新规划将集中在15个重大问题：科技创新趋势及面临国家形势；科技创新支撑引领新发展格局；增强企业技术创新主体地位；增加我国基础研究投入；构建科技、教育、产业、金融紧密融合创新体系；科技

---

① 《中华人民共和国国民经济和社会发展第十四个五年规划和2035年远景目标纲要》实施中期评估报告［EB/OL］．（2023-12-27）［2024-03-20］．https://www.ndrc.gov.cn/fzggw/wld/zsj/zyhd/202312/t20231227_1362958.html.

② 国家高新区创新能力评价指标体系由产业创新绩效、科技创新生态、创新资源集聚、创新国际拓展和创新驱动发展五大方面、25个二级指标构成。

领域统筹发展与安全；创新科技成果转化机制；营造国际化科研环境；科技创新对社会的综合影响；青年科技人才培养；科技领域加快转变政府职能；科研院所改革；国际科技合作；科学开发和技术开源；弘扬科学家精神。

（二）新信息技术

新信息技术是用于管理和处理信息所采用的各种新技术的总称，通常指的是最新的、前沿的信息和通信技术，涵盖了计算机科学、电信、网络技术以及与之相关的硬件、软件、云计算、大数据、人工智能等领域。这些技术的创新和突破对社会、经济、科学以及日常生活产生了决定性和深远的影响。

新信息技术大致包括：物联网、三网融合、高性能集成电路、云计算、大数据、通信网络、嵌入式技术、区块链、高端软件、人工智能、量子计算技术、新型平板显示、虚拟现实和增强现实技术、信息应用技术、通信技术、广播技术、多媒体化、传感器技术、计算机技术、边缘计算，以及高速度、网络化、宽频带等。

《国家信息化发展战略纲要》提出，构建先进技术体系。制定国家信息领域核心技术设备发展战略纲要，以体系化思维弥补单点弱势，打造国际先进、安全可控的核心技术体系，带动集成电路、基础软件、核心元器件等薄弱环节实现根本性突破。积极争取并巩固新一代移动通信、下一代互联网等领域全球领先地位，着力构筑移动互联网、云计算、大数据、物联网等领域比较优势[①]。

《"十三五"国家科技创新规划》提出，发展微纳电子与系统集成技术、光电子器件及集成、高性能计算、云计算、人工智能、宽带通信和新型网络、物联网、智能交互、虚拟现实与增强现实、智慧城市等新一代信息技术。

---

① 中共中央办公厅 国务院办公厅印发《国家信息化发展战略纲要》[EB/OL].（2016-07-27）[2024-03-20]. https://www.gov.cn/zhengce/2016-07/27/content_5095336.htm?trs=1.

《新一代人工智能发展规划》提出，建立新一代人工智能关键共性技术体系，包括知识计算引擎与知识服务技术、跨媒体分析推理技术、群体智能关键技术、混合增强智能新架构与新技术、自主无人系统的智能技术、虚拟现实智能建模技术、智能计算芯片与系统、自然语言处理技术等①。

《"十四五"规划和2035年远景目标纲要》在新信息技术领域，发展新一代人工智能涉及：前沿基础理论突破，专用芯片研发，深度学习框架等开源算法平台构建，学习推理与决策、图像图形、语音视频、自然语言识别处理等领域创新；量子信息涉及：城域、城际、自由空间量子通信技术研发，通用量子计算原型机和实用化量子模拟机研制，量子精密测量技术突破；集成电路涉及：集成电路设计工具、重点装备和高纯靶材等关键材料研发，集成电路先进工艺和绝缘栅双极晶体管（IGBT）、微机电系统（MEMS）等特色工艺突破，先进存储技术升级，碳化硅、氮化镓等宽禁带半导体发展。

《关于加快推动区块链技术应用和产业发展的指导意见》提出，发展基于区块链的人工智能训练、算法共享等技术和方法，推动分布式人工智能模式发展，探索利用人工智能技术提升区块链运行效率和节点间协作的智能化水平②。

《物联网新型基础设施建设三年行动计划（2021—2023年）》提出，突破智能感知、新型短距离通信、高精度定位等关键共性技术，补齐高端传感器、物联网芯片等产业短板；支持多源、海量数据接入的智能感知技术攻关，推动低功耗、高安全、高速率的新型短距离通信技术发展，加强高可靠、广覆盖的北斗定位和高精度室内定位技术研发，突破MEMS传感器和物联网芯片的设计与制造，研发轻量级/分布式物联网操作系统，加

---

① 国务院关于印发新一代人工智能发展规划的通知［EB/OL］.（2017－07－20）［2024－03－20］. https：//www.gov.cn/zhengce/content/2017－07/20/content_5211996.htm.
② 工业和信息化部 中央网信办印发《关于加快推动区块链技术应用和产业发展的指导意见》［EB/OL］.（2021－06－07）［2024－03－20］. https：//www.cac.gov.cn/2021－06/07/c_1624629407537785.htm.

快边缘计算、数字孪生、IPv6等技术研发与应用；持续优化低时延、低功耗、大连接等方面技术，开展感知数据清洗、物理世界数据的标准建模及特征分析、多源异构数据集成与共享等大数据技术研究，开展语音识别、视频识别、机器学习、物体运行机理模型、知识图谱等人工智能技术研究，深入开展轻量级、低能耗分布式账本、非对称加密等区块链技术在物联网实际应用部署中的适用性研究①。

《"十四五"大数据产业发展规划》提出，加强技术创新。重点提升数据生成、采集、存储、加工、分析、安全与隐私保护等通用技术水平，补齐关键技术短板，重点强化自主基础软硬件的底层支撑能力，推动自主开源框架、组件和工具的研发，发展大数据开源社区，培育开源生态，全面提升技术攻关和市场培育能力。促进前沿领域技术融合，推动大数据与人工智能、区块链、边缘计算等新一代信息技术集成创新②。

《"十四五"信息化和工业化深度融合发展规划》提出，提升关键核心技术支撑能力。通过融合应用带动技术进步，开展人工智能、区块链、数字孪生等前沿关键技术攻关，突破核心电子元器件、基础软件等核心技术瓶颈，加快数字产业化进程。加快工业芯片、智能传感器、工业控制系统、工业软件等融合支撑产业培育和发展壮大。支持企业构建具有自主知识产权的基础产品体系，加大信息技术创新产品推广力度，迭代提升软硬件产品和系统的就绪度、成熟度，提高产业链完整性和竞争力③。

《"十四五"国家信息化规划》提出，发展关键核心技术，包括5G、IPv6、物联网、云计算、工业互联网、车联网、集成电路、基础软件、装备材料、核心元器件、智能网联技术、新型算力技术、大数据、空天地海

---

① 关于印发《物联网新型基础设施建设三年行动计划（2021—2023年）》的通知［EB/OL］.（2021-09-29）［2024-03-20］. https：//www.gov.cn/zhengce/zhengceku/2021-09/29/content_5640204.htm? eqid=8144bf7c0022fa8400000002645e181e.

② 工业和信息化部关于印发"十四五"大数据产业发展规划的通知［EB/OL］.（2021-11-30）［2024-03-20］. https：//www.gov.cn/zhengce/zhengceku/2021-11/30/content_5655089.htm.

③ 工业和信息化部关于印发"十四五"信息化和工业化深度融合发展规划的通知［EB/OL］.（2021-12-01）［2024-03-20］. https：//www.gov.cn/zhengce/zhengceku/2021-12/01/content_5655208.htm.

立体化网络技术、集成电路关键技术、重点软件等。推动计算芯片、存储芯片等创新，加快集成电路设计工具、重点装备和高纯靶材等关键材料研发，推动绝缘栅双极型晶体管（IGBT）、微机电系统（MEMS）等特色工艺突破；面向关键基础软件、高端工业软件、云计算、大数据、信息安全、人工智能、车联网等重点领域和重大需求，加强重点软件的开发；瞄准可能引发信息化领域范式变革的重要方向，前瞻布局战略性、前沿性、原创性、颠覆性技术，加强人工智能、量子信息、集成电路、空天信息、类脑计算、神经芯片、DNA存储、脑机接口、数字孪生、新型非易失性存储、硅基光电子、非硅基半导体等关键前沿领域的战略研究布局和技术融通创新①。

《"十四五"数字经济发展规划》提出，增强关键技术创新能力，瞄准传感器、量子信息、网络通信、集成电路、关键软件、大数据、人工智能、区块链、新材料等战略性前瞻性领域，提高数字技术基础研发能力。实施数字技术创新突破工程，一是补齐关键技术短板，突破高端芯片、操作系统、工业软件、核心算法与框架等领域关键核心技术，加强通用处理器、云计算系统和软件关键技术一体化研发；二是强化优势技术供给，重点布局5G、物联网、云计算、大数据、人工智能、区块链等领域，突破智能制造、数字孪生、城市大脑、边缘计算、脑机融合等集成技术；三是抢先布局前沿技术融合创新，重点布局下一代移动通信技术、量子信息、神经芯片、类脑智能、脱氧核糖核酸（DNA）存储、第三代半导体等新兴技术，推动信息、生物、材料、能源等领域技术融合和群体性突破②。

《"十四五"机器人产业发展规划》提出，开展机器人核心技术攻关。开发机器人系统开发技术、机器人模块化与重构技术、机器人操作系统技术、机器人轻量化设计技术、信息感知与导航技术、多任务规划与智能控制技术、人机交互与自主编程技术、机器人云—边—端技术、机器人安全

---

① "十四五"国家信息化规划［EB/OL］．（2021-12-28）［2024-03-20］．https：//www.gov.cn/xinwen/2021-12/28/content_5664873.htm.
② 国务院关于印发"十四五"数字经济发展规划的通知［EB/OL］．（2021-12-28）［2024-03-20］．https：//www.gov.cn/gongbao/content/2022/content_5671108.htm.

性与可靠性技术、快速标定与精度维护技术、多机器人协同作业技术、机器人自诊断技术等共性技术；开发机器人仿生感知与认知技术、电子皮肤技术、机器人生机电融合技术、人机自然交互技术、情感识别技术、技能学习与发育进化技术、材料结构功能一体化技术、微纳操作技术、软体机器人技术、机器人集群技术等前沿技术[①]。

《"十四五"信息通信行业发展规划》提出着力强化新技术研发和应用推广，涉及的新信息技术包括5G网络、千兆光纤宽带网络、IPv6网络、移动物联网、卫星通信、北斗导航、国际海陆缆、数据技术、人工智能、区块链、工业互联网、车联网、远程医疗网、光通信、毫米波、5G增强、6G网络、量子通信、数字孪生、虚拟现实、网络安全技术等[②]。

《"十四五"智能制造发展规划》提出，开展智能制造技术攻关。关键核心技术包括：突破产品优化设计与全流程仿真、基于机理和数据驱动的混合建模、多目标协同优化等基础技术；增材制造、超精密加工、近净成形、分子级物性表征等先进工艺技术；工业现场多维智能感知、基于人机协作的生产过程优化、装备与生产过程数字孪生、质量在线精密检测、生产过程精益管控、装备故障诊断与预测性维护、复杂环境动态生产计划与调度、生产全流程智能决策、供应链协同优化等共性技术；5G、人工智能、大数据、边缘计算等新技术在典型行业质量检测、过程控制、工艺优化、计划调度、设备运维、管理决策等方面的适用性技术。系统集成技术包括：开发基于信息模型和标准接口的可复用数据集成技术；制造装备、产品设计软件、管控软件、业务管理软件等之间的业务互联技术；面向产业链供应链协同的包含订单、质量、生产实绩等内容的企业信息交互技术；公有云、混合云和边云协同的灵活云化部署技术；涵盖设计、生产、管理、服务

---

① 十五部门关于印发《"十四五"机器人产业发展规划》的通知［EB/OL］．（2021-12-28）［2024-03-20］．https：//www.gov.cn/zhengce/zhengceku/2021-12/28/content_5664988.htm？eqid=da98e769000568c000000003647df39a．

② "十四五"信息通信行业发展规划［EB/OL］．（2022-07-06）［2024-03-20］．https：//www.miit.gov.cn/jgsj/ghs/zlygh/art/2022/art_bdf819244b074a3aa7b48b3d0985ffd6.html．

等制造全过程的复杂系统建模技术；基于模型的价值流分析和优化技术①。

《关于推进IPv6技术演进和应用创新发展的实施意见》提出，积极推动新型网络体系、算网融合、真实源地址验证体系结构（SAVA）等下一代互联网关键技术研究，推动IPv6与5G、人工智能、云计算等技术的融合创新，支持企业加快应用感知网络、新型IPv6测量等"IPv6+"创新技术在各类网络环境和业务场景中的应用；基于分段路由、网络切片、随流检测、应用感知网络、服务功能链（SFC）等技术，提升企业专线、家庭宽带、移动终端等业务服务能力；强化IPv6在园区网络中的应用部署，在Wi-Fi 6/7网络中全面使用IPv6技术；加快"IPv6+"技术在汽车、电子、钢铁、矿业、电力等工业生产领域的应用推广，推动网络切片、确定性网络、应用感知网络等"IPv6+"技术与5G、人工智能等相结合；加快IPv6技术在安全领域的融合创新，促进IPv6与人工智能、区块链、大数据、数字身份证等新技术以及网络安全技术的深度融合②。

《人形机器人创新发展指导意见》提出，开展机器人"大脑"关键技术群、机器人"小脑"关键技术群、机器肢关键技术群、机器体关键技术群等关键技术攻关，推动基础版整机、功能型整机、传感器、执行器、控制器、动力能源等重点产品和部组件攻关③。

（三）新生物技术

发展生物经济对当前应对气候变化、改善生态环境有重要的作用，有利于人与自然和谐相处。"十三五"末期，我国生物医药、生物制造、生物育种、生物能源、生物环保等产值规模近5万亿元，生物及大健康产业

---

① 关于印发"十四五"智能制造发展规划的通知［EB/OL］．（2022-07-06）［2024-03-20］．https：//www.miit.gov.cn/jgsj/ghs/zlygh/art/2022/art_c201cab037444d5c94921a53614332f9.html.
② 八部门联合印发《关于推进IPv6技术演进和应用创新发展的实施意见》［EB/OL］．（2023-04-24）［2024-03-20］．https：//www.cac.gov.cn/2023-04/24/c_1683979081413287.htm.
③ 工业和信息化部关于印发《人形机器人创新发展指导意见》的通知［EB/OL］．（2023-11-02）［2024-03-20］．https：//www.miit.gov.cn/jgsj/kjs/wjfb/art/2023/art_50316f76a9b1454b898c7bb2a5846b79.html.

主营业务收入规模超过10万亿元。生物技术创新和生物产业发展就是生物经济发展的基础。

《"十三五"国家科技创新规划》提出，发展前沿共性生物技术、新型生物医药技术、生物医用材料、绿色生物制造技术、生物资源利用技术、生物安全保障技术等先进高效生物技术。

《"十四五"规划和2035年远景目标纲要》提出，发展生物技术，推动生物技术和信息技术融合创新，加快发展生物医药、生物育种、生物材料、生物能源等产业，做大做强生物经济，有序推进生物育种产业化应用，培育壮大海洋生物医药产业。

《"十四五"生物经济发展规划》提出，开展前沿生物技术创新。加快发展高通量基因测序技术，推动以单分子测序为标志的新一代测序技术创新，不断提高基因测序效率、降低测序成本；加强微流控、高灵敏等生物检测技术研发；推动合成生物学技术创新，突破生物制造菌种计算设计、高通量筛选、高效表达、精准调控等关键技术，有序推动在新药开发、疾病治疗、农业生产、物质合成、环境保护、能源供应和新材料开发等领域应用；发展基因诊疗、干细胞治疗、免疫细胞治疗等新技术，强化产学研用协同联动，加快相关技术产品转化和临床应用，推动形成再生医学和精准医学治疗新模式；部署开展中医药治疗重大疾病作用机制及针灸作用原理研究；鼓励发展生物计算、脱氧核糖核酸（DNA）存储等新技术[①]。

（四）碳达峰、碳中和技术

"二氧化碳排放力争于2030年前达到峰值，努力争取2060年前实现碳中和"是我国向世界作出的庄严承诺，建立健全绿色低碳循环发展经济体系、促进经济社会发展的全面绿色转型是当前和今后相当长历史时期我国的战略任务。重大技术创新和突破是碳达峰、碳中和目标高效实现的重要支撑。

---

① 国家发展改革委关于印发《"十四五"生物经济发展规划》的通知［EB/OL］.（2022-05-10）［2024-03-20］. https：//www.ndrc.gov.cn/xxgk/zcfb/ghwb/202205/t20220510_1324436.html.

农业农村领域　农业农村部提出了农业农村减排固碳十大技术：稻田甲烷减排技术、农田氧化亚氮减排技术、保护性耕作固碳技术、农作物秸秆还田固碳技术、反刍动物肠道甲烷减排技术、畜禽粪便管理温室气体减排技术、牧草生产固碳技术、渔业综合养殖碳汇技术、秸秆能源化利用技术、农村沼气综合利用技术。

清洁煤领域　发展煤炭加工技术、清洁煤气化技术、煤炭转化技术、污染控制与废弃物处理技术，以及煤矸石综合利用技术、矿井水与煤泥水的净化和利用技术、煤层气的开发利用技术等。

节能领域　发展工业节能技术、建筑节能技术、照明节能技术、电力节能技术、锅炉节能技术、家用节能技术、节油节气技术、余热回收利用技术、节水技术等。

二氧化碳捕集、利用与封存领域　碳捕集技术主要创新燃烧前捕集、燃烧中捕集和燃烧后捕集技术，碳利用技术主要是创新矿物碳化、物理利用、化学利用和生物利用等技术，碳封存技术主要创新地质封存、海洋封存、矿石碳化和生态封存等技术。

能源领域　《"十四五"能源领域科技创新规划》提出，重点发展五大技术：（1）先进可再生能源发电及综合利用技术，包括水能发电技术（水电基地可再生能源协同开发运行关键技术、水电工程健康诊断、升级改造和灾害防控技术）、风力发电技术（深远海域海上风电开发及超大型海上风机技术、退役风电机组回收与再利用技术）、太阳能发电及利用技术（新型光伏系统及关键部件技术、高效钙钛矿电池制备与产业化生产技术、高效低成本光伏电池技术、光伏组件回收处理与再利用技术、太阳能热发电与综合利用技术）、其他可再生能源发电及利用技术（生物质能转化与利用技术、地热能开发与利用技术、海洋能发电及综合利用技术）、氢能和燃料电池技术（氢气制备关键技术、氢气储运关键技术、氢气加注关键技术、燃料电池设备及系统集成关键技术、氢安全防控及氢气品质保障技术）；（2）新型电力系统及其支撑技术，包括适应大规模高比例新能源友好并网的先进电网技术（新能源发电并网及主动支撑技术、电力系统仿真分析及安全高效运行技术、交直流混合配电网灵活规划运行技术、新型直流输电装备技术、新型柔性输配电装备技术、源网荷储一体化和多能互补集成设计及运行技术、大容量远海风电友好送出技术）、**储能技术**（能量型/容量型储能技术装备及系统集成技术、功率型/备用型储能技术装备与系统集成技术、储能电池共性关键技术、大型变速抽水蓄能及海水抽水蓄能关键技术、分布式储能与分布式电源协同聚合技术）；（3）**安全高效核能技术**，包括核电优化升级技术（三代核电技术型号优化升级、核能综合利用技术）、小型模块化反应堆技术（小型智能模块化反应堆技术、小型供热堆技术、浮动堆技术、移动式反应堆技术）、新一代核电技术［（超）高温气冷堆技术、钍基熔盐堆技术］、全产业链上下游可持续支撑技术（放射性废物处理处置关键技术、核电机组长期运行及延寿技术、核电科技创新重大基础设施支撑技术）；（4）**绿色高效化石能源开发利用技术**，包括油气安全保障供应技术（陆上常规油气勘探开发技术有低渗透老油田大幅提高采收率技术、高含水油田精细化/智能化分层注采技术、深层油气勘探目标精准描述和评价技术，非常规油气勘探开发技术有深层页岩气开发技术、非海相非常规天然气开发技术、陆相中高成熟度页岩油勘探开发技术、中低成熟度页岩油和油页岩地下原位转化技术、地下原位煤气化技术、海域天然气水合物试采技术及装备，油气工程技术有地震探测智能化节点采集技术与装备、超高温高压测井与远探测测井技术与装备、抗高温抗盐环保型井筒工作液与智能化复杂地层窄安全密度窗口承压堵漏技术、高效压裂改造技术与大功率电动压裂装备、地下储气库建库工程技术，管输技术是新一代大输量天然气管道工程建设关键技术与装备，炼化技术有特种专用橡胶技术、高端润滑油脂技术、分子炼油与分子转化平台技术）、**煤炭清洁低碳高效开发利用技术**［煤炭绿色智能开采技术有煤矿智能开采关键技术与装备、煤炭绿色开采和废弃物资源化利用技术、煤矿重大灾害及粉尘智能监控预警与防控技术、煤炭及共伴生资源综合开发技术，煤炭清洁高效转化技术有煤炭精准智能化洗选加工技术、新型柔性气化和煤与有机废弃物协同气化技术、煤制油工艺升级及产品高端化技术、低阶煤分质利用关键技术、煤转化过程中多种污染物协同控制技术，先进燃煤发电技术有先进高参数超超临界燃煤发电技术、高效超低排放循环流化床锅炉发电技术、超临界 CO_2（$S-CO_2$）发电技术、整体煤气化蒸汽燃气联合循环发电（IGCC）及燃料电池发电（IGFC）系统集成优化技术、高效低成本的CCUS技术、老旧煤电机组延寿及灵活高效改造技术、燃煤电厂节能环保和灵活性提升及耦合生物质发电等改造技术]、燃气发电技术（燃气轮机非常规燃料燃烧技术、中小型燃气轮机关键技术、重型燃气轮机关键技术）；(5) 能源系统数字化智能化技术，包括基础共性技术（智能传感与智能测量技术、特种智能机器人技术、能源装备数字孪生技术、人工智能与区块链技术、能源大数据与云计算技术、能源物联网技术）、行业智能升级技术（油气田与炼化企业数字化智能化技术、水电数字化智能化技术、风电机组与风电场数字化智能化技术、光伏发电数字化智能化技术、电网智能调度运行控制与智能运维技术、核电数字化智能化技术、煤矿数字化智能化技术、火电厂数字化智能化技术）、智慧系统集成与综合能源服务技术（区域综合智慧能源系统关键技术、多元用户友好智能供需互动技术)①。

三、新生产要素

生产要素包括人的要素、物的要素及两者结合因素。新质生产力对生产要素也提出了新的要求。

随着科学技术不断发展，特别是大数据、人工智能、互联网和物联网、云计算、区块链等数字技术涌现，数据成为了新的生产要素。数据作为新生产要素，是基础性资源和战略性资源，也是重要生产力。数字经济时代，数据是国家基础性战略资源，数据要素如何助力新质生产力发展，推动数据要素与技术、资金、人才等要素协同融合，已成为发展新质生产力的关键。

经过10多年的发展，我国在数据储量和数据使用上已经取得了长足进

---

① 关于印发《"十四五"能源领域科技创新规划》的通知 [EB/OL]．(2022-04-03)．[2024-03-20]．https://www.gov.cn/zhengce/zhengceku/2022-04/03/content_5683361.htm.

展，在体量上已经走在了世界的前列。国际数据公司（IDC）的测算表明，预计到2025年，中国产生的数据总量将达48.6ZB，占全球的27.8%，对GDP增长的贡献率将达年均1.5~1.8个百分点。过去10年，我国的智能制造试点示范项目生产效率平均提高48%，产品研制周期平均缩短38%，产品不良品率平均降低35%，截至2023年6月，我国工业企业关键工序数控化率、数字化研发设计工具普及率分别达60.1%、78.3%，比2012年分别提升35.5个和29.5个百分点。

《"十四五"信息化和工业化深度融合发展规划》提出，实施制造业数字化转型行动、两化融合标准引领行动、工业互联网平台推广工程、系统解决方案能力提升行动、产业链供应链数字化升级行动；培育新产品新模式新业态，推进行业领域数字化转型，筑牢融合发展新基础，激发企业主体新活力，培育跨界融合新生态。

《关于构建数据基础制度更好发挥数据要素作用的意见》提出，数据作为新型生产要素，是数字化、网络化、智能化的基础。加快构建数据基础制度，充分发挥我国海量数据规模和丰富应用场景优势，激活数据要素潜能，做强做优做大数字经济，增强经济发展新动能，构筑国家竞争新优势。结合数据要素特性强化高质量数据要素供给，构建促进使用和流通、场内场外相结合的交易制度体系，完善数据要素市场化配置机制，形成合理的数据要素治理格局[①]。

《"数据要素×"三年行动计划（2024—2026年）》提出，发挥数据要素的放大、叠加、倍增作用，构建以数据为关键要素的数字经济，是推动高质量发展的必然要求。实施数据要素×工业制造、数据要素×现代农业、数据要素×商贸流通、数据要素×交通运输、数据要素×金融服务、数据要素×科技创新、数据要素×文化旅游、数据要素×医疗健康、数据要素×应急管理、数据要素×气象服务、数据要素×城市治理、数据要素×绿色低碳重点行动，提升数据供给水平，优化数据流通环境，加强数据

---

① 中共中央 国务院关于构建数据基础制度更好发挥数据要素作用的意见[EB/OL].（2022-12-19）[2024-03-20]. https：//www.gov.cn/zhengce/2022-12/19/content_5732695.htm? eqid=afd2e15100012e0e000000026476bb2a.

安全保障。到 2026 年底，数据要素应用广度和深度大幅拓展，在经济发展领域数据要素乘数效应得到显现，形成相对完善的数据产业生态，推动数据要素价值创造的新业态成为经济增长新动力，数据赋能经济提质增效作用更加凸显，成为高质量发展的重要驱动力量。

新质生产力不仅新在新的生产要素构成，而且新在新的要素驱动模式。传统的要素驱动模式是依靠土地、廉价的劳动力、能源等传统要素的持续投入带来的经济的快速发展，这是一种依靠增加物质资源消耗实现的粗放型高速增长。

数据作为一种全新的生产要素，具有非稀缺性特征。数据在共享过程中可以实现指数级增长，可以在储存允许的前提下重复使用、循环使用乃至无穷尽开发，因而对推动经济增长具有倍增效应；数据要素具有强劲的流动性，当前数据要素的流动呈现出速度更快、程度更深、领域更广的特点，成为了生产要素大家庭中最富有增长价值的"潜力股"；数据要素具有非排他性，数据要素本身具备的非常强大的复用效率使其可以按照既有模式在一定范围按照一定权限重复使用，彻底突破了传统要素的使用局限。因此加大数据要素的投入不仅可以优化资源配置，在提高生产效率、增加附加价值的同时减少对环境的影响。数字经济就是这样一种依托于数据生产要素的新的经济形态。数字经济具有高创新、高成长、强扩散和广覆盖等先天优势和本质特征，通过数字技术的集成应用，能够提高资源配置效率和全要素生产率，驱动经济总量持续增加，加速社会财富的创造与积累。

新生产要素和新要素驱动模式，并不意味着传统生产要素被取代，而是要在新的时代背景下完成自身新的革新。数据成为新的生产要素，而作为传统生产要素的劳动力就需要拥有分析和运用数据的能力，制度就需要解决数据无序流动所带来的安全风险问题、数据垄断问题和数据共享难的问题，技术就要解决数据的收集整理与数据库建立健全等问题。

第二节　新制造的前沿

新制造不同于传统制造，是高新技术成果的应用和新管理模式下运行的具有创新能力的制造模式。从当前看，新制造涉及新能源、新材料、新医药、新制造装备等领域，它从根本上改变了制造业的发展方向。

一、新能源

新能源是指通过新技术和新手段，实现对已有可再生能源的现代化开发与利用，从而减少对环境的破坏，实现能源与经济的可持续发展。

相比于传统化石能源，新能源的重点在于可再生性和可持续性。从整体上来说，新能源包括一切可再生的能源，并具备以下几个特点：（1）存量特别大，且可以循环往复使用；（2）能源密度低，开发新能源时往往需要占用较大空间；（3）低碳或无碳化，新能源产业不会对环境造成破坏；（4）开发成本高，开发和传输新能源所需的成本巨大；（5）开发技术要求高、难度较大。

从新能源种类来看，新能源主要包括海洋能、风能、生物质能、地热能、太阳能、核能、氢能等。在新能源市场上，太阳能是当前全球最受欢迎的新能源之一。太阳能占全球新能源市场的份额最大，其次是风能和水能。水能作为一种清洁的可再生能源，全球水资源丰富且相对稳定。

根据国际能源署发布数据，全球新能源市场规模正在迅速扩大，截至2022年，全球新能源投资达到数千亿美元，同比增长约10%。同时，全球新能源市场增长速度一直保持在较高水平。随着各国政府对新能源的重视、扶持政策相继出台以及相关技术进步和成本降低的进一步推动，预计未来几年全球新能源市场将继续保持快速增长。

我国作为全球最大的新能源市场之一，在"双碳"目标下，不断加快推进技术研发和创新以保持新能源产业的快速发展。在储能方面，储能项目装机规模稳步增长。2023年新增装机规模约2260万千瓦/4870万千瓦时，较2022年底增长超过260%，近10倍于"十三五"末装机规模，全国已建成投运新型储能项目累计装机规模达3139万千瓦/6687万千瓦时，平均储能时长2.1小时。在光伏方面，我国光伏产业从原材料到最终产成品，整个光伏生产上下游企业，都处于全球绝对的领先地位，光伏产业链各环节技术持续推陈出新，已出现了"智慧能源系统""智能运维平台""光伏电站清扫机器人""无人机智能巡检系统"等智能软件系统或硬件设备。在能源开发方面，我国产业链发展完备且高质，具有全球唯一的绿色氢基能源全产业链优势，在"双碳"背景下清洁能源加快发展，预计2050年氢在我国终端能源体系占比将达到约10%，2060年占比将达到约15%，成为我国能源战略的重要组成部分，氢能源将纳入我国终端能源体系。

《"十四五"规划和2035年远景目标纲要》提出，建设大型清洁能源基地、沿海核电、电力外送通道、电力系统调节项目、油气储运能力项目等现代能源体系工程。

《"十四五"可再生能源发展规划》提出，优化发展方式大规模开发可再生能源，促进存储消纳，高比例利用可再生能源，坚持创新驱动高质量发展可再生能源，健全体制机制市场化发展可再生能源，坚持开放融入深化可再生能源国际合作。在重大陆上新能源基地中，建设新疆、黄河上游、河西走廊、黄河几字弯、冀北、松辽新能源基地和黄河下游绿色能源走廊；在海上风电开发建设上，重点建设海上风电基地集群，开展深远海海上风电平价示范、海上能源岛示范、海上风电与海洋油气田深度融合发展示范；在风电和光伏发电分布式开发上，开展城镇屋顶光伏、"光伏+"综合利用、千乡万村驭风、千家万户沐光、新能源电站升级改造行动和光伏廊道示范；在水风光综合基地上，建设川滇黔桂、藏东南水风光综合基地；在生物质能多元化开发上，开展生物天然气、生物质发电市场化、生物质能清洁供暖示范；在地热能规模化开发上，重点开发中深层地热能、浅层地热能；在抽水蓄能电站开发上，重点开工抽水蓄能项目，开展抽水蓄能资源调查行动、中小型抽水蓄能示范；在可再生能源多元化直接利用上，开展可再生能源规模化供热行动、发供用高比例新能源示范，建设绿色能源示范县（园）、清洁能源示范省；在可再生能源规模化制氢利用上，开展大规模离网制氢示范和并网型风光制氢示范；在乡村再生能源综合利用上，开展乡村能源站行动、农村电网巩固提升行动、村镇新能源微电网示范；在再生能源技术创新示范上，开发深远海风电、新型高效光伏电池、地热能发电、中深层地热能供暖技术，开展光伏发电户外实证[①]。

《关于加快建立健全绿色低碳循环发展经济体系的指导意见》《关于加快推动新型储能发展的指导意见》《抽水蓄能中长期发展规划（2021—2035年）》《智能光伏产业创新发展行动计划（2021—2025年）》《关于加快建设全国统一电力市场体系的指导意见》《"十四五"新型储能发展实施方案》《"十四五"现代能源体系规划》《关于进一步推进电能替代的指导意见》《氢能产业发展中长期规划（2021—2035年）》《关于加强新型电力系统稳定工作的指导意见》《关于促进新时代新能源高质量发展的实施方案》《关于深化电力体制改革加快构建新型电力系统的指导意见》《关于促进光伏产业链供应链协同发展的通知》《关于促进光伏产业链健康发展有关事项的通知》《关于推动能源电子产业发展的指导意见》《关于加快推进充电基础设施建设 更好支持新能源汽车下乡和乡村振兴的实施意见》《关于促进汽车消费的若干措施》《关于加强新能源汽车与电网融合互动的实施意见》《关于新形势下配电网高质量发展的指导意见》等，提出发展新能源，推动能源体系绿色低碳转型。

二、新材料

新材料是指通过新思想、新技术、新工艺、新应用装备，使传统材料性能有显著提高或具备新功能，或是设计开发出传统材料所不具备的功能或特殊功能。新材料具有以下特点：高强度、高刚度、高硬度、耐高温、耐磨、耐腐蚀、抗辐照、质量轻、技术含量高等，被广泛应用于化工新材

---

① 关于印发"十四五"可再生能源发展规划的通知［EB/OL］.（2021-10-21）［2024-03-20］. http://zfxxgk.nea.gov.cn/2021-10/21/c_1310611148.htm.

料、微电子、光电子、新能源等领域。

新材料的种类包括：功能材料、纳米材料、结构复合材料、生态环境材料、生物材料、结构材料、超导材料、金属材料、有机高分子材料、形状记忆合金、电子信息材料、光电子材料、智能材料、新能源材料、高性能复合材料、碳纳米管、先进复合材料、橡胶、有机硅材料、有机氟材料等。

我国的新材料发展呈现出良好状况。在技术方面，技术不断创新和突破，已经实现了高强度钢、高温合金、超级合金、高性能陶瓷等多种关键结构材料的自主研发和生产，满足了航空航天、核能、海洋工程等领域的需求。在智能制造材料领域，我国已经掌握了智能传感器、智能执行器、智能机器人等多种关键智能制造材料的开发技术，实现了部分产品的工业化应用和示范。在产业方面，规模持续扩大，2021年中国新材料产业规模达到6.41万亿元，预计2025年产业总产值将达到10万亿元，年均复合增长率达到13.5%。

《"十四五"规划和2035年远景目标纲要》提出，发展高端新材料。推动高端功能稀土材料、高品质特殊钢材、高性能合金、高温合金、高纯稀有金属材料、高性能陶瓷、电子玻璃等先进金属和无机非金属材料取得突破，加强碳纤维、芳纶等高性能纤维及其复合材料、生物基和生物医用材料研发应用，加快茂金属聚乙烯等高性能树脂和集成电路用光刻胶等电子高纯材料关键技术突破。

《"十四五"原材料工业发展规划》提出了新材料创新发展工程。一是突破重点品种：围绕大飞机、航空发动机、集成电路、信息通信、生物产业和能源产业等重点应用领域，攻克高温合金、航空轻合金材料、超高纯稀土金属及化合物、高性能特种钢、可降解生物材料、特种涂层、光刻胶、靶材、抛光液、工业气体、仿生合成橡胶、人工晶体、高性能功能玻璃、先进陶瓷材料、特种分离膜以及高性能稀土磁性、催化、光功能、储氢材料等一批关键材料。二是提升公共平台：建设高端聚烯烃、稀有金属、粉末冶金、先进玻璃、先进陶瓷等制造业创新中心，建设信息通信设备、节能环保、机器人装备材料等生产应用示范平台，建设新材料测试评价平台区域中心、新材料数据中心①。

三、新医药

新医药是指以创新技术和新的科学理论为基础，研发和生产新型药物、治疗方法、诊断技术等的医药产品，主要应用于基因治疗、免疫疗法、精准医学、生物技术制药等领域，旨在提高治疗效果、减少副作用，推动医学的科技创新。

目前，新医药的创新领域主要有以下关键方向：基因编辑和基因疗法、个性化医疗、免疫疗法、数字医疗和远程医疗、生物电子医疗、药物研发创新、医疗机器人等方面。

国家药监局药品审评中心发布的《2023年度药品审评报告》显示，2023年我国药品注册申请申报量持续增长，全年批准上市创新药40个品种、罕见病用药45个品种、儿童用药产品92个品种，临床用药需求得到更好满足。近年来政府鼓励将医药企业的研发、生产、销售与互联网大数据、云计算等新兴信息技术融合发展，为医药行业发展注入新动能。

2024年《政府工作报告》中，"创新药"产业被首次直接提及，这表明创新药行业作为新兴产业和未来产业的重要一环，其所具备的高新技术创新特征和保障民生的行业属性能够充分发挥创新主导作用，以药物的创新研发构成新质生产力，推动医药产业的创新突破，在保障和改善民生的同时能够形成独特的新动能、新优势，推动中国创新发展战略的稳步前进。

《"十四五"规划和2035年远景目标纲要》提出，开发高端医疗装备和创新药。突破腔镜手术机器人、体外膜肺氧合机等核心技术，研制高端镜像、放射治疗等大型药疗设备及关键零部件。发展脑起搏器、全降解血管支架等植入介入产品，推动康复辅助器具提质升级。研发重大传染性疾

---

① 关于印发"十四五"原材料工业发展规划的通知［EB/OL］.（2022－07－06）［2024－03－20］. https：//www.miit.gov.cn/jgsj/ghs/zlygh/art/2022/art_5f4e358b51f9475da022243cfdff6d35.html.

病所需疫苗，开发治疗恶性肿瘤、心脑血管等疾病特效药。加强中医药关键技术装备研发。

《"十四五"医药工业发展规划》提出，大力推动创新产品研发。实施的医药创新产品产业化工程包括：（1）化学药。重点发展针对肿瘤、自身免疫性疾病、神经退行性疾病、心血管疾病、糖尿病、肝炎、呼吸系统疾病、耐药微生物感染等重大临床需求，以及罕见病治疗需求，具有新靶点、新机制的化学新药。发展基于反义寡核苷酸、小干扰 RNA、蛋白降解技术（PROTAC）等新型技术平台的药物。根据疾病细分进展和精准医疗需求，发展针对特定疾病亚群的精准治疗药物。发展有明确临床价值的改良型新药。（2）中药。以临床价值为导向，以病证结合、专病专药或证候类中药等多种方式开展中药新药研制，重点开展基于古代经典名方中药复方制剂研制，以及医疗机构中药制剂向中药新药转化；深入开展中药有效物质和药理毒理基础研究；开展中成药二次开发，发展中药大品种。（3）生物药。在抗体药物领域，重点发展针对肿瘤、免疫类疾病、病毒感染、高血脂等疾病的新型抗体药物，新一代免疫检测点调节药物，多功能抗体、G蛋白偶联受体（GPCR）抗体、抗体偶联药物（ADC），发展抗体与其他药物的联用疗法。在疫苗领域，重点发展新型新冠病毒疫苗、疱疹疫苗、多价人乳头瘤病毒（HPV）疫苗、多联多价疫苗等产品。在重组蛋白质药物领域，重点发展新靶点创新药物，以及采用长效技术、新给药途径的已上市药物的升级换代产品。在其他领域，重点发展针对新靶点、新适应症的嵌合抗原受体T细胞（CAR-T）、嵌合抗原受体NK细胞（CAR-NK）等免疫细胞治疗、干细胞治疗、基因治疗产品和特异性免疫球蛋白等。（4）医疗器械。重点发展新型医学影像、体外诊断、疾病康复、肿瘤放疗、应急救治、生命支持、可穿戴监测、中医诊疗等领域的医疗器械，疾病筛查、精准用药所需的各类分子诊断产品，支架瓣膜、心室辅助装置、颅骨材料、神经刺激器、人工关节和脊柱、运动医学软组织固定系统、人工晶体等高端植入介入产品；重组胶原蛋白类、可降解材料、组织器官诱导再生和修复材料、新型口腔材料等生物医用材料。加快人工智能等信息技术在医疗装备领域应用①。

四、新制造装备

新制造装备是指以先进的科技手段，如工业互联网、人工智能、大数据等为基础，采用先进的制造技术和装备，推动制造业转型升级的一类装备。其核心目标是提高制造效率、降低成本、增强产品质量，并实现智能化、柔性化生产。新装备制造具有技术壁垒高、带动能力强，易于形成产业集群等特点，可显著提升一个国家或地区的核心竞争力，成为主要大国参与全球产业分工、争夺全球产业链上游的角力场。

我国装备制造产业已经形成四大产业集聚区。其中，环渤海地区和长三角地区的产业规模最大、发展水平最高。环渤海地区以北京和天津为核心，主要集中于新能源汽车制造和高端数控机床、机器人等领域；长三角区域作为我国汽车制造的主要区域，涵盖了传统燃油车和新能源汽车的制造，并在航空航天装备制造方面具备显著实力。其次是东北地区和珠三角地区，以深圳为代表，专注于以通信设备、计算机等电子装备制造。而中部地区和西部地区是产业发展的重要补充，以成都为代表的中西部地区致力于3D打印技术的研发和应用以及风电设备、太阳能设备等一系列新能源装备制造。这四大区域通过形成产业集群，推动了相关领域技术的创新和产业的快速发展。

2023年，我国装备制造业持续回升，发展逐步向好，但是细分领域发展略有分化，新能源汽车、风电、船舶等行业持续向好，装备制造业整体或将呈现"先低后高"稳步提升态势。2023年1—10月，装备制造业增加值增速超过6%，高于规模以上工业平均水平，对规模以上工业增长贡献率达45.1%，有力支撑工业稳增长大局。2024年，我国装备制造业有望呈现平稳增长态势，新能源汽车、电气机械等行业将延续快速发展，工程机

---

① 关于印发"十四五"医药工业发展规划的通知［EB/OL］.（2022-01-31）［2024-03-20］. https：//www.gov.cn/zhengce/zhengceku/2022-01/31/content_5671480.htm.

械、工业机器人、工业母机、轨道交通等行业将恢复发展，成为装备制造业新的增长点。国际机器人联合会（IFR）发布的《2023世界机器人报告》数据显示，2022年我国工业机器人装机量29万套，同比增长5%，占全球装机量的比重为52%。工业机器人应用领域已覆盖65个行业大类、206个行业中类，在汽车、电子、机械等领域应用更加广泛，在新能源汽车、锂电池、光伏等新兴行业应用快速拓展。国家统计局的数据显示，服务机器人产量快速增长，2023年1—10月累计增长21.7%，预计2024年依然保持高速增长态势。

《新一代人工智能发展规划》提出，推行智能制造关键技术装备、核心支撑软件、工业互联网等系统集成应用，研发智能产品及智能互联产品、智能制造使能工具与系统、智能制造云平台服务，推广流程智能制造、离散智能制造、网络化协调制造、远程诊断与运维服务等新型制造模式，建立智能制造标准体系，推进制造全生命周期活动智能化。

《"十四五"规划和2035年远景目标纲要》提出，研发重大技术装备，推进CR450高速度等级中国标准动车组、谱系化中国标准地铁列车、高端机床装备、先进工程机械、核电机组关键部件、邮轮、大型LNG船舶和深海油气生产平台等研发应用，推动C919大型客机示范运营和ARJ直线客机系列化发展；发展智能制造和机器人技术，重点研制分散性控制系统、可编程逻辑控制器、数据采集和视频监控系统等工业控制装备，突破先进控制器、高精度伺服驱动系统、高性能减速器等智能机器人关键技术，发展增材制造；开发航空发动机及燃气轮机，加快先进航空发动机关键材料等技术研发验证，推进民用大涵道比涡扇发动机CJ1000产品研制，突破宽体客机发动机关键技术，实现先进民用涡轴发动机产业化，建设上海重型燃气轮机试验电站；实施北斗产业化应用，突破通信导航一体化融合技术，建设北斗应用产业创新平台，在通信、金融、能源、民航等行业开展典型示范，推动北斗在车载导航、智能手机、穿戴设备等消费领域市场化规模化应用；发展新能源汽车和智能（网联）汽车，突破新能源汽车高安全动力电池、高效驱动电机、高性能动力系统等关键技术，加快研发智能（网联）汽车基础技术平台及软硬件系统、线控底盘和智能终端等关键部件；发展农业机械装备，开发智能型大马力拖拉机、精量（免耕）播种机、喷杆喷雾机、开沟施肥机、高效联合收割机、果蔬采收机、甘蔗收获机、采棉机等先进适用农业机械，发展丘陵山区农业生产高效专用农机，推动先进粮油加工装备研发和产业化，研发绿色智能养殖饲喂、环控、采集、粪污利用等装备，研发造林种草等机械装备。

《物联网新型基础设施建设三年行动计划（2021—2023年）》提出，加快射频识别、智能传感器、视觉识别、二维码、近场通信、低功耗广域网等技术的应用部署。

《"十四五"机器人产业发展规划》提出，实施机器人关键基础提升行动。在高性能减速器方面，研发RV减速器和谐波减速器的先进制造技术和工艺，提高减速器的精度保持性（寿命）、可靠性，降低噪音，实现规模生产。研究新型高性能精密齿轮传动装置的基础理论，突破精密/超精密制造技术、装配工艺，研制新型高性能精密减速器。在高性能伺服驱动系统方面，优化高性能伺服驱动控制、伺服电机结构设计、制造工艺、自整定等技术，研制高精度、高功率密度的机器人专用伺服电机及高性能电机制动器等核心部件。在智能控制器方面，研发具有高实时性、高可靠性、多处理器并行工作或多核处理器的控制器硬件系统，实现标准化、模块化、网络化。突破多关节高精度运动解算、运动控制及智能运动规划算法，提升控制系统的智能化水平及安全性、可靠性和易用性。在智能一体化关节方面，研制机构/驱动/感知/控制一体化、模块化机器人关节，研发伺服电机驱动、高精度谐波传动动态补偿、复合型传感器高精度实时数据融合、模块化一体化集成等技术，实现高速实时通信、关节力/力矩保护等功能。在新型传感器方面，研制三维视觉传感器、六维力传感器和关节力矩传感器等力觉传感器、大视场单线和多线激光雷达、智能听觉传感器以及高精度编码器等产品，满足机器人智能化发展需求。在智能末端执行器方面，研制能够实现智能抓取、柔性装配、快速更换等功能的智能灵巧作业末端执行器，满足机器人多样化操作需求。

《"十四五"机器人产业发展规划》提出，实施机器人创新产品发展行动。对于工业机器人，研制面向汽车、航空航天、轨道交通等领域的高精度、高可靠性的焊接机器人，面向半导体行业的自动搬运、智能移动与存储等真空（洁净）机器人，具备防爆功能的民爆物品生产机器人，AGV、无人叉车、分拣、包装等物流机器人，面向3C、汽车零部件等领域的大负载、轻型、柔性、双臂、移动等协作机器人，可在转运、打磨、装配等工作区域内任意位置移动、实现空间任意位置和姿态可达、具有灵活抓取和操作能力的移动操作机器人。对于服务机器人，研制果园除草、精准植保、果蔬剪枝、采摘收获、分选，以及用于畜禽养殖的喂料、巡检、清淤泥、清网衣附着物、消毒处理等农业机器人，采掘、支护、钻孔、巡检、重载辅助运输等矿业机器人，建筑部品部件智能化生产、测量、材料配送、钢筋加工、混凝土浇筑、楼面墙面装饰装修、构部件安装、焊接等建筑机器人，手术、护理、检查、康复、咨询、配送等医疗康复机器人，助行、助浴、物品递送、情感陪护、智能假肢等养老助残机器人，家务、教育、娱乐和安监等家用服务机器人，讲解导引、餐饮、配送、代步等公共服务机器人。对于特种机器人，研制水下探测、监测、作业、深海矿产资源开发等水下机器人，安保巡逻、缉私安检、反恐防暴、勘查取证、交通管理、边防管理、治安管控等安防机器人，消防、应急救援、安全巡检、核工业操作、海洋捕捞等危险环境作业机器人，检验采样、消毒清洁、室内配送、辅助移位、辅助巡诊查房、重症护理辅助操作等卫生防疫机器人。

《"十四五"机器人产业发展规划》提出，实施"机器人＋"应用行动。深耕行业应用方面，在已形成较大规模应用的领域，如汽车、电子、机械、轻工、纺织、建材、医药、公共服务、仓储物流、智能家居、教育娱乐等，着力开发和推广机器人新产品，开拓高端应用市场，深入推动智能制造、智慧生活。拓展新兴应用方面，在初步应用和潜在需求领域，如矿山、石油、化工、农业、电力、建筑、航空、航天、船舶、铁路、核工业、港口、公共安全、应急救援、医疗康复、养老助残等，结合具体场景，开发机器人产品和解决方案，开展试点示范，拓展应用空间。做强特色应用方面，在特定细分场景、环节及领域，如卫浴、陶瓷、光伏、冶炼、铸造、钣金、五金、家具等细分领域，喷釉、修胚、抛光、打磨、焊接、喷涂、搬运、码垛等关键环节,形成专业化、定制化解决方案并复制推广,打造特色服务品牌,形成竞争新优势。

《"十四五"智能制造发展规划》提出,实施智能制造示范工厂建设行动。在智能场景方面,推动数字孪生、人工智能、5G、大数据、区块链、虚拟现实(VR)/增强现实(AR)/混合现实(MR)等新技术在制造环节的深度应用,探索形成一批"数字孪生+""人工智能+""虚拟/增强/混合现实(XR)+"等智能场景。在智能车间方面,覆盖加工、检测、物流等环节,开展工艺改进和革新,推动设备联网和生产环节数字化连接,强化标准作业、可视管控、精准配送、最优库存,打造一批智能车间,实现生产数据贯通化、制造柔性化和管理智能化。在智能工厂方面,支持基础条件好的企业,围绕设计、生产、管理、服务等制造全过程开展智能化升级,优化组织结构和业务流程,强化精益生产,打造一批智能工厂,推动跨业务活动的数据共享和深度挖掘,实现对核心业务的精准预测、管理优化和自主决策。在智慧供应链方面,面向汽车、工程机械、轨道交通装备、航空航天装备、船舶与海洋工程装备、电力装备、医疗装备、家用电器、集成电路等行业,支持智能制造应用水平高、核心竞争优势突出、资源配置能力强的龙头企业建设供应链协同平台,打造数据互联互通、信息可信交互、生产深度协同、资源柔性配置的供应链。

《"十四五"智能制造发展规划》提出,实施行业智能化改造升级行动。在装备制造领域,满足提高产品可靠性和高端化发展等需要,开发面向特定场景的智能成套生产线以及新技术与工艺结合的模块化生产单元;建设基于精益生产、柔性生产的智能车间和工厂;大力发展数字化设计、远程运维服务、个性化定制等模式。在电子信息领域,满足提高生产效率和产品良率、缩短研制周期等需要,建立复杂电磁环境下的企业通信网络和主动安全防护系统,实现企业内数据可靠传输;推进电子产品专用智能制造装备与自动化装配线的集成应用;开发智能检测设备与产品一体化测试平台;建设智能物流配送系统,优化生产经营决策系统。在原材料领域,满足安全生产、降耗减碳、提质降本等需要,实施大集团统一管理下的多基地协同制造;探索人工智能技术应用,实现工艺流程优化、工序动态协同、资源高效配置和智慧决策支持；针对民爆、矿山、危化品等危险性较大企业推广少人无人作业，实施安全一体化监控；实施大型制造设备健康监测和远程运维，保证流程安全运行；打造全生命周期数据共享平台，实现全产业链优化。在消费品领域，提高产品质量和安全性，满足多样化、高品质需求，大力推广面向工序的专用制造装备和专用机器人；支持供应链协同和用户交互平台建设，发展大规模定制；促进全产业链解决方案服务平台建设。

《"十四五"智能制造发展规划》提出，实施智能制造装备创新发展行动。在基础零部件和装置方面，研发微纳位移传感器、柔性触觉传感器、高分辨率视觉传感器、成分在线检测仪器、先进控制器、高精度伺服驱动系统、高性能高可靠减速器、可穿戴人机交互设备、工业现场定位设备、智能数控系统等。在通用智能制造装备方面，研发智能立/卧式五轴加工中心、车铣复合加工中心、高精度数控磨床等工作母机；智能焊接机器人、智能移动机器人、半导体（洁净）机器人等工业机器人；激光/电子束高效选区熔化装备、激光选区烧结成形装备等增材制造装备；超快激光等先进激光加工装备；高端分布式控制系统、可编程逻辑控制器、监视控制和数据采集系统等工业控制装备；数字化非接触精密测量、在线无损检测、激光跟踪测量等智能检测装备和仪器；智能多层多向穿梭车、智能大型立体仓库等智能物流装备。在专用智能制造装备方面，研发汽车发动机、变速箱等高效加工与近净成形成套装备，航空航天大型复合材料智能铺放、成形、加工和检测成套装备，航空航天智能装配装备，船舶板材激光焊接成套装备，高精度智能化热/冷连轧成套装备，百万吨以上智能化乙烯成套装备，新型干法水泥全流程智能化生产线，食品高黏度流体灌装智能成套装备，连续式针织物/纯涤纶织物印染成套装备，满足GMP要求的无菌原料药智能成套装备，极大规模集成电路制造成套装备，新型平板显示制造成套装备等。在新型智能制造装备方面，研发融合数字孪生、大数据、人工智能、边缘计算、虚拟现实/增强现实（VR/AR）、5G、北斗、卫星互联网等新技术的智能工控系统、智能工作母机、协作机器人、自适应机器人等新型装备。

《"十四五"智能制造发展规划》提出,实施工业软件突破提升行动。一是研发设计类软件。开发计算机辅助设计(CAD)、计算机辅助工程(CAE)、计算机辅助工艺计划(CAPP)、计算机辅助制造(CAM)、流程工艺仿真、电子设计自动化(EDA)、产品数据管理(PDM)等。二是生产制造类软件。开发制造执行系统(MES)、高级计划排程系统(APS)、工厂物料配送管控系统(TMS)、能源管理系统(EMS)、故障预测与健康管理软件(PHM)、运维综合保障管理(MRO)、安全管理系统、环境和碳排放管理系统等。三是经营管理类软件。开发企业资源计划系统(ERP)、供应链管理系统(SCM)、客户关系管理系统(CRM)、人力资源管理(HRM)、质量管理系统(QMS)、资产绩效管理系统(APM)等。四是控制执行类软件。开发工业操作系统、工业控制软件、组态编程软件等嵌入式工业软件及集成开发环境。五是行业专用软件。开发面向特定行业、特定环节的模型库、工艺库等基础知识库,面向石化、冶金等行业的全流程一体化优化软件,面向大型装备的设计/生产/运维一体化平台软件,面向中小企业的综合管控平台软件等。六是新型软件。开发工业App、云化软件、云原生软件等。

《"十四五"智能制造发展规划》提出,实施智能制造标准领航行动。在标准体系建设上,定期修订《国家智能制造标准体系建设指南》,建设纺织、石化、建材、汽车、航空、船舶、电力装备、轨道交通装备、家电、食品、钢铁、有色金属、新能源等细分领域的行业应用标准体系。在标准研制上,加大标准试验验证力度,推动数字孪生、数据字典、人机协作、智慧供应链、系统可靠性、信息安全与功能安全一体化等基础共性和关键技术标准制修订,满足技术演进和产业发展需求,加快开展行业应用标准研制。在标准推广应用上,围绕智能车间/工厂建设、新模式应用、供应链协同、新技术应用等方面,开展智能制造标准应用试点,形成国家标准、行业标准、团体标准协调配套的标准群,推进试点成果在中小企业和同行业企业的应用。在标准国际合作上,继续加强中德智能制造/工业4.0标准合作,拓展中日、中英等合作,积极参与国际标准化活动,持续提升中国方案在国际标准中的贡献度,深化双边、多边标准化交流机制,形成一批标准化成果。

五、新产品

人们在日常生活中使用的工业产品依赖于科技的进步。从 20 世纪 50 年代人们喜欢的手表、自行车、收音机三大件，到如今智能手机、智能家电、电动汽车等已占据了人们生活的重要位置。随着科技的进步，智能汽车、家用机器人、头戴式 VR/AR（虚拟现实/增强现实）设备、柔性显示器、3D 打印设备等产品的出现，将与们的日常生活越来越紧密。

新产品的出现是科技进步给人类带来的福祉，新产品广泛使用和普及将从根本上改变人们的生活，会引发人类认识世界方式的改变，提高人类的认知水平，进而带来科学的进步并进一步推动技术创新。

新信息技术的不断创新提升了生产和业务的效率，推动了数字化转型和创新经济的发展。新信息技术引领下的生产方式变得更加智能、灵活，定制化和个性化生产，促进了生产力的质的提升。2022 年 11 月，由人工智能技术驱动的自然语言处理工具 ChatGPT 推出，作为处理序列数据的模型，它拥有语言理解和文本生成能力，也能够编写和调试计算机程序，进行文学、媒体相关领域的创作等，成为历史上增长最快的消费者应用程序；2024 年 2 月，人工智能文生视频大模型 Sora 发布，可以根据用户的文本提示创建最长 60 秒的逼真视频，深度模拟真实物理世界；紧接 Sora 之后，AI 平台 Lightricks 宣布推出生成式 AI 电影制作平台 LTX Studio，只要用户用文本输入大致的想法，LTX Studio 就能通过提示词精准控制剧本创作、场景布局、摄像机控制、视频风格、角色一致性、视频声音等，最后输出一个超 25 秒的微电影视频。

尽管当前 Sora 展现的视频只是以秒为单位，可以预见随着人类认识世界水平的提高，量子力学、相对论、热力学、波姆理论等物理学的发展，技术的不断创新进步，人类使用能源功率数量的量级发生质变，超级量子计算机的诞生使算力达到一个新的高度，那么未来的视频生成器也许就能还原或预测任何时间、地点发生的事件。这种科技产品的出现，能呈现当前世界的场景，能够重现历史，还能预测未来，这将使人类认识世界的维度发展到一个全新的阶段。

随着社会的发展，人工智能在理解真实世界场景并与之互动的能力方面会出现飞跃发展，更多的 AI 应用将改变社会。从现在来看，也许人工智能的崛起为人类超越大冰期提供了一种方式。霍金就认为人工智能有可能会取代人类，最终会演变成一种超越人类的新生命形式，对人类来说是好事还是坏事还很难说。因此，人类发展人工智能的同时，必须避免人工智能发展自己的意志、抗衡人类的意志。从这个意义上说，人类必须对新产品出现给世界带来的改变，有足够清醒的认识。人工智能的发展，也必须遵循生态意识和伦理规范。唯有如此，才能促进人和自然的和谐，进而从根本上保证人类的长期可持续生存和发展。

第三节　新产业

推动新产业高质量发展，对构建现代化产业体系具有深远的意义。当前，大力发展战略性新兴产业和未来产业，是培育新质生产力的战略选择。

一、新产业及新兴产业发展

新产业是指应用新技术发展壮大的新兴产业和未来产业，具有创新活跃、技术密集、发展前景广阔等特征，关系国民经济社会发展和产业结构优化升级全局。

《新产业标准化领航工程实施方案（2023—2035年）》聚焦新一代信息技术、新能源、新材料、高端装备、新能源汽车、绿色环保、民用航空、船舶与海洋工程装备八大新兴产业和元宇宙、脑机接口、量子信息、人形机器人、生成式人工智能、生物制造、未来显示、未来网络、新型储能九大未来产业①，旨在通过统筹推进新产业标准的研究、制定、实施和国际化，推动新产业的发展。

近年来，我国新兴产业快速发展，呈现出良好的态势②。

新一代信息技术产业主要包括电子信息制造业以及软件和信息技术服务业。2023年，我国规模以上电子信息制造业实现营业收入151068亿元，其中东部地区为102827亿元，中部地区为25331亿元，西部地区为21903亿元，东北地区为1007亿元，占全国比重分别约为68.06%、16.77%、14.49%和0.66%；软件和信息技术服务业规模以上企业超3.8万家，累计完成软件业务收入123258亿元。当前，我国新一代信息技术产业已形成珠三角、长三角、环渤海和中西部四大产业集聚区。

2023年，我国全口径发电装机容量29.2亿千瓦，其中非化石能源发电装机容量15.7亿千瓦，占总装机容量比重达到53.9%。水电4.2亿千瓦、核电5691万千瓦、并网风电4.4亿千瓦、并网太阳能发电6.1亿千瓦。

2022年，我国新材料产业总产值达到约6.8万亿元。2023年1—9月，我国新材料产业总产值超过5万亿元。我国已建立了7个新材料领域国家制造业创新中心，布局建设了35个新材料重点服务平台。

2022年，我国高端装备制造行业产值规模达到21.3万亿元，机器人行业的营业收入超过1700亿元。2023年规模以上工业中，高技术制造业增加值增长2.7%。高端装备制造业已形成环渤海、长三角、珠三角和中西部等多个产业集聚区。

2023年，我国新能源汽车产销分别完成958.7万辆和949.5万辆，同比分别增长35.8%和37.9%，市场占有率达到31.6%。截至2023年底，我国充电基础设施累计达859.6万台，累计建成换电站3567座；截至

---

① 工业和信息化部等四部门关于印发《新产业标准化领航工程实施方案（2023—2035年）》的通知 [EB/OL]. (2023-08-28) [2024-03-20]. https://www.miit.gov.cn/zwgk/zcwj/wjfb/tz/art/2023/art_8d26688ad0aa422eaa5ebba5dceac908.html.

② 参见：我国8大新兴产业+9大未来产业发展分析 [EB/OL]. (2023-11-03) [2024-03-20]. https://roll.sohu.com/a/733634474_120690910.

2023年11月底，动力电池回收服务网点累计达10524个。当前，我国新能源汽车产业主要集聚在珠三角、长三角、京津冀等地区。

2022年，全国环保产业营业收入达到2.22万亿元，A股上市环保公司有190家。初步测算，2023年中国环保产业营业收入超过2.3万亿元。

截至2023年3月，我国民航拥有运输飞机4165架、通用航空器3177架、跑道282条、航站楼1800.6万平方米、机位7328个，机场总容量达15亿人次。

2023年，全国造船完工量4232万载重吨，新接订单量7120万载重吨，截至2023年12月底手持订单量13939万载重吨。全年造船完工量、新接订单量和手持订单量以载重吨计分别占全球总量的50.2%、66.6%和55.0%，以修正总吨计分别占47.6%、60.2%和47.6%，各项指标国际市场份额均保持世界第一。长三角、环渤海、珠三角等三大造船基地的空间布局已经初步形成。

二、战略性新兴产业

战略性新兴产业是以重大技术突破和重大发展需求为基础，对经济社会全局和长远发展具有重大引领带动作用的先导产业。战略性新兴产业代表新一轮科技革命和产业变革的方向，是获取未来竞争新优势的关键领域。在新一轮科技革命和产业变革加速发展及我国经济社会发展进入全面实现现代化新阶段的背景下，科技含量高、市场潜力大、带动能力强、综合效益好的战略性新兴产业，已经成为我国培育经济增长新动能、构建国际竞争新优势、掌握发展主动权、实现从工业大国向工业强国迈进、打造中国制造"升级版"的重要抓手。

我国战略性新兴产业发展方向主要是：（1）新一代信息技术产业，物联网、通信设备、智能联网汽车、天地一体化信息网络、集成电路、操作系统与工业软件、智能制造核心信息设备；（2）生物产业，疾病预防、早期诊断、治疗技术与药物、康复及再造、中医药、能源生物炼制、化工与材料生物制造、生物反应器及装备技术；（3）高端装备制造产业，航空装备主要是大型客机、军用战斗机和大型运输机、支线飞机、通用飞机和直升机、航空发动机、航空设备,航天装备主要是卫星遥感、卫星通信、卫星导航授时系统,海洋装备主要是海洋油气开发装备、高技术船舶、海洋资源开发装备、海洋环境立体观测装备等,智能制造装备主要是航天航空及航空发动机制造工艺装备、新型舰船及深海探测等海工关键制造工艺装备、新能源汽车变速箱关键零部件加工成套装备及生产线、国家重点领域急需的超精密加工装备,民生装备主要是农业、食品、纺织、医疗装备;(4)新材料产业,先进无机非金属材料、重大工程用先进金属材料、高分子及复合材料、高性能稀土材料、新能源与节能环保材料、信息功能材料、高端生物医用材料、前沿新材料与材料基因工程;(5)绿色低碳产业,能源新技术主要是煤炭清洁高效利用、非常规天然气、综合能源服务、核能、风电、太阳能光电、生物质能、地热等产业,节能环保类包括节能、环保、资源循环利用产业,新能源汽车类是整车集成、动力电池与管理系统、电机驱动、智能网联等;(6)数字创意产业,高清产业、虚拟现实/增强现实产业、数字内容生产和创新设计软件、数字文化内容创作、智能内容生产平台、文化资源转换、制造业创新设计、服务业创新设计、人居环境创新设计等①。

《关于加快培育和发展战略性新兴产业的决定》提出,根据战略性新兴产业的发展阶段和特点,集中力量发展节能环保产业、新一代信息技术产业、生物产业、高端装备制造产业、新能源产业、新材料产业、新能源汽车产业;结合实施产业发展规划,加强产业关键核心技术和前沿技术研究,强化企业技术创新能力建设,加快落实人才强国战略和知识产权战略,实施重大产业创新发展工程,建设产业创新支撑体系,推进重大科技成果产业化和产业集聚发展②。

《"十三五"国家战略性新兴产业发展规划》提出,节能环保、新能

---

① 解析"十四五"战略性新兴产业发展思路,梳理6大产业发展方向[EB/OL].(2020-12-03)[2024-03-20].https://www.sohu.com/a/435926632_694318.

② 国务院关于加快培育和发展战略性新兴产业的决定[EB/OL].(2010-10-18)[2024-03-20].https://www.gov.cn/zwgk/2010-10/18/content_1724848.htm.

源、生物等领域新产品和新服务的可及性大幅提升；把握全球能源变革发展趋势和我国产业绿色转型发展要求，着眼生态文明建设和应对气候变化，以绿色低碳技术创新和应用为重点，引导绿色消费，推广绿色产品，大幅提升新能源汽车和新能源的应用比例，全面推进高效节能、先进环保和资源循环利用产业体系建设，推动新能源汽车、新能源和节能环保等绿色低碳产业成为支柱产业①。

《新能源汽车产业发展规划（2021—2035年）》提出，深化"三纵三横"研发布局、加快建设共性技术创新平台、提升行业公共服务能力，提高技术创新能力；支持生态主导型企业发展、促进关键系统创新应用、提升智能制造水平、强化质量安全保障，构建新型产业生态；推动新能源汽车与能源融合发展、推动新能源汽车与交通融合发展、推动新能源汽车与信息通信融合发展、加强标准对接与数据共享，推动产业融合发展；大力推动充换电网络建设、协调推动智能路网设施建设、有序推进氢燃料供给体系建设，完善基础设施体系；扩大开放和交流合作、加快融入全球价值链，深化开放合作②。

《"十四五"规划和2035年远景目标纲要》提出，推动战略性新兴产业融合化、集群化、生态化发展。聚焦新一代信息技术、生物技术、新能源、新材料、高端装备、新能源汽车、绿色环保以及航空航天、海洋装备等战略性新兴产业，加快关键核心技术创新应用，增强要素保障能力，培育壮大产业发展新动能。推动生物技术和信息技术融合创新，加快发展生物医药、生物育种、生物材料、生物能源等产业，做大做强生物经济。深化北斗系统推广应用，推动北斗产业高质量发展。深入推进国家战略性新兴产业集群发展工程，健全产业集群组织管理和专业化推进机制，建设创新和公共服务综合体，构建一批各具特色、优势互补、结构合理的战略性

---

① 国务院关于印发"十三五"国家战略性新兴产业发展规划的通知［EB/OL］．（2016-12-19）［2024-03-20］．https://www.gov.cn/zhengce/content/2016-12/19/content_5150090.htm.

② 国务院办公厅关于印发新能源汽车产业发展规划（2021—2035年）的通知［EB/OL］．（2020-11-02）［2024-03-20］．https://www.gov.cn/zhengce/zhengceku/2020-11/02/content_5556716.htm.

新兴产业增长引擎。鼓励技术创新和企业兼并重组，防止低水平重复建设。发挥产业投资基金引导作用，加大融资担保和风险补偿力度。

《新一代人工智能发展规划》提出，大力发展人工智能新兴产业。加快人工智能关键技术转化应用，促进技术集成与商业模式创新，推动重点领域智能产品创新，积极培育人工智能新兴业态，布局产业链高端，打造具有国际竞争力的人工智能产业集群。打造人工智能创新高地，按人工智能应用领域分门别类进行相关产业布局，打造人工智能产业集群和创新高地。

《关于加快推动区块链技术应用和产业发展的指导意见》提出，研发区块链"名品"、培育区块链"名企"、创建区块链"名园"、建立开源生态、完善产业链条，打造现代产业链。加强产业集聚发展。支持产业特色鲜明、基础条件好、应用示范效果突出的地区建设物联网新型工业化产业示范基地，持续扩大现有示范基地的品牌知名度和影响力。加快推动产业集聚发展，做好新产品、新服务、新模式的先行先试，优化政策、人才、技术、资金等资源要素配置。

《"十四五"可再生能源发展规划》提出，大力推进风电和光伏发电基地化开发，积极推进风电和光伏发电分布式开发，统筹推进水风光综合基地一体化开发，稳步推进生物质能多元化开发，积极推进地热能规模化开发，稳妥推进海洋能示范化开发，加大可再生能源技术创新攻关力度，培育可再生能源发展新模式新业态，提升可再生能源产业链供应链现代化水平，完善可再生能源创新链[①]。

《"十四五"大数据产业发展规划》提出，加快培育数据要素市场，发挥大数据特性优势，夯实产业发展基础，构建稳定高效产业链，打造繁荣有序产业生态，筑牢数据安全保障防线。

《"十四五"国家信息化规划》指出，实施全民数字素养与技能提升、企业数字能力提升、前沿数字技术突破、数字贸易开放合作、基层智慧治理能力提升、绿色智慧生态文明建设、数字乡村发展、数字普惠金融服

---

① 关于印发"十四五"可再生能源发展规划的通知［EB/OL］. (2021 – 10 – 21)［2024 – 03 – 20］. http：//zfxxgk. nea. gov. cn/2021 – 10/21/c_1310611148. htm.

务、公共卫生应急数字化建设、智慧养老服务拓展十大行动，建设泛在智联的数字基础设施体系，建立高效利用的数据要素资源体系，构建释放数字生产力的创新发展体系，培育先进安全的数字产业体系，构建产业数字化转型发展体系，构筑共建共治共享的数字社会治理体系，打造协同高效的数字政府服务体系，构建普惠便捷的数字民生保障体系，拓展互利共赢的数字领域国际合作体系，建立健全规范有序的数字化发展治理体系。

《"十四五"数字经济发展规划》提出，加快企业数字化转型升级、全面深化重点产业数字化转型、推动产业园区和产业集群数字化转型、培育转型支撑服务生态，大力推进产业数字化转型；增强关键技术创新能力、提升核心产业竞争力、加快培育新业态新模式、营造繁荣有序的产业创新生态，加快推动数字产业化。

《"十四五"机器人产业发展规划》提出，实施机器人核心技术攻关行动，提高产业创新能力；实施机器人关键基础提升行动，夯实产业发展基础；实施机器人创新产品发展行动，增加高端产品供给；实施"机器人+"应用行动，拓展应用深度广度；培育壮大优质企业、推进强链固链稳链、打造优势特色集群，优化产业组织结构。

《智能光伏产业创新发展行动计划（2021—2025年）》提出，提升行业发展水平，支撑新型电力系统，助力各领域碳达峰碳中和，优化产业发展环境，建设公共服务平台，强化光伏人才培育[①]。

《"十四五"民用航空发展规划》提出，实施容量挖潜提升工程、航空运输便捷工程、民航绿色低碳工程、科技创新引领工程、人才强业工程、产业协同示范工程，构建一流的民航安全体系，建设一流的基础设施体系，发展一流的航空服务体系，健全生态友好的绿色发展体系，构筑坚实有力的战略支撑体系，打造现代化民航治理体系[②]。

---

① 工业和信息化部 住房和城乡建设部 交通运输部 农业农村部 国家能源局关于印发《智能光伏产业创新发展行动计划（2021—2025年）》的通知［EB/OL］.（2022-01-05）[2024-03-20]. https：//www.gov.cn/zhengce/zhengceku/2022-01/05/content_5666484.htm.

② 中国民用航空局 国家发展和改革委员会 交通运输部关于印发《"十四五"民用航空发展规划》的通知［EB/OL］.（2022-01-07）[2024-03-20]. https：//www.gov.cn/zhengce/zhengceku/2022-01/07/content_5667003.htm.

《环保装备制造业高质量发展行动计划（2022—2025年）》提出，核心技术装备攻关重点方向是成套装备、仪器仪表、通用设备、材料与药剂、关键零部件，新型环保技术装备应用重点方向在大气污染治理、水污染防治、土壤污染修复领域、固体废物处理处置、环境监测专用仪器仪表领域，先进环保技术装备推广重点是大气污染防治、水污染防治、土壤污染修复、固体废物处理处置装备和环境监测专用仪器、关键零部件，数字化智能化重点方向是开展数字化设计、开发智能化装备、实施数字化智能化改造、培育工业互联网平台[①]。

《"十四五"现代能源体系规划》提出，强化战略安全保障、提升运行安全水平、加强应急安全管控，增强能源供应链稳定性和安全性；大力发展非化石能源、推动构建新型电力系统、减少能源产业碳足迹、更大力度强化节能降碳，加快推动能源绿色低碳转型；合理配置能源资源、统筹提升区域能源发展水平、积极推动乡村能源变革，优化能源发展布局；增强能源科技创新能力、加快能源产业数字化智能化升级、完善能源科技和产业创新体系，提升能源产业链现代化水平；激发能源市场主体活力、建设现代能源市场、加强能源治理制度建设，增强能源治理效能；拓展多元合作新局面、深度参与全球能源转型变革、积极参与全球能源治理体系改革和建设，构建开放共赢能源国际合作新格局[②]。

《"十四五"生物经济发展规划》提出，实施生物医药技术惠民工程，推动医疗健康产业发展；实施现代种业提升工程，推动生物农业产业发展；实施生物能源环保产业示范工程，推动生物能源与生物环保产业发展；实施生物技术与信息技术融合应用工程，推动生物信息产业发展。在高端科研仪器、医疗设备、新药创制、生物制造、生物育种、生物质能等前沿领域，支持有影响力的用户单位牵头建立产用联合体，与生产企业共

---

① 工业和信息化部 科学技术部 生态环境部关于印发环保装备制造业高质量发展行动计划（2022—2025年）的通知［EB/OL］．（2022-01-22）［2024-03-20］．https：//www.gov.cn/zhengce/zhengceku/2022-01/22/content_5669858.htm．

② 国家发展改革委 国家能源局关于印发《"十四五"现代能源体系规划》的通知［EB/OL］．（2022-03-23）［2024-03-20］．https：//www.gov.cn/zhengce/zhengceku/2022-03/23/content_5680759.htm．

同合作开展生物产品技术创新和示范验证,构建"应用示范—反馈改进—水平提升—辐射推广"的良性循环发展机制。

《"十四五"信息通信行业发展规划》提出,实施5G网络部署工程、千兆光纤宽带网络部署工程、IPv6网络服务能力提升工程、移动物联网部署工程、卫星通信建设及北斗卫星导航系统规模化应用工程、国际海陆缆建设及保护工程、数据中心高质量发展工程、工业互联网创新发展工程、移动通信核心技术演进和产业推进工程、通信大数据应用创新工程、5G应用创新和产业生态培育工程、互联网"聚源"工程、市场监管"聚力"工程、应急通信"聚能"工程、互联网服务"聚心"工程、信息通信监管"聚治"工程、5G和工业互联网安全创新工程、网络安全技术产业生态培育工程、网络安全智慧大脑工程、网络可信体系支撑保障工程、新一轮电信普遍服务工程,建设新型数字基础设施,拓展数字化发展空间,构建新型行业管理体系,全面加强网络和数据安全保障体系和能力建设,加强跨地域跨行业统筹协调。

《"十四五"智能制造发展规划》提出,实施智能制造技术攻关行动,加快系统创新,增强融合发展新动能;实施智能制造示范工厂建设、行业智能化改造升级行动,深化推广应用,开拓转型升级新路径;实施智能制造装备创新发展、工业软件突破提升行动,加强自主供给,壮大产业体系新优势;实施智能制造标准领航行动,夯实基础支撑,构筑智能制造新保障。

《关于促进光伏产业链供应链协同发展的通知》提出,立足长远目标、优化产业布局,鼓励创新进步、规范行业秩序,加强系统对接、深化全链合作,支持协同发展、稳定产业供需,坚持统筹发力、加强宣传引导。建立全国光伏大产业大市场,促进光伏产业高质量发展,积极推动建设新能源供给消纳体系①。

《"十四五"原材料工业发展规划》提出,突破关键材料。坚持材料先

---

① 三部门关于促进光伏产业链供应链协同发展的通知 [EB/OL]. (2022-08-24) [2024-03-20]. https://www.miit.gov.cn/zwgk/zcwj/wjfb/tz/art/2022/art_d799b68c80e64159ad818166b743a539.html.

行和需求牵引并重，聚焦国防建设、民生短板和制造强国建设重大需求，滚动制定关键材料产品目录，制定发布技术路线图。实施关键短板材料攻关行动，采用"揭榜挂帅""赛马"等方式，支持材料生产、应用企业联合科研单位，开展宽禁带半导体及显示材料、集成电路关键材料、生物基材料、碳基材料、生物医用材料等协同攻关。实施大宗基础材料巩固提升行动，引导企业在优化生产工艺的基础上，利用工业互联网等新一代信息技术，提升先进制造基础零部件用钢、高强铝合金、稀有稀贵金属材料、特种工程塑料、高性能膜材料、纤维新材料、复合材料等综合竞争力。实施前沿材料前瞻布局行动，支持科研单位联合企业，把握新材料技术与信息技术、纳米技术、智能技术等融合发展趋势，发展超导材料、智能仿生、增材制造材料等，推动新的主干材料体系化发展，强化应用领域的支持和引导。实施材料基因工程计划，探索材料研发新模式的试点应用。实施关键材料应用推广行动，优化重点新材料首批次应用保险补偿机制，通过首台（套）、绿色建材推广等措施促进新材料应用。

《关于促进光伏产业链健康发展有关事项的通知》提出，多措并举保障多晶硅合理产量，创造条件支持多晶硅先进产能按期达产，鼓励多晶硅企业合理控制产品价格水平，充分保障多晶硅生产企业电力需求，鼓励光伏产业制造环节加大绿电消纳，完善产业链综合支持措施，加强行业监管，合理引导行业预期①。

《关于推动能源电子产业发展的指导意见》提出，深入推动能源电子全产业链协同和融合发展，提升太阳能光伏和新型储能电池供给能力，支持新技术新产品在重点终端市场应用，推动关键信息技术及产品发展和创新应用，高度重视产业安全规范和有序发展，着力提升产业国际化发展水平②。

---

① 国家发展改革委办公厅 国家能源局综合司关于促进光伏产业链健康发展有关事项的通知[EB/OL]．(2022-10-28)[2024-03-20]．https：//www.gov.cn/zhengce/zhengceku/2022-10/28/content_5722423.htm? eqid=9f53e1ce0001bed000000002645a1335.

② 工业和信息化部等六部门关于推动能源电子产业发展的指导意见[EB/OL]．(2023-01-17)[2024-03-20]．https：//www.gov.cn/zhengce/zhengceku/2023-01/17/content_5737584.htm.

《关于推进IPv6技术演进和应用创新发展的实施意见》提出，打造技术领先优势、强化标准体系构建，构建IPv6演进技术体系；提升产业基础高级化水平、推动创新公共服务平台建设，强化IPv6演进创新产业基础；加快网络基础设施升级演进、推进新型数据中心建设，加快IPv6基础设施演进发展；深化"IPv6＋"在政务、智慧金融、智慧能源、智慧交通、智慧教育、智能制造等行业融合应用；强化IPv6网络安全防护、加快IPv6安全技术创新、推动IPv6安全应用，提升安全保障能力。

《关于加强新能源汽车与电网融合互动的实施意见》提出，协同推进车网互动核心技术攻关，加快建立车网互动标准体系，优化完善配套电价和市场机制，探索开展双向充放电综合示范，积极提升充换电设施互动水平，系统强化电网企业支撑保障能力[①]。

《〈"十四五"规划和2035年远景目标纲要〉实施中期评估报告》指出，两年多来，战略性新兴产业持续发展。战略性新兴产业增加值年均增长15.8%、占GDP比重超过13%，新能源汽车产销量、新能源发电装机量、船舶与海洋工程装备国际市场份额等稳居全球第一。高端产业和重大装备创新发展取得积极成效，C919大型客机投入商业运营，F级50兆瓦重型燃气轮机投产，国产核磁共振仪器实现量产，光伏电池、组件产量全球占比分别达到90.3%和84.8%。要进一步推动战略性新兴产业融合集群发展，构建新一代信息技术、智能（网联）汽车、新能源、新材料、高端装备、航空航天、生物医药及高端医疗装备、安全应急装备等一批新的增长引擎，加快推进北斗规模应用。

三、未来产业

未来产业是指由重大科技创新推动、代表未来科技和产业发展方向、对经济社会具有引领作用，当前处于萌芽期或产业化初期的产业，今天的

---

① 国家发展改革委等部门关于加强新能源汽车与电网融合互动的实施意见［EB/OL］.（2024-01-04）［2024-03-20］. https://www.ndrc.gov.cn/xxgk/zcfb/tz/202401/t20240104_1363096_ext.html.

未来产业就是明天的战略性新兴产业、后天的支柱产业。

未来产业包含类脑智能、量子信息、未来网络、深海空天开发、基因技术、氢能与储能等。未来产业发展的核心是前沿技术创新突破。与优势产业、传统产业、战略性新兴产业相比，未来产业技术创新是前瞻性、颠覆性重大创新，未来产业生产要素配置是现代要素相互融合和配置效率指数级提升，未来产业边界呈现出不同产业跨界融合和智能化、绿色化等发展特征。

《"十四五"规划和2035年远景目标纲要》提出，着眼于抢占未来产业发展先机，培育先导性和支柱性产业。在类脑智能、量子信息、基因技术、未来网络、深海空天开发、氢能与储能等前沿科技和产业变革领域，组织实施未来产业孵化与加速计划，谋划布局一批未来产业。在科教资源优势突出、产业基础雄厚的地区，布局一批国家未来产业技术研究院，加强前沿技术多路径探索、交叉融合和颠覆性技术供给。实施产业跨界融合示范工程，打造未来技术应用场景，加速形成若干未来产业。

《〈"十四五"规划和2035年远景目标纲要〉实施中期评估报告》指出，前瞻谋划布局一批未来产业，加快形成新质生产力。

《关于加快推动新型储能发展的指导意见》提出，强化规划引导鼓励储能多元发展，推动技术进步壮大储能产业体系，完善政策机制营造健康市场环境，规范行业管理提升建设运行水平，加强组织领导强化监督保障工作[①]。

《"十四五"新型储能发展实施方案》提出，发展壮大新型储能产业。完善上下游产业链条，建设高新技术产业基地。"十四五"新型储能核心技术装备攻关重点方向是多元化技术（百兆瓦级压缩空气储能关键技术，百兆瓦级高安全性、低成本、长寿命锂离子电池储能技术，百兆瓦级液流电池技术，钠离子电池、固态锂离子电池技术，高性能铅炭电池技术，兆瓦级超级电容器，液态金属电池、金属空气电池，氢/氨储能、热/冷储能

---

① 国家发展改革委 国家能源局关于加快推动新型储能发展的指导意见［EB/OL］.（2021－07－15）［2024－03－20］. http：//zfxxgk.nea.gov.cn/2021－07/15/c_1310079331.htm.

等)、全过程安全技术(储能电池智能传感技术,储能电池热失控阻隔技术,电池本质安全控制技术,基于大数据的故障诊断和预警技术,清洁高效灭火技术;储能电池循环寿命预测技术,可修复再生的新型电池技术,电池剩余价值评估技术)、**智慧调控技术**(规模化储能与常规电源联合优化运行技术,规模化储能电网主动支撑控制技术;分布式储能设施聚合互动调控技术,分布式储能与分布式电源协同控制技术,区域能源调配管理技术)[1]。

《氢能产业发展中长期规划(2021—2035年)》提出,氢能是未来国家能源体系的重要组成部分和战略性新兴产业、未来产业重点发展方向,是用能终端实现绿色低碳转型的重要载体。通过持续提升关键核心技术水平、着力打造产业创新支撑平台、推动建设氢能专业人才队伍、积极开展氢能技术创新国际合作,系统构建支撑氢能产业高质量发展创新体系;通过合理布局制氢设施、稳步构建储运体系、统筹规划加氢网络,统筹推进氢能基础设施建设;通过有序推进交通领域示范应用、积极开展储能领域示范应用、合理布局发电领域多元应用、逐步探索工业领域替代应用,稳步推进氢能多元化示范应用;通过建立健全氢能政策体系、建立完善氢能产业标准体系、加强全链条安全监管,加快完善氢能发展政策和制度保障体系;充分发挥统筹协调机制作用、加快构建"1+N"政策体系、积极推动试点示范、强化财政金融支持、深入开展宣传引导、做好规划督导评估,组织实施。"十四五"时期,氢能产业创新应用示范工程集中在交通、储能、发电、工业四大领域。到2025年,基本掌握核心技术和制造工艺;到2030年,形成较为完备的氢能产业技术创新体系、清洁能源制氢及供应体系;到2035年,形成氢能多元应用生态,可再生能源制氢在终端能源消费中的比例明显提升[2]。

---

[1] 国家发展改革委 国家能源局关于印发《"十四五"新型储能发展实施方案》的通知[EB/OL].(2022-01-29)[2024-03-20]. http://zfxxgk.nea.gov.cn/2022-01/29/c_1310523208.htm.

[2] 氢能产业发展中长期规划(2021—2035年)[EB/OL].(2022-03-23)[2024-03-20]. http://zfxxgk.nea.gov.cn/2022-03/23/c_1310525630.htm.

《人形机器人创新发展指导意见》提出，打造人形机器人"大脑"和"小脑"、突破"肢体"关键技术、健全技术创新体系，突破关键技术；打造整机产品、夯实基础部组件、动软件创新，培育重点产品；服务特种领域需求、打造制造业典型场景、加快民生及重点行业推广，拓展场景应用；培育优质企业、完善创新载体和开源环境、推动产业集聚发展，营造产业生态；健全产业标准体系、提升检验检测和中试验证能力、加强安全治理能力，强化支撑能力。

《关于推动未来产业创新发展的实施意见》提出，加强前瞻谋划部署，全面布局未来产业；提升创新能力、促进成果转化，加快技术创新和产业化；突破下一代智能终端、做优信息服务产品、做强未来高端装备，打造标志性产品；培育高水平企业梯队、打造特色产业链、构建产业生态，壮大产业主体；开拓新型工业化场景、打造跨界融合场景、建设标志性场景，丰富应用场景；加强标准引领与专利护航、同步构筑中试能力、建设专业人才队伍、强化新型基础设施，优化产业支撑体系[①]。

《关于推动未来产业创新发展的实施意见》提出，前瞻部署新赛道：①未来制造。发展智能制造、生物制造、纳米制造、激光制造、循环制造，突破智能控制、智能传感、模拟仿真等关键核心技术，推广柔性制造、共享制造等模式，推动工业互联网、工业元宇宙等发展。②未来信息。推动下一代移动通信、卫星互联网、量子信息等技术产业化应用，加快量子、光子等计算技术创新突破，加速类脑智能、群体智能、大模型等深度赋能，加速培育智能产业。③未来材料。推动有色金属、化工、无机非金属等先进基础材料升级，发展高性能碳纤维、先进半导体等关键战略材料，加快超导材料等前沿新材料创新应用。④未来能源。聚焦核能、核聚变、氢能、生物质能等重点领域，打造"采集—存储—运输—应用"全链条的未来能源装备体系。研发新型晶硅太阳能电池、薄膜太阳能电池等高效太阳能电池及相关电子专用设备，加快发展新型储能，推动能源电子

---

① 工业和信息化部等七部门关于推动未来产业创新发展的实施意见 [EB/OL]. (2024-01-29) [2024-03-20]. https://www.miit.gov.cn/jgsj/kjs/wjfb/art/2024/art_a9950c3b3cbe47b4b45519ce4a376687.html.

产业融合升级。⑤未来空间。聚焦空天、深海、深地等领域，研制载人航天、探月探火、卫星导航、临空无人系统、先进高效航空器等高端装备，加快深海潜水器、深海作业装备、深海搜救探测设备、深海智能无人平台等研制及创新应用，推动深地资源探采、城市地下空间开发利用、极地探测与作业等领域装备研制。⑥未来健康。加快细胞和基因技术、合成生物、生物育种等前沿技术产业化，推动5G/6G、元宇宙、人工智能等技术赋能新型医疗服务，研发融合数字孪生、脑机交互等先进技术的高端医疗装备和健康用品。

《关于推动未来产业创新发展的实施意见》提出，打造创新标志性产品：①人形机器人。突破机器人高转矩密度伺服电机、高动态运动规划与控制、仿生感知与认知、智能灵巧手、电子皮肤等核心技术，重点推进智能制造、家庭服务、特殊环境作业等领域产品的研制及应用。②量子计算机。加强可容错通用量子计算技术研发，提升物理硬件指标和算法纠错性能，推动量子软件、量子云平台协同布置，发挥量子计算的优越性，探索向垂直行业应用渗透。③新型显示。加快量子点显示、全息显示等研究，突破Micro-LED、激光、印刷等显示技术并实现规模化应用，实现无障碍、全柔性、3D立体等显示效果，加快在智能终端、智能网联汽车、远程连接、文化内容呈现等场景中推广。④脑机接口。突破脑机融合、类脑芯片、大脑计算神经模型等关键技术和核心器件，研制一批易用安全的脑机接口产品，鼓励探索在医疗康复、无人驾驶、虚拟现实等典型领域的应用。⑤6G网络设备。开展先进无线通信、新型网络架构、跨域融合、空天地一体、网络与数据安全等技术研究，研制无线关键技术概念样机，形成以全息通信、数字孪生等为代表的特色应用。⑥超大规模新型智算中心。加快突破GPU芯片、集群低时延互联网络、异构资源管理等技术，建设超大规模智算中心，满足大模型迭代训练和应用推理需求。⑦第三代互联网。推动第三代互联网在数据交易所应用试点，探索利用区块链技术打通重点行业及领域各主体平台数据，研究第三代互联网数字身份认证体系，建立数据治理和交易流通机制，形成可复制可推广的典型案例。⑧高端文旅装备。研发支撑文化娱乐创作的专用及配套软件，推进演艺与游乐先进装备、水陆空旅游高端装备、沉浸式体验设施、智慧旅游系统及检测监测平台的研制，发展智能化、高端化、成套化文旅设备。⑨先进高效航空装备。围绕下一代大飞机发展，突破新型布局、智能驾驶、互联航电、多电系统、开式转子混合动力发动机等核心技术。推进超声速、超高效亚声速、新能源客机等先进概念研究。围绕未来智慧空中交通需求，加快电动垂直起降航空器、智能高效航空物流装备等研制及应用。⑩深部资源勘探开发装备。围绕深部作业需求，以超深层智能钻机工程样机、深海油气水下生产系统、深海多金属结核采矿车等高端资源勘探开发装备为牵引，推动一系列关键技术攻关。

第五章 新服务

依靠现代科技创新推动服务业发展，推动生产性服务业向专业化和价值链高端延伸，推动生活性服务业向高品质和多样化升级，是现代服务业的发展趋势。用数字化的能力赋予传统服务业新的内涵，改善和提升服务品质，改变传统服务模式，提高服务能力，用新服务打造新质生产力的重要内容。

第一节 新服务的兴起

新服务是传统服务的一种模式创新。从服务业的出现到现代服务业的崛起，再到利用数字技术赋能现代服务业，用新服务驱动经济发展和社会进步，是人类文明演进的一大趋势。

一、服务业的演进

服务业是服务产品生产和经营的行业，主要是指农业、工业、建筑业以外的其他行业。

服务业早期被称为"第三产业"，源自英国经济学家阿·费希尔于1935年出版《安全与技术进步的冲突》一书，提出第三产业是提供各种"服务"的活动，用以区别第一产业（农业、矿产业）和第二产业（工业）。后来英国经济学家柯林·克拉克在《经济进步的条件（第3版）》中将"服务型行业"替代了"第三产业"。我国长期将服务业称为"第三产业",直到党的十五届五中全会后,才逐渐改称"服务业"。

在传统社会,传统服务业是指为人们日常生活提供各种衣、食、住、行服务的行业。自古以来,传统服务业都存在于社会发展的各个阶段,商业、饮食业、旅店业等服务一直维系着社会的正常运行。

随着工业化和城市化进程的加快,经济的发展要求社会分工专业化程度不断提高,传统服务业逐渐向现代服务业转变。

1997年9月,党的十五大报告指出我国处于"由农业人口占很大比重、主要依靠手工劳动的农业国,逐步转变为非农业人口占多数、包含现代农业和现代服务业的工业化国家的历史阶段",这是首次确认了"现代服务业"的概念。2000年,党的十五届五中全会在《中共中央关于制定"十五"计划的建议》中指出,在"十五"期间"要发展现代服务业,改组改造传统服务业。明显提高服务业增加值占国内生产总值的比重和从业人员占全社会从业人员的比重",并进一步说明"现代服务业要提高服务水平和技术含量,大力发展信息、金融、会计、咨询、法律服务等行业,带动服务业整体水平提高。传统服务业要运用现代经营方式和服务技术进行改造,着重发展商贸流通、交通运输、市政服务等行业,推行连锁经营、物流配送、多式联运、网上销售等组织形式和服务方式,提高服务质量和经营效益"。2005年,党的十六届五中全会《中共中央关于制定国民经济和社会发展第十一个五年规划的建议》再次明确"制定和完善促进服务业发展的政策措施,大力发展金融、保险、物流、信息和法律服务等现代服务业,积极发展文化、旅游、社区服务等需求潜力大的产业,运用现代经营方式和信息技术改造提升传统服务业,提高服务业的比重和水平"。2007年3月,国务院印发的《关于加快发展服务业的若干意见》提出,提高服务业在三次产业结构中的比重,尽快使服务业成为国民经济的主导产业。2012年1月,科技部印发的《现代服务业科技发展"十二五"专项规划》指出:"以促进现代服务业创新发展为战略目标,以模式创新为核心、技术集成应用创新为支撑,以体制机制创新为保障,整合部门和地方资源,完善现代服务业技术支撑体系、科技创新体系和产业支撑体系,改造提升生产性服务业,培育发展新兴服务业,做大做强科技服务业,优化现代服务业发展布局,加速现代服务业发展进程,提高现代服务业的比重与水平。"党的十九大报告指出:"支持传统产业优化升级,加快发展现代服务业,瞄准国际标准提高水平。"现代服务业的体系建设和发展创新,对促进经济和社会的可持续发展有重要作用。

二、新服务含义

现代服务业是相对于传统服务业而言,指在产业结构中基于新兴服务业成长壮大和传统服务业改造升级而形成的新型服务业体系。现代服务业也一般分为:基础服务——通信服务和信息服务等;生产和市场服务——金融、物流、批发、电子商务、农业支撑服务以及中介和咨询等专业服务;个人消费服务——教育、医疗保健、住宿、餐饮、文化娱乐、旅游、房地产、商品零售等;公共服务——政府的公共管理服务、基础教育、公共卫生、医疗以及公益性信息服务等。现代服务业既包括随着技术发展而产生的新兴服务业态,也包括运用现代技术对传统服务业的改造和提升。

新服务是数字经济形态下利用数字技术赋能现代服务业,突破原有服务模式的时间和空间限制,通过改变运营模式有效提升服务能力。

科技的创新带来了现代服务业的新发展,以云计算、大数据、移动互联网、物联网、务联网和新型终端技术等为代表的新一代信息技术正带动着服务计算、知识图谱等技术深入研究和应用,为现代服务业发展提供了更好的技术基础和更大的发展空间;现代服务业进一步向全球化、专业化、网络化深化发展,由技术原创驱动的服务创新和规则制定成为未来服务业竞争的重要内容;商业模式创新成为现代服务业竞争的核心要素,行业融合、垂直整合、平台经济、特种定制、一站式集成服务将成为未来发挥主导作用的商业模式。

三、新服务的特征

新服务不是在原来服务业统计范畴内增加新的服务门类,而是对传统服务模式的一种创新,是面向未来的服务业,其发展本质上来自社会进步、经济发展、科技创新、社会分工的专业化等需求。

新服务的核心是生产性服务业　现代服务业是伴随着产业的进化升级和生产组织结构、生产技术优化而形成的,现代信息技术的创新和发展推动了现代服务业的高速发展,形成了丰富多样的服务业类型。生产性服务业是现代技术与传统服务业的融合、改造、提升而成的新服务业态,其本质仍是服务业,现代技术的加持极大地提升了服务业生产领域内的劳动生产率。

数字化技术是新服务的重要支撑和推动力量　随着信息技术的快速发展和广泛应用,新服务也得到了迅猛的发展。通过信息技术的应用,服务业可以实现自动化、智能化和数字化,从而提高服务的效率和质量。电子商务、移动支付、在线教育、远程医疗等新兴服务模式,都是基于信息技术的创新应用,大大提高了服务的效率和质量。信息技术的不断发展和应用,为服务业的创新提供了新的思路和手段,大数据、人工智能、物联网等技术的应用,可以推动传统服务业向高端化、智能化、绿色化方向发展,提升服务业的附加值和竞争力,信息技术的广泛应用可以拓展服务业的市场和空间。随着互联网的普及和全球化的加速,信息技术为服务业的国际化提供了更多的机会和平台。跨境电子商务、跨国在线教育、跨国远程医疗等服务模式,使服务业跨越地域限制,拓展更广阔的市场和空间。新服务以知识、技术和信息为基础,在大数据的抽象分析和定制化方面有所提高,以知识要素投入生产过程,与原来人力资本密集型的服务业相比较,对技术含量和从业者的专业技能都提出了更高要求。

融合发展是新服务的发展趋势　新材料、装备、能源及生物技术等领域不断取得突破,现代服务业愈发呈现出多元化、个性化、专业化的特征,服务业不断向生产领域渗透,并相互融合,形成新的产业形态或服务模式,推动服务业转型升级,催生云制造、数字医疗等新业态,现代服务业以"跨界融合"的新态势与新特征呈现出新服务模式,以满足多样化、个性化的新服务需求。

新服务业发展日益绿色化　在传统服务业基础上,现代服务业注重经营理念的生态化，打破传统服务业"资源—产品—污染排放"的经济模式，强调资源再生利用；现代服务业强调服务主体绿色化，对服务企业开展诸如工业企业中的清洁生产审计、ISO14000环境管理体系认证、环境标志认证、生态文化创建等企业生态化的措施，从企业层次上打造绿色经济的环节，实现物质循环流动并抑制污染发生；现代服务业强调服务过程清洁化，服务企业通过一定的方式和途径为社会提供服务，绿色服务贯穿整个服务过程；现代服务业也引导消费模式绿色化，通过各种方式引导消费者改变传统消费模式，推行绿色消费，在消费过程中注重对废弃物的处置，引导消费观念向崇尚自然、追求健康方面转变，注重生态环境保护和节约资源能源。

新服务使现代服务业与其他产业耦合化 构建现代服务业与其他产业最优化的产业生产链和物质、能量循环流动链，批发零售服务企业与工业、农业生产企业通过协议构建起物质循环链，市场或商场优先考虑采购和展销工农企业生产的绿色产品，优先宣传和促销，同时工农生产企业有责任和义务回收并再生利用市场或商场销售过程中产生的包装废弃物、破损物资等，通过相互合作来共同促进现代服务业的可持续发展。

四、我国大力发展现代服务业

2023年，我国全年国内生产总值1260582亿元，其中第三产业增加值688238亿元，增长5.8%，第三产业增加值比重为54.6%。全年批发和零售业增加值123072亿元，其中信息传输、软件和信息技术服务业增加值55194亿元，增长11.9%，仅次于住宿和餐饮业增加值。现代服务业在经济发展中的作用日益显现[①]。

《"十四五"规划和2035年远景目标纲要》提出，促进先进制造业和现代服务业深度融合；促进服务业繁荣发展，扩大服务业有效供给，提高

---

① 中华人民共和国2023年国民经济和社会发展统计公报［EB/OL］．（2024-02-29）［2024-03-25］．https://www.stats.gov.cn/sj/zxfb/202402/t20240228_1947915.html．

服务效率和服务品质，构建优质高效、结构优化、竞争力强的服务产业新体系；推动生产性服务业融合化发展，加快生活性服务业品质化发展，深化服务领域改革开放；促进农业、制造业、服务业、能源资源等产业协调发展；鼓励企业开放软件源代码、硬件设计和应用服务；鼓励企业开放搜索、电商、社交等数据，发展第三方大数据服务产业；推进服务业数字化转型，培育众包设计、智慧物流、新零售等新增长点；增强全球资源配置、科技创新策源、高端产业引领功能，率先形成以现代服务业为主体、先进制造业为支撑的产业结构；推动东部地区率先实现高质量发展，加快培育世界级先进制造业集群，引领新兴产业和现代服务业发展，提升要素产出效率，率先实现产业升级；支持吸纳就业能力强的服务业、中小微企业和劳动密集型企业发展。加快补齐基本公共服务短板，着力增强非基本公共服务弱项，努力提升公共服务质量和水平。通过提高基本公共服务均等化水平、创新公共服务提供方式、完善公共服务政策保障体系，健全国家公共服务制度体系。通过强化就业优先政策、健全就业公共服务体系、全面提升劳动者就业创业能力，实施就业优先战略。

《"十四五"文化和旅游发展规划》提出，不断完善覆盖城乡、便捷高效、保基本、促公平的现代公共文化服务体系，提高公共文化服务的覆盖面和实效性；深入推进大众旅游、智慧旅游和"旅游+""+旅游"，提供更多优质旅游产品和服务；坚持以文塑旅、以旅彰文，推动文化和旅游深度融合、创新发展①。

《"十四五"商务发展规划》提出，建设一批国家进口贸易促进创新示范区，强化促进进口、服务产业、提升消费、示范引领作用；持续推进制造业、服务业、农业扩大开放，在更多领域允许外资控股或独资经营，积极引进先进技术、管理经验和商业模式；推动重点领域开放，有序推进电信、互联网、教育、文化、医疗等领域相关业务开放，深入开展服务业扩大开放综合试点示范；引领特色优势产业开放发展，推动自贸试验区培育

---

① 文化和旅游部关于印发《"十四五"文化和旅游发展规划》的通知［EB/OL］.（2021-06-02）［2024-03-25］. https：//zwgk.mct.gov.cn/zfxxgkml/ghjh/202106/t20210602_924956.html.

特色主导产业，加大金融创新支持力度，壮大战略性新兴产业和现代服务业[①]。

《"十四五"服务贸易发展规划》提出，持续推进服务业扩大开放，支持商业存在模式服务贸易加快发展；进一步放宽服务业市场准入限制，破除负面清单之外隐性准入壁垒；推动多双边服务规则协调，促进全球服务业和服务贸易开放合作[②]。

《"十四五"利用外资发展规划》提出，持续推进制造业、服务业、农业扩大开放；进一步缩减市场准入负面清单，减少仓储和邮政业、信息传输、软件和信息技术服务业、租赁和商务服务业、科学研究和技术服务业及文化、体育和娱乐业等领域准入许可事项，降低市场准入门槛；支持外资更多投向先进制造业、战略性新兴产业和现代服务业；支持外商投资企业发展研发设计、金融服务、现代物流、供应链管理、信息服务等生产性服务业和医疗、健康、养老、育幼、旅游、家政等生活性服务业，增加优质服务供给；加大自贸试验区开放压力测试力度，在服务业等领域放宽外商投资准入限制；鼓励外商投资旅游业、现代服务业和高新技术产业等海南自由贸易港特色产业；深入开展服务业扩大开放综合试点示范，努力探索服务业开放发展的新业态、新模式、新路径，加快发展现代服务业，推动形成市场更加开放、制度更加规范、监管更加有效、环境更加优良的服务业创新发展新局面[③]。

《"十四五"对外贸易高质量发展规划》提出，优化服务进出口结构、加快服务外包转型升级、大力发展数字贸易、完善服务贸易发展机制，创新发展服务贸易。促进跨境电商持续健康发展、推进市场采购贸易方式发展、发挥外贸综合服务企业带动作用、加快海外仓发展、推动保税维修发

---

① 商务部关于印发《"十四五"商务发展规划》的通知[EB/OL]. (2021-07-08) [2024-03-25]. http://www.mofcom.gov.cn/article/guihua/202107/20210703174101.shtml.

② 商务部等24部门关于印发《"十四五"服务贸易发展规划》的通知[EB/OL]. (2021-10-19) [2024-03-25]. http://www.mofcom.gov.cn/article/zcfb/zcfwmy/202110/20211003209143.shtml.

③ 商务部关于印发《"十四五"利用外资发展规划》的通知[EB/OL]. (2021-10-22) [2024-03-25]. http://wzs.mofcom.gov.cn/article/wzyx/202110/20211003210174.shtml.

展、支持离岸贸易发展,加快发展贸易新业态;加快贸易全链条数字化赋能、推进服务贸易数字化进程、推动贸易主体数字化转型、营造贸易数字化良好政策环境,提升贸易数字化水平①。

《数字交通"十四五"发展规划》提出,在国际物流供应链综合指挥、调度保障、应急供给等方面,提供全链条、一站式的物流信息服务;推动安全可信服务和产品应用②。

《"十四五"现代流通体系建设规划》提出,推动铁路货运服务转型提质,丰富铁路货运服务产品;创新公路运输服务业态模式,推广货车租赁、挂车共享、定制服务;完善港口货运服务功能,延伸港航增值服务链条③。

《"十四五"现代物流发展规划》提出,完善现代物流服务体系,延伸物流服务价值链条,强化现代物流对社会民生的服务保障,促进物流业与制造业深度融合,强化物流数字化科技赋能,推动绿色物流发展,加快国际物流网络化发展,补齐农村物流发展短板,促进商贸物流提档升级,提升冷链物流服务水平,推进铁路(高铁)快运稳步发展,提高专业物流质量效率,强化现代物流发展支撑体系④。

《构建数据基础制度更好发挥数据要素作用的意见》提出,支持第三方机构、中介服务组织加强数据采集和质量评估标准制定,推动数据产品标准化,发展数据分析、数据服务等产业;培育数据要素流通和交易服务生态,培育一批数据商和第三方专业服务机构,为数据交易双方提供数据产品开发、发布、承销和数据资产的合规化、标准化、增值化服务;有序

---

① 商务部关于印发《"十四五"对外贸易高质量发展规划》的通知[EB/OL].(2021-11-24)[2024-03-25]. https://www.gov.cn/zhengce/zhengceku/2021-11/24/content_5653009.htm.
② 交通运输部关于印发《数字交通"十四五"发展规划》的通知[EB/OL].(2021-12-22)[2024-03-25]. https://xxgk.mot.gov.cn/2020/jigou/zhghs/202112/t20211222_3632469.html.
③ 国家发展改革委关于印发《"十四五"现代流通体系建设规划》的通知[EB/OL].(2022-01-24)[2024-03-25]. https://www.gov.cn/zhengce/zhengceku/2022-01/24/content_5670259.htm.
④ 国务院办公厅关于印发"十四五"现代物流发展规划的通知[EB/OL].(2022-12-15)[2024-03-25]. https://www.gov.cn/zhengce/zhengceku/2022-12/15/content_5732092.htm?eqid=fda3ff24000d3f4800000003646d7202.

培育数据集成、数据经纪、合规认证、安全审计、数据公证、数据保险、数据托管、资产评估、争议仲裁、风险评估、人才培训等第三方专业服务机构①。

《加快推动知识产权服务业高质量发展的意见》提出，加快推动知识产权服务业高质量发展。加快知识产权服务业与产业融合发展，推动知识产权服务业支撑区域协调发展，引导知识产权服务业支持企事业单位创新发展，推动知识产权服务业助力贸易高质量发展；提升高质量服务供给能力，优化知识产权代理服务，深化知识产权法律服务，拓展知识产权运营服务，增进知识产权信息服务，拓宽知识产权咨询服务，促进新业态新模式发展②。

《关于加快推进工业节能与绿色发展的通知》《交通强国建设纲要》《关于进一步促进服务型制造发展的指导意见》《关于加快建立健全绿色低碳循环发展经济体系的指导意见》《国家综合立体交通网规划纲要》《关于推动生活性服务业补短板上水平提高人民生活品质的若干意见》《"十四五"现代综合交通运输体系发展规划》《"十四五"民用航空发展规划》《"十四五"民航绿色发展专项规划》《"十四五"现代流通体系建设规划》《新时代推进品牌建设的指导意见》《全国生态旅游发展规划（2016—2025）》《关于促进全域旅游发展的指导意见》《关于释放旅游消费潜力推动旅游业高质量发展的若干措施》《国内旅游提升计划（2023—2025年）》《"十四五"旅游业发展规划》《"十四五"文化发展规划》《关于构建优质均衡的基本公共教育服务体系的意见》《"十四五"优质高效医疗卫生服务体系建设实施方案》《"十四五"国民健康规划》《关于推进基本养老服务体系建设的意见》《"十四五"时期社会服务设施建设支持工程实施方案》《发展银发经济增进老年人福祉的意见》《"十四五"民政事业发展规划》

---

① 中共中央 国务院关于构建数据基础制度更好发挥数据要素作用的意见［EB/OL］.（2022-12-19）［2024-03-25］. https：//www. gov. cn/zhengce/2022-12/19/content_5732695. htm？eqid =afd2e15100012e0e000000026476bb2a.

② 国家知识产权局等17部门关于加快推动知识产权服务业高质量发展的意见［EB/OL］.（2023-01-12）［2024-03-30］. https：//www. gov. cn/zhengce/zhengceku/2023-01/12/content_5736543. htm.

《"十四五"公共文化服务体系建设规划》《"十四五"积极应对人口老龄化工程和托育建设实施方案》《人力资源和社会保障事业发展"十四五"规划》《"十四五"就业促进规划》《"十四五"公共服务规划》《"十四五"城乡社区服务体系建设规划》《知识产权公共服务"十四五"规划》《关于构建更高水平的全民健身公共服务体系的意见》《"十四五"文化发展规划》《"十四五"时期社会服务设施建设支持工程实施方案》《关于健全中小企业公共服务体系的指导意见》《城市社区嵌入式服务设施建设工程实施方案》《关于支持和引导家政服务业员工制转型发展的指导意见》等,都从不同领域和层面提出大力发展现代服务业。

第二节 新服务的核心

数字经济的崛起,使现代服务业得到了快速发展,生产性服务业成为新服务的核心。通过大力发展生产性服务业,推动新质生产力的发展。

一、生产性服务业的发展

"生产性服务业"一词最早提出于20世纪60年代。美国经济学家格林菲尔德(H. Greenfield)1966年在研究服务业及其分类时,提出了"生产性服务业"概念,从服务需求者的角度分析将其分为消费性服务和生产性服务,前者服务于终端客户,后者服务于产品生产者。1975年,美国经济学家布朗宁(Browning)和辛格曼(Singelman)在对服务业进行功能性分类时也提到生产性服务业的概念,认为生产性服务业是指金融、保险、法律工商服务、经纪等具有知识密集性的特点并为客户提供专门性服务的行业。

我们现在一般把现代服务业分为生产性服务业和生活性服务业。

生产性服务业是基于信息网络、直接或间接为生产过程提供配套服务、高度依赖先进科技的服务行业,是与制造业直接或间接相关的配套服务业,其职能是保持工业生产过程的连续性、促进工业技术进步、实现产业升级、降低资源消耗、提高生产效率和保护生态环境，贯穿企业生产的上游、中游和下游诸环节中，不向消费者提供直接的、独立的服务效用。生产性服务业在产业链中属于更高知识含量、更高附加值的行业是高端生产性服务业，诸如科技创新服务业、信息服务业、供应链管理服务业、文化创意服务业、环保节能服务业和其他专业服务业；优势生产性服务业包括金融服务业、物流服务业、服务贸易业、教育培训服务业、商贸服务业、农业社会化服务业等。

我国对生产性服务业的研究始于20世纪90年代。2006年3月，《"十一五"规划纲要》提出加快发展服务业，拓展生产性服务业，丰富消费性服务业。要大力发展主要面向生产者的服务业，细化深化专业化分工，降低社会交易成本，提高资源配置效率，主要涉及交通运输、现代物流、金融服务、信息服务和商务服务等行业。《现代服务业科技发展"十二五"专项规划》提出，现代服务业分为生产性服务业、新兴服务业和科技服务业。

随着社会分工日益专业化，广泛覆盖研发、信息、物流、金融等领域的生产性服务业逐渐从制造业剥离，成为促进工业技术进步、产业结构转型升级的关键环节。当前，生产性服务业已经是现代服务业的重要组成部分，在畅通和优化经济循环、推动创新方面都具有重要作用，各国生产性服务业的增加值和就业贡献在国民经济中的比重都呈现逐渐增加的趋势，是引领产业向价值链高端攀升的重要力量，也是全球产业竞争的战略制高点。

《发展服务型制造专项行动指南》提出，服务型制造是制造与服务融合发展的新型产业形态，是制造业转型升级的重要方向。推动创新设计发展、推广定制化服务，实施设计服务提升行动；优化供应链管理、推动网络化协同制造服务、支持服务外包发展，实施制造效能提升行动；实施产品全生命周期管理、提供系统解决方案、创新信息增值服务，实施客户价值提升行动；有序发展相关金融服务、把握智能服务新趋势，服务模式创新行动[①]。

---

① 三部门关于印发《发展服务型制造专项行动指南》的通知［EB/OL］. (2016-07-28) ［2024-03-25］. https：//www.gov.cn/xinwen/2016-07/28/content_5095552.htm.

《关于推动先进制造业和现代服务业深度融合发展的实施意见》提出，探索新业态、新模式、新路径，推动先进制造业和现代服务业相融相长、耦合共生。培育融合发展新业态新模式：推进建设智能工厂、加快工业互联网创新应用、推广柔性化定制、发展共享生产平台、提升总集成总承包水平、加强全生命周期管理、优化供应链管理、发展服务衍生制造、发展工业文化旅游、培育其他新业态新模式；探索重点行业重点领域融合发展新路径：加快原材料工业和服务业融合步伐、推动消费品工业和服务业深度融合、提升装备制造业和服务业融合水平、完善汽车制造和服务全链条体系、深化制造业服务业和互联网融合发展、促进现代物流和制造业高效融合、强化研发设计服务和制造业有机融合、加强新能源生产使用和制造业绿色融合、推进消费服务重点领域和制造业创新融合、提高金融服务制造业转型升级质效；发挥多元化融合发展主体作用：强化产业链龙头企业引领作用、发挥行业骨干企业示范效应、激发专精特新中小微企业融合发展活力、提升平台型企业和机构综合服务效能、释放其他各类主体融合发展潜力[①]。

《关于进一步促进服务型制造发展的指导意见》提出，服务型制造是制造与服务融合发展的新型制造模式和产业形态，是先进制造业和现代服务业深度融合的重要方向。在工业设计服务、定制化服务、供应链管理、共享制造、检验检测认证服务、全生命周期管理、总集成总承包、节能环保服务、生产性金融服务、其他创新模式领域，推动服务型制造创新发展；提升信息技术应用能力、完善服务规范标准、提升人才素质能力、健全公共服务体系，夯实筑牢发展基础；加强组织领导、开展示范推广、强化政策引导、深化改革创新、推进国际合作，营造良好发展环境[②]。

《"十四五"规划和2035年远景目标纲要》提出，推动生产性服务业

---

① 15部门印发《关于推动先进制造业和现代服务业深度融合发展的实施意见》[EB/OL]. (2019-11-15)[2024-03-25]. https://www.gov.cn/xinwen/2019-11/15/content_5452459.htm.

② 十五部门关于进一步促进服务型制造发展的指导意见[EB/OL]. (2020-07-15)[2024-03-25]. https://www.miit.gov.cn/jgsj/zfs/wjfb/art/2020/art_6e2411a497f34aabb9091dba3e542129.html.

融合化发展。以服务制造业高质量发展为导向，推动生产性服务业向专业化和价值链高端延伸。聚焦提高产业创新力，加快发展研发设计、工业设计、商务咨询、检验检测认证等服务。聚焦提高要素配置效率，推动供应链金融、信息数据、人力资源等服务创新发展。聚焦增强全产业链优势，提高现代物流、采购分销、生产控制、运营管理、售后服务等发展水平。推动现代服务业与先进制造业、现代农业深度融合，深化业务关联、链条延伸、技术渗透，支持智能制造系统解决方案、流程再造等新型专业化服务机构发展。培育具有国际竞争力的服务企业。

《"十四五"商务发展规划》提出，完善境外生产服务网络，加快金融、咨询、会计、法律等生产性服务业国际化发展。

《"十四五"服务贸易发展规划》提出，扩大优质服务进口服务产业转型升级需要，扩大研发设计、工业设计、咨询、专业服务等生产性服务进口，促进制造业高质量发展。聚焦居民消费升级需求，积极推动医疗等优质生活性服务进口，丰富市场供给，推动生活性服务业品质化发展。

《"十四五"对外贸易高质量发展规划》提出，大力发展研发、检测认证等生产性服务业，推动制造业转型升级。

《"十四五"软件和信息技术服务业发展规划》提出，发展软件和信息技术服务业，对于加快建设现代产业体系具有重要意义。聚力攻坚基础软件、重点突破工业软件、协同攻关应用软件、前瞻布局新兴平台软件、积极培育嵌入式软件、优化信息技术服务，推动软件产业链升级；加强共性技术研发、强化基础组件供给、完善质量标准体系、支撑软件价值提升，提升产业基础保障水平；加强产学研用协同创新、深化软件定义、推进模式与机制创新、壮大信息技术应用创新体系，强化产业创新发展能力；全面推进重大应用、支撑制造业数字化转型、推进重点领域数字化发展、服务信息消费扩大升级，激发数字化发展新需求；推进大中小企业融通发展、繁荣国内开源生态、推动产业高效集聚发展，完善协同共享产业生态[①]。

---

① 工业和信息化部关于印发"十四五"软件和信息技术服务业发展规划的通知［EB/OL］.（2021 – 12 – 01）［2024 – 03 – 25］. https：//www. gov. cn/zhengce/zhengceku/2021 – 12/01/content_5655205. htm.

《关于深化制造业金融服务 助力推进新型工业化的通知》提出，着力支持产业链供应链安全稳定、产业科技创新发展、产业结构优化升级、工业智能化绿色化发展，围绕重点任务，加大制造业金融支持力度；优化制造业信贷结构、丰富制造业金融产品供给、加强金融服务对接，优化金融供给，提升制造业金融服务质效；健全多层次金融服务体系、完善制造业金融服务机制、优化制造业金融激励约束、提升制造业金融专业水平，完善服务体系，增强制造业金融服务能力；增强制造业金融风险防控能力、营造良好金融市场秩序，加强风险防控，营造良好金融市场秩序；加强金融监管、做好协作联动，强化组织保障，凝聚支持制造业工作合力[①]。

二、生产性服务业的分类

2015年6月，国家统计局首次发布生产性服务业分类统计标准。2019年4月，国家统计局修订、印发《生产性服务业统计分类（2019）》[②]。

《生产性服务业统计分类（2019）》分类的范围包括10个大类、35个中类和171个小类：

研发设计与其他技术服务 研发与设计服务（生产性自然科学研究和试验发展、工程和技术研究和试验发展、农业科学研究和试验发展、生产性医学研究和试验发展、工业设计服务、专业设计服务）；科技成果转化服务（农林牧渔技术推广服务、生物技术推广服务、新材料技术推广服务、新能源技术推广服务、三维打印技术推广服务、其他生产性技术推广服务、科技中介服务、创业空间服务、其他科技推广服务业）；知识产权及相关法律服务（知识产权服务、生产性法律服务）；检验检测认证标准计量服务（质检技术服务）；生产性专业技术服务（生产性气象服务、生

---

① 国家金融监督管理总局 工业和信息化部 国家发展改革委关于深化制造业金融服务 助力推进新型工业化的通知 [EB/OL]．（2024-04-16）[2024-04-18]．https：//www.cbirc.gov.cn/cn/view/pages/ItemDetail.html?docId=1158494&itemId=928．

② 国家统计局关于印发《生产性服务业统计分类（2019）》的通知 [EB/OL]．（2021-12-01）[2024-03-25]．https：//www.stats.gov.cn/xxgk/tjbzhzd/gjtjbz/201904/t20190418_1758936.html．

产性地震服务、生产性海洋服务、生产性测绘服务、地质勘查服务、工程管理服务、工程监理服务、其他生产性专业技术服务)。

货物运输、通用航空生产、仓储和邮政快递服务 货物运输服务(铁路货物运输、道路货物运输、水上货物运输、航空货物运输、管道运输业);货物运输辅助服务(铁路货物运输辅助活动、道路货物运输辅助活动、水上货物运输辅助活动、航空货物运输辅助活动);通用航空生产服务(通用航空生产服务);仓储服务(谷物和棉花等农产品仓储、通用仓储、低温仓储、危险品仓储、中药材仓储、其他仓储业);搬运、包装和代理服务(生产性装卸搬运、生产性包装服务、货物运输代理服务);国家邮政和快递服务(生产性邮政服务、生产性快递服务、其他生产活动寄递服务)。

信息服务 信息传输服务(生产性固定电信服务、生产性移动电信服务、其他生产活动电信服务);信息技术服务(生产性互联网接入及相关服务、生产性互联网信息服务、其他互联网服务、软件开发、信息技术咨询服务、信息系统集成和物联网技术及运行维护服务、集成电路设计、生产性数字内容服务、其他信息技术服务业);电子商务支持服务(互联网生产服务平台、互联网科技创新平台、互联网安全服务、互联网数据及云计算服务、信息处理和存储支持服务、其他互联网平台、生产性互联网销售、生产性非金融机构支付服务)。

金融服务 货币金融服务(商业银行服务、信用合作社服务、财务公司服务、汽车金融公司服务、小额贷款公司服务、网络借贷服务、其他货币金融服务、银行监管服务);资本市场服务(证券市场服务、基金管理服务、期货市场服务、资本投资服务、其他资本服务);生产性保险服务(生产性财产保险、生产性再保险、保险经纪与代理服务、保险监管服务、保险公估服务、保险资产管理、其他保险活动);其他生产性金融服务(非融资担保服务、金融信托与管理服务、控股公司服务、金融信息服务、金融资产管理公司、其他未列明金融业)。

节能与环保服务 节能服务(节能技术和产品推广服务、节能咨询服务);环境与污染治理服务(生产性环境保护监测、环保技术推广服务、生产性污水处理和水污染治理、生产性大气污染治理、生产性固体废物治理、生产性危险废物治理、生产性放射性废物治理、生产性其他污染治理）；回收与利用服务（再生物资回收与批发）。

生产性租赁服务 融资租赁服务（融资租赁服务）；实物租赁服务（生产性汽车租赁、农业机械经营租赁、建筑工程机械与设备经营租赁、计算机及通信设备经营租赁、医疗设备经营租赁、其他机械与设备经营租赁）。

商务服务 组织管理和综合管理服务（企业总部管理、投资与资产管理、资源与产权交易服务、单位后勤管理服务、农村集体经济组织管理、其他组织管理服务、园区和商业综合体管理服务、供应链管理服务、其他综合性管理服务）；咨询与调查服务（会计和审计及税务服务、市场调查、商务咨询服务）；其他生产性商务服务（广告业、生产性安全保护服务、生产性市场管理服务、会议和展览及相关服务、办公和翻译服务、信用服务、其他未列明生产性商务服务）。

人力资源管理与职业教育培训服务 人力资源管理（职业中介服务、劳务派遣服务、创业指导服务、其他人力资源服务）；职业教育和培训（职业初中教育、中等职业学校教育、高等职业学校教育、职业技能培训）。

批发与贸易经纪代理服务 产品批发服务（农林牧渔产品及宠物食品用品批发、食品和饮料及烟草制品批发、纺织和服装及家庭用品批发、文化和体育用品及器材批发、医药及医疗器材批发、矿产品和建材及化工产品批发、机械设备和五金产品及电子产品批发、互联网批发、其他未列明批发业）；贸易经纪代理服务（贸易代理、一般物品拍卖、艺术品和收藏品拍卖、艺术品代理、其他贸易经纪与代理）。

生产性支持服务 农林牧渔专业及辅助性活动（农业专业及辅助性活动、林业专业及辅助性活动、畜牧专业及辅助性活动、渔业专业及辅助性活动）；开采专业及辅助性活动（煤炭开采和洗选专业及辅助性活动、石油和天然气开采专业及辅助性活动、其他开采专业及辅助性活动）；为生产人员提供的支助服务（为生产人员提供的交通服务、为生产人员提供的其他支助服务）；机械设备修理和售后服务（金属制品与机械和设备修理业、生产用汽车修理与维护、生产用大型车辆装备修理与维护、生产用摩托车修理与维护、生产用助动车修理与维护、生产用计算机和办公设备维修、生产用电器修理）；生产性保洁服务（建筑物清洁服务、其他生产性清洁服务）。

三、绿色低碳转型产业中生产性服务业分类

2019年2月，国家发展改革委等7个部门印发了《绿色产业指导目录（2019年版）》，目录包括6个一级分类、30个二级分类、211个三级分类，其中生产性服务业涉及5个一级分类、19个二级分类、108个三级分类。

在《绿色产业指导目录（2019年版）》的基础上，2024年2月，国家发展改革委等10个部门印发了《绿色低碳转型产业指导目录（2024年版）》，包括7类一级目录、31类二级目录、246类三级目录。其中生产性服务业涉及7个一级分类、26个二级分类、174个三级分类[①]。

节能降碳产业 节能降碳改造（锅炉/窑炉节能改造和能效提升、汽轮发电机组系统能效提升、电机系统能效提升、电网节能改造、余热余压利用、能量系统优化、绿色照明改造、船舶绿色低碳升级改造）；重点工业行业绿色低碳转型（节能降碳改造和能效提升、工艺改进和流程优化、数字化和智能化升级）；温室气体控制（二氧化碳捕集利用与封存、消耗臭氧层物质替代品开发与利用、工业生产过程温室气体减排）。

环境保护产业 大气污染治理（工业脱硫脱硝除尘改造、重点行业超低排放改造、挥发性有机物综合整治、工业厂矿大气污染物无组织排放控制、城市扬尘综合整治、餐饮油烟污染治理、大气氨排放控制）；水污染治理（水体保护及地下水污染防治、重点流域海域水环境治理、城市和县城黑臭水体整治、重点行业水污染治理、工业园区水污染集中治理）；土壤污染治理（农用地污染治理、建设用地污染治理、农林草业面源污染防治、沙漠污染治理）；其他污染治理和环境综合整治（工业固体废弃物无

---

① 国家发展改革委等部门关于印发《绿色低碳转型产业指导目录（2024年版）》的通知[EB/OL]．（2024-02-29）[2024-03-25]．https：//www.ndrc.gov.cn/xxgk/zcfb/tz/202402/t20240229_1364291.html．

害化处理处置、危险废物处理处置、噪声和振动污染治理、恶臭污染治理、新污染物治理、重点行业清洁生产改造、园区污染治理集中化改造、交通车船污染治理、船舶港口污染防治、畜禽和水产养殖废弃物污染治理、农村人居环境整治提升）。

资源循环利用产业 资源循环利用（矿产资源综合利用、水资源高效及循环利用、工业固体废弃物综合利用、农林废弃物综合利用、废旧物资循环利用、垃圾资源化利用、废气回收利用、园区循环化改造、木材高效加工及循环利用）。

能源绿色低碳转型 清洁能源设施运营（风力发电、太阳能利用、生物质能利用、大型水力发电、核电站及核能综合利用、地热能利用、海洋能利用、氢能基础设施、热泵设施运营）；能源系统安全高效运行（电力源网荷储一体化及多能互补工程运营、新型储能设施运营、抽水蓄能电站运营、小型水电站更新改造、智能电网运营、新型电力负荷管理系统营、天然气输送储运调峰设施运营、分布式能源工程运营、能源产业数字化智能化升级）；传统能源清洁低碳转型（煤炭清洁高效利用、煤电机组节能降碳改造和供热改造及灵活性改造、煤层气/煤矿瓦斯抽采利用、油气田甲烷采收利用）。

生态保护修复和利用 生态农林牧渔业（种质资源保护、有机和绿色等认证农业、农作物种植保护地及保护区运营、农作物病虫害绿色防控、休闲农业和乡村旅游、农业生态系统保护修复、森林资源培育和经营、林业基因资源保护、森林游憩和康养、海洋牧场运营）；生态保护修复（生物多样性保护、自然保护地保护性运营、天然林保护修复、草原保护修复、森林草原防灭火体系运维、荒漠化和石漠化综合治理、水土流失综合治理、重点区域生态保护和修复、山水林田湖草沙一体化保护修复、有害生物灾害防治、水生态系统旱涝灾害防控及应对、湿地保护修复、海洋生态及海域海岸带和海岛生态修复、增殖放流）；国土综合整治（采煤沉陷区综合治理、地下水超采区治理与修复、土地综合整治、矿山地质环境恢复治理和生态修复）。

基础设施绿色升级 建筑节能与绿色建筑（绿色建筑运营、超低能耗和低碳建筑运营、既有建筑绿色化改造和运营、绿色农房改造和运维、建筑可再生能源应用、装配式建筑设计）；**绿色交通**（绿色公路和公路交通基础设施绿色低碳化改造、交通枢纽场站绿色化改造、充电及换电和加气等设施运营、智能交通体系运营、共享交通设施运营、城乡客运系统运营、城市慢行系统运营、环境友好型铁路运营和铁路绿色化改造、多式联运系统与公转铁和公转水运营、公路甩挂运输系统运营、绿色民航、绿色港口和航道）；**绿色物流**（绿色物流枢纽和绿色物流园区运营、绿色粮食仓储物流设施运营、绿色物流技术设备应用）；**环境基础设施**（园林绿化养护管理和运营、海绵城市运营、城镇供水管网分区计量漏损控制运营、城镇污水收集系统排查改造建设修复、入河入海排污口排查整治、污水污泥处理处置设施运营、生活垃圾收运与处理设施运营、生态环境监测系统运营、生态安全预警体系和生态保护修复信息平台运维）；**城乡能源基础设施**（城镇电力设施智能化运营和改造、城镇一体化集成供能设施运营、城镇集中供热系统清洁化低碳化运营和改造、农村清洁能源基础设施运营）；**信息基础设施**（通信网络设施节能改造、数据中心节能改造）。

绿色服务 **咨询监理**（绿色低碳转型产业项目勘察服务、绿色低碳转型产业项目咨询和设计服务、绿色低碳转型产业项目施工监理服务、其他绿色低碳转型产业相关咨询服务）；**运营管理**（合同能源管理、合同节水管理、电力需求侧管理、资源循环利用第三方服务、环境污染第三方治理、数字化赋能绿色低碳管理）；**监测检测**（温室气体排放源监控、环境损害监测评估、污染源监测、企业环境监测、生态环境监测和生态安全预警、生态系统碳汇监测评估、碳监测评估）；**评估审查核查**（节能评估和能源审计、节能和能效诊断、碳排放相关核算和核查等服务、建筑能效与碳排放测评、清洁生产审核、环境影响评价、生态环境质量监测与评估、自然资源生态保护补偿和资产损害赔偿鉴定评估、生态保护修复产品和生态系统评估、地质灾害危险性评估、水土保持评估、绿色制造评价）；**绿色技术产品研发认证推广**（绿色技术产品研发、绿色技术产品认证推广、绿色技术交易）；**资源环境权益交易**（碳交易、用能权交易、用水权交易、排污权交易、林权交易、可再生能源绿证和绿色电力交易）。

四、代表性生产性服务业行业的发展

生产性服务业作为现代服务业的核心,是基于成本比较优势的专业性分工,它可以从各个生产环节剥离出来以适应生产方式、营销方式的变革,也可以作为新产业应运而生以适应现代化大生产背景下日趋细密的社会分工。生产性服务业专业性强,产业融合度高,创新因素活跃,运营方式灵活,产品转型灵敏,是新产业革命时代重要的新兴业态。电子商务、现代物流和现代金融业是其中比较具有代表性的行业。

电子商务业 近年来,我国电子商务呈现出较快的发展态势。2023年,全国电子商务交易额468273亿元,比上年增长9.4%,网上零售额154264亿元,比上年增长11.0%。当前,我国的直播电商等新业态发展势头强劲,170家国家电子商务示范基地中151家建立了直播基地,企业自播比例提升至接近一半,店播、厂播、走播等新场景不断拓展,老字号纷纷通过直播触网,拓展营销渠道;数实融合助力传统产业转型升级,数字经济充分发挥优势,推动农业全链条数字化转型升级,通过"数商兴农"等活动实施,2023年全国农村网络零售额达到2.49万亿元,推动电子商务与制造业深度融合,国家电子商务示范基地和企业积极推进数字技术赋能,化工、钢铁、建材等一批交易额过千亿元的工业品垂直行业B2B平台涌现,提供全流程在线化服务;"丝路电商"的发展为全球数字经济发展注入动力。

现代物流业 现代物流高度集成并融合运输、仓储、分拨、配送、信息等服务功能,是延伸产业链、提升价值链、打造供应链的重要支撑,在构建现代流通体系、促进形成强大国内市场、推动高质量发展、建设现代化经济体系中发挥着先导性、基础性、战略性作用。据中国物流与采购联合会发布的物流运行数据显示,2023年物流业总收入为13.2万亿元,同比增长3.9%。公路运输、仓储装卸等基础物流收入同比增长约3%,航空运输、多式联运、快递等拉动物流业总收入增长约1个百分点,航空运输收入同比增长超过20%,多式联运收入增长超过15%,快递物流收入增长约14%，中国物流业景气指数全年均值为51.8%比上年提高3.2个百分点；2023年，新动能领域物流加快回升，装备制造物流增速高于全部工业品物流2个百分点，其中汽车、智能设备等领域物流总额增速超过10%，电商物流指数均值为110.1%，比上年提高4.2个百分点，实物商品网上零售额同比增长8.4%，再生资源物流总额同比增长超过17.4%。

现代金融业 伴随着信息技术的发展和移动终端的普及，我国的现代金融业取得长足发展，特别是在移动支付领域。据中国人民银行发布的数据显示，2023年中国人民银行支付清算系统处理业务219.81亿笔、金额8986.39万亿元，推动移动支付快速发展和普及，我国移动支付普及率达到86%，是全球移动支付普及率最高的国家。"云闪付"等电子钱包接入主要线上移动支付场景，各类条码互认互扫取得积极进展；开展支付服务降费让利工作，推动支付行业向实体经济让利超300亿元。跨境支付体系建设持续推进，截至2023年末，人民币跨境支付系统（CIPS）已接入1484家参与者，其中直接参与者139家，业务范围覆盖全球182个国家和地区。

第三节　大力发展生产性服务业

发展现代产业体系，推动经济体系优化升级，必须推动生产性服务业融合化发展，深化服务领域改革开放，扩大服务业有效供给，提高服务效率和服务品质，构建优质高效、结构优化、竞争力强的服务产业新体系。

一、优化现代服务业结构

党的二十大报告强调："构建优质高效的服务业新体系，推动现代服务业同先进制造业、现代农业深度融合。"现代化的服务业是现代化产业体系的重要支撑，2023年我国服务业对GDP增长的贡献率高达59.0%，服务业的经济增长主引擎作用更加凸显。发展优质高效、现代化的服务业,既是产业延链增值的迫切需要,也是满足人民不断升级的高品质、多样化需求的必然要求。

在工业化初期,制造业产品一般不会包含相应的服务,产品附加的服务和产品本身完全隔离,能否提供相应的服务与产品本身的生产、销售以及制造企业的竞争力和市场占有率等,没有明显的关系。在制造企业内部,生产过程对服务的需求也比较少,一般是通过内部提供的方式得到满足。但随着技术进步、产业发展,特别是企业规模的扩大,制造业需要更为专业的服务要素供给,由此,专门的服务企业或者从制造业中剥离出来的服务部门,成为制造业服务要素的重要供给者。

改革开放以来,我国凭借劳动力成本优势,迅速渗透到全球价值链体系中的组装和制造环节,成为名副其实的"世界制造工厂",稳居世界制造业第一大国的地位。当前,我国经济总量已经跃居世界第二,经济实力已经迈上了一个新台阶。但是产业结构存在不合理的情况、农业、工业和服务业总体上还有增长空间,三大产业间融合协调发展程度还有待提高。在全球贸易领域,服务贸易占的比重越来越大,服务贸易占全球贸易总额约30%,2022年我国的服务贸易额仅占全国贸易总额的12%。发达国家的生产性服务业发展迅速,美国服务业占产业比重高达80%,其中70%为生产性服务业。2022年,我国的生产性服务业约占全国GDP的20%。如果继续下去,就会出现在全球价值链中"低端锁定"现象。

面对世界经济低迷、贸易保护主义抬头、地缘冲突加剧、外溢风险显著上升,我国面对外需减少等多重挑战。要运用各种措施释放国内消费潜力,当前内需为主体的消费不仅在规模上有待进一步扩大,在结构上也有待进一步优化,质量上还需要进一步提高,使其进一步释放对中国经济持续平稳增长的潜力。

目前,我国已经进入了工业化中后期加速发展阶段,随着产品经济向服务经济过渡,产品中"制造"和"服务"的边界越来越模糊。通过大力发展生产性服务业带动制造业的高质量发展,在高端制造领域服务价值占到制造业附加值的50%,实现生产性服务业占服务业的50%和占GDP的30%,才能优化产业结构,顺应产业边界逐渐打破、产业间分工日益细化、产业融合日益普遍的大趋势。改变传统服务业的产业结构,加强产业融合互动,大力发展生产性服务业,是构建现代化产业体系,促进经济高质量发展的必由之路。

二、发展生产性服务业的路径

实体经济实现高质量发展,需要专业化、高端化的生产性服务业作为支撑。生产性服务业的发展水平决定着产业结构、生产规模和生产效率。经济高质量发展需重点发展战略性新兴产业、先进制造业,生产性服务业为生产服务,重点在于为先进制造业服务、为战略性新兴产业服务。

(一)促进制造业与服务业融合发展

促进制造业与服务业深度融合,一是有助于破除制造业发展瓶颈,能在一定程度上缓解我国制造业发展中所面临的问题:如资源环境约束增强、传统要素禀赋优势减弱、创新动力不足等挑战。二是有助于服务业的快速发展与优化升级。目前我国服务业在国民经济中的比重日渐增大,但发展水平仍有待提升,中高端生产性服务业和商业服务、高附加值服务业供给不足,外向型程度较低,通过两者融合能够满足国内中高端服务业的市场需求,由制造业剥离出来的服务环节和项目能够为国内服务企业提供智力和资金支持,促进国内服务业的升级和服务业结构的优化。三是有助于我国应对国际发展环境的变化。当前,国际产业分工和产业转移出现新的特征和趋势:服务产品的可贸易性提升,服务业产业转移的新趋势凸显,廉价劳动力丰富的部分发展中国家承接产业转移能力增强,直接导致了我国中低端制造业竞争力不足;西方发达国家更为严苛的贸易壁垒,进一步加剧了我国外贸行业的困境。在这样的国际大环境下,通过制造业与服务业深度融合,能够改变传统的依靠低要素成本参与国际分工的模式,缓解我国制造业国际竞争力的压力,国内中高端生产性服务业能够借助制造业已经形成的国际技术链、供应链、销售链网络参与国际分工,促进我国优势制造业和新兴服务业国际分工地位的提升。

（二）优化生产性服务业结构

生产性服务业的发展水平决定着产业结构、生产规模和生产效率，影响着制造强国建设的进程。应依据现代先进制造业生产模式，重点发展产品研发、生产设计、通信、现代物流、电子商务、软件、人力资源培训等细分行业，强化信息技术和数字技术对生产性服务发展方向的引领，创新服务方式，拓展服务领域，突破技术瓶颈，实现规模化、集约化，实现服务产品的价值增值。要追踪信息时代先进制造业发展实践，围绕产品设计、生产、消费过程所需，运用数字技术、云计算技术、工业互联网、物联网，开发普适与专业相结合、一般与个别相结合的多元服务产品，延伸制造业产业链。要重点培育信誉好、服务质量高的生产性服务企业，建设形式多样的创新载体，发掘生产性服务领域的创新型企业、独角兽企业，打造生产性服务领域的国际著名品牌或顶级品牌方阵，提高生产性服务产品供给质量，增强生产性服务产品的有效供给，为企业提供从产品立项到产品营销的全方位、全过程支持，构建具有全球领先水平的高端生产性服务业体系。

（三）推动生产性服务业集群式发展

以市场为导向，加强政策引导，促进生产性服务业的专业化集聚。鼓励支持生产性服务企业依托孵化器、创新科技园区，与高等院校、研究机构、政府机关、生产企业开展实质性合作，建立合作联盟，实现生产性服务业的集群式发展。在国家经济技术开发区、国家高新技术开发区、创新型产业集聚区、高新技术特色产业基地、创新型科技创新园等，有针对性地发展特色生产性服务行业，开展定制、精专服务，创立特定地域、特定环境的生产性服务品牌。加快培养生产性服务业技术人才、管理人才，重视企业员工的职业培训，推行终生教育，形成一支高素质、高水平的生产性服务员工队伍，保障生产性服务业拥有足够优秀的人才储备和供给支撑。要推动生产性服务业嵌入地区创新体系，鼓励生产性服务企业与先进制造企业协作，实现生产与服务的协同创新，建成设备先进、设施完善、服务水平一流的生产性服务业产业集群。

(四) 促进生产性服务业与先进制造业、战略性新兴产业深度融合

制造强国建设需要重点发展战略性新兴产业、先进制造业,生产性服务业为生产服务,重点在于为先进制造业服务、为战略性新兴产业服务。应预判先进制造生产模式的变革方向,紧跟全球先进制造业发展大势,并据此设计服务产品,革新服务模式,通过生产性服务业与先进制造业的交融、合作、渗透,扩大服务市场需求,实现产品价值链的延伸和发展。不断探索生产性服务与先进制造融合路径,找准生产服务的嵌入点,达到精准服务、高效服务、高质量服务。建设生产性服务企业对先进制造企业的服务网络,搭建生产性服务企业与先进制造企业的交流平台,将服务网络建设纳入国家工业互联网建设体系,建成先进制造服务大数据库,推动服务与制造两类企业产品、技术、设计、管理的协同创新,形成生产性服务业和制造业融合发展的产业生态系统,有效推动中国生产性服务业迈向高端。

(五) 破除制约制造业与服务业深度融合的体制机制障碍

当前,我国还存在一些制约制造业与服务业深度融合的体制机制障碍,比如税率不同、服务业供地较少、金融支持不足等,对此需加强顶层设计,采取有针对性措施加以解决。需鼓励制造业企业开展商业模式创新。相比于商业等服务业,我国制造业业态创新的步伐较为滞后。要进一步提高工业和信息化融合的深度,实施相关政策促进信息技术广泛渗透于产品设计、客户定制、集成制造、市场营销、供应链管理、质量管理、测试认证、金融服务等环节,贯穿产品制造和服务提供的整个过程。

第六章 新业态

随着现代信息技术的不断创新和其在各行各业中应用的日益广泛，全球经济结构日新月异，产业结构和市场需求发生巨大的变化，传统行业的边界出现模糊，新型业态不断出现，以创新为灵魂的新业态，将对转变产业发展方式、提升产业发展层次、推动新质生产力发展起到重大的作用。

第一节 新业态的概念及其形成

当前，以全球化和数字化为代表的新业态正在不断涌现和发展，信息技术发展不断促进产业升级，进而形成消费方式的变革，在该背景下，新业态不仅可以优化资源配置和经济结构，促进经济繁荣，也可以提高人们的生活质量，改善人们的生活体验，为社会进步注入新的活力。

一、新业态的概念

新业态是指基于不同产业间的组合、企业内部价值链和外部产业链环节的分化、融合、行业跨界融合以及嫁接信息及互联网技术所形成的新型企业、商业乃至产业的组织形态。

随着经济社会的不断进步，尤其是近年来信息技术革命、产业升级和消费者需求的不断加强，商业模式、企业经营模式和各种产业发展模式也在不断分化、整合、跨界融合，不断催生新的"业"务形"态"。

二、新业态产生的原因

信息技术革命、产业升级和消费需求是推动新业态产生和发展的三大重要因素。

工业化和现代化发展历史上，信息技术革命会对产业发展产生广泛而深入的影响，目前已经出现或还未出现的新业态，就是在信息技术发展的产业化和市场化应用中形成和发展的。一是信息技术形成电子信息产业，引发产业形态和模式创新；二是信息技术和第一、第二产业以及其他服务的融合催生了许多新业态；三是信息技术自身的发展和制造业的融合互动，强化了产业链不同环节之间的互动关系，企业之间的关系网络也在互联网技术支持下发生变化，而这种变化同样会催生新业态。

除了受到技术变革的推动之外，消费者需求产生的倒逼机制在新业态更新中也发挥着重要作用。回溯经济发展的历程，我国经历了从产品为王到渠道为王再到终端为王的阶段，这是当今企业经营面临的最大难题。随着移动互联网的出现，一对一推荐和一对一精准营销已经成为不可回避的商业现实，由于不同细分市场甚至是单个个体的顾客需求有所不同，企业所提供的产品和服务的价值主张和满足程度也有所不同，一旦需求发生变化就会成为企业拓展新业态的重要机会。

在产业升级换代的大背景下，如何推进产业转型升级和精技创新、改造提升传统产业、转变产业发展方式、提升产业发展层次，都指向了如何发展新业态的问题。目前，在我国的创新以及需求的创造成为新的经济效益的增长点，更为便利和充满快乐体验的消费方式的需求已经快速替代了获得质量优良的产品的需求。从问题出发深化改革、加强制度供给，更有效发挥数字化创新对实体经济提质增效的带动作用，才能推动"互联网+"和大数据、平台经济等迈向新阶段。

三、新业态的分类

2018年8月,国家统计局印发了《新产业新业态新商业模式统计分类(2018)》,旨在科学界定新产业新业态新商业模式范围,监测新产业新业态新商业模式的经济活动规模、结构和质量,分类的范围包含了9个大类、63个中类、353个小类[①]。

现代农林牧渔业 设施农业(设施农业种植、设施林业经营、设施畜牧养殖、设施水产养殖);生物育种;其他现代农林牧渔服务业(农业生产托管服务、农林牧渔业智能管理服务、专业化农业服务)。

先进制造业 新一代信息技术设备制造(网络设备制造、新型计算机及信息终端设备制造、信息安全设备制造、新型电子元器件及设备制造、电子专用设备仪器制造、高储能和关键电子材料制造、集成电路及专用设备制造、智能消费相关设备制造、数字创意技术设备制造);高端装备制造(航空器装备制造、其他航空装备制造、卫星装备制造、卫星应用技术设备制造、其他航天器及运载火箭制造、铁路高端装备制造、城市轨道装备制造、其他轨道交通装备制造、海洋工程装备制造、深海石油钻探设备制造、其他海洋相关设备与产品制造、海洋环境监测与探测装备制造、机器人与增材设备制造、重大成套设备制造、智能测控装备制造、其他智能设备制造、智能关键基础零部件制造);先进钢铁材料制造(设备工程用先进钢材制造、高品质不锈钢及耐蚀合金制造、先进钢铁材料制品制造);先进有色金属材料制造(铝及铝合金制造、铜及铜合金制造、钛及钛合金制造、镁及镁合金制造、稀有金属材料制造、贵金属材料制造、稀土新材料制造、硬质合金及制品制造、其他有色金属材料制造);先进石化化工新材料制造(高性能塑料及树脂制造、聚氨酯材料及原料制造、氟硅合成材料制造、高性能橡胶及弹性体制造、高性能膜材料制造、专用化学品及

---

① 国家统计局关于印发《新产业新业态新商业模式统计分类(2018)》的通知[EB/OL].(2018-12-31)[2024-03-29]. https://www.gov.cn/zhengce/zhengceku/2018-12/31/content_5433044.htm.

材料制造、新型功能涂层材料制造、生物基合成材料和高分子材料及功能化合物制造、其他化工新材料制造）；先进无机非金属材料制造（特种玻璃制造、特种陶瓷制造、人工晶体制造、新型建筑材料制造、矿物功能材料制造）；高性能纤维及制品和复合材料制造（高性能纤维及制品制造、高性能纤维复合材料制造、其他高性能复合材料制造）；前沿新材料制造（3D打印用材料制造、超导材料制造、智能及仿生与超材料制造、石墨烯材料制造、纳米材料制造、生物医用材料制造、液态金属制造）；生物产品制造（生物药品制品制造、化学药品与原料药制造、现代中药与民族药制造、生物医药关键装备与原辅料制造、生物农药制造、生物肥料制造、生物饲料制造、生物兽药和兽用生物制品及疫苗制造、生物基材料制造、生物化工制品制造、生物酶等发酵制品制造、海洋生物制品制造）；生物质燃料制造（生物乙醇制造、生物航空煤油制造、生物柴油制造、生物质致密成型燃料制造）；生物制造相关设备制造（先进医疗设备及器械制造、植介入生物医用材料及设备制造、其他生物医用材料及用品、生物相关原料供应设备制造、其他生物工程相关设备制造）；新能源汽车及相关设备制造（新能源汽车整车制造、电机和发动机制造、新能源汽车储能装置制造、新能源汽车零部件配件制造、供能装置制造、试验装置制造、电控系统制造、智能网联传感及决策控制器制造、其他相关设施制造）；新能源设备制造（核燃料加工设备制造、核能装备制造、太阳能材料及设备和生产装备制造、生物质能及其他新能源设备制造、智能电力控制设备及电缆制造、电力电子基础元器件制造、风能发电机装备及零部件制造、风能发电其他相关装备及材料制造）；节能环保设备和产品制造（高效节能通用设备制造、高效节能专用设备制造、高效节能电气机械器材制造、高效节能工业控制装置制造、绿色节能建筑材料制造、环境保护专用设备制造、环境保护监测仪器及电子设备制造、环境污染处理药剂材料制造、矿产资源与工业废弃资源利用设备制造、高效节水灌溉设备制造、高效工业节水设备制造、高效节水产品制造、海水淡化和环境保护专用设备制造）。

新型能源活动　页岩油开发；非常规天然气开采（煤层气开采、页岩气开采）；煤制天然气生产；核燃料加工；新型电力和热力生产（核力发电、风力发电、太阳能发电、垃圾焚烧发电、生物质发电、生物质供热、潮汐能发电、地热能供热及发电、氢能发电、工业余能供热及发电）；新型能源相关活动（新型能源工程施工、新型能源其他相关活动）。

节能环保活动　高效节能活动（节能工程施工与管理、节能设计服务、节能评估和认证服务、碳交易市场服务）；先进环保活动（环境监测评估、环境保护与污染治理活动、环境与生态保护工程施工活动）；资源循环利用活动（可回收资源综合利用、其他资源循环利用活动）；高效节水活动（节水工程与管理、节水工程设计服务、节水认证服务、非常规水资源利用）。

互联网与现代信息技术服务　现代信息传输服务（新一代移动通信网运营服务、下一代广播电视网运营服务、下一代广播电视内容分发服务、其他网络运营服务、卫星应用服务、固定互联网宽带接入服务）；互联网平台/"互联网+"（互联网生产服务平台、互联网生活服务平台、互联网科技创新平台、互联网公共服务平台、其他互联网平台）；互联网信息及其他服务（互联网检索服务、网络游戏服务、互联网电子竞技服务、网络音乐服务、网络视频和直播服务、其他互联网信息服务、其他未包括的互联网服务）；软件开发生产（基础和通用软件、计算平台软件、人工智能软件、数字内容加工软件、工业软件、行业软件、网络和信息安全软件、嵌入式软件、其他新兴软件开发）；数字内容设计与制作服务（数字内容设计服务、地理信息加工服务、数字动漫制作服务、数字游戏制作服务、其他数字内容制作服务）；现代信息技术服务（信息技术咨询服务、信息系统集成与运行维护服务、数据处理与存储服务、集成电路设计、大数据服务、云计算服务、人工智能服务、物联网服务、综合解决方案服务）；网络与信息安全服务（网络信息安全评估认证咨询服务、其他网络与信息安全服务）。

现代技术服务与创新创业服务　研发服务（新一代信息技术研发、高端装备技术研发、新材料技术研发、新能源技术研发、生物技术研发、现代医学基础研发、现代农林牧渔业技术研发、节能环保技术研发、其他技术研发服务）；技术推广服务（新一代信息技术推广服务、高端装备技术推广服务、新材料技术推广服务、新能源技术推广服务、生物技术推广服务、现代医疗技术推广服务、现代农林牧渔业技术推广服务、高效节能技术推广服务、环保技术推广服务、其他技术推广服务）；质量检验（测）技术服务；知识产权服务；相关专业技术服务（新能源相关专业技术服务、生物医药相关专业技术服务、节能环保相关专业技术服务）；其他现代技术服务（工业相关设计服务、创意设计服务、智能城市专业化设计服务、个性化产品设计与定制服务）；创新创业服务（众创空间、孵化器、创业与就业指导服务、技术交易市场服务、科技成果转化服务、星创天地、其他创新创业服务）；追溯技术服务。

现代生产性服务活动 先进制造业服务（航空维修及服务业、智能机器设备维修、轨道运输设备维修、城市轨道交通设备维修、电子设备及精密仪器维修、海洋工程设备维修、新能源设备维修、新能源汽车充电及维修服务、海洋工程装备服务、汽车改装服务）；现代贸易物流服务（现代商品交易服务、外贸综合服务、现代铁路运输综合服务、城市轨道交通、现代水上运输综合服务、现代道路货物运输、冷链物流服务、多方式联合运输服务、现代装卸仓储服务、供应链管理服务、物流信息和货运代理服务、新能源汽车销售服务、城市配送）；现代互联网金融（互联网支付、网络借贷服务、股权众筹、互联网基金销售、互联网保险、互联网信托、互联网消费金融）；其他现代金融服务（天使投资、创业投资基金、风险投资类活动、第三方支付服务、保理服务、融资租赁服务、融资担保服务、金融信息服务）；现代商务服务（互联网广告、信用与非融资担保服务、现代会计审计和律师服务、调查与咨询服务、商业呼叫电话服务、其他现代商务服务）；人力资源服务（人力资源管理咨询等服务、人力资源外包、高级技能培训）。

新型生活性服务活动 现代医疗服务（智慧医疗服务、个性化医疗服务、育婴服务、医学检验检查服务、医学影像服务、干细胞临床应用服务、生物医药服务、生物医用材料服务、其他现代医疗服务）；健康管理与促进服务（第三方体检服务、保健服务、健康护理服务、精神康复服务、健康心理咨询服务、特殊人群健康护理服务、自然康养服务、临终关怀服务）；现代养老服务（居家养老服务、社区养老服务、机构养老服务、老年人护理帮助服务）；现代家庭服务（家庭教师服务、家庭病人陪护服务、现代母婴服务、互联网生活服务）；互联网教育；新型便民服务（新型外卖送餐服务、快递服务、网络预约出租汽车服务、公共自行车服务、居民代办服务、其他新型便民服务）；新型住宿服务（长租公寓、短租公寓、经济型连锁酒店、露营地服务、其他新型住宿服务）；新型餐饮服务（餐饮个性化定制、网络订餐服务、其他新型餐饮服务）；现代体育休闲服务（体育竞赛表演活动、运动休闲活动、体育健康服务、体育中介经纪人服务、电子竞技活动、游戏代练服务、体育咨询）；文化娱乐服务（数字广播影视及视听内容服务、数字化娱乐服务、数字新媒体服务、数字广播影视及视听节目服务、网络出版服务、数字创意与融合服务、数字博物馆）；现代旅游服务（度假村旅游、生态旅游、休闲观光旅游、体育旅游、健康疗养旅游、低空游览、邮轮旅游和游艇游览、研学旅游）；现代零售服务（互联网零售、无人零售、跨界零售）。

现代综合管理活动　城市智能管理服务（智慧交通管理平台服务、城市智能停车服务、智能安防服务、智能电网服务、其他城市智能管理服务）；现代城市商业综合管理服务（城市商业综合体、商业地产综合体、园区管理服务、城市地下综合管廊、其他现代综合管理服务）；农林牧渔业跨行业融合服务。

第二节　数字经济新业态

数字经济的快速发展带来了形式多样的新业态的出现，三次产业中的各种类型的新业态日益影响人类的生产生活，创新新业态、适应新业态是未来社会发展的常态。

一、线上服务

（一）在线教育

在线教育，指的是利用互联网技术进行教学和学习的一种新型教育方式，是面向全国的资源共享、零距离、全新的交流方式，是一种新教育学习平台和新型工具的平台。通过网络课程、学习平台、多媒体教学和远程教育等形式，实现教师和学生之间的交互与合作，使教学变得更加灵活、高效、便捷和普及。

在线教育平台利用一切工具进行教育活动皆以提高效率为前提。利用先进的网络技术可以改变师生上课的交流方式，进一步提高学生掌握知识的效率和能力是网络教育研究的实质。

在线教育的特点是全天候学习、互动性强、个性化教育、经济实惠，主要形式是通过网络课程、学习平台、多媒体教学、远程教育等进行。

在线教育提供了一种全新的知识传播模式和学习方式，将引发全球高等教育的一场重大变革。这场重大变革与以往的网络教学有本质区别，不单是教育技术的革新，更是教育观念、教育体制、教学方式、人才培养过程等方面的深刻变化。

《关于支持新业态新模式健康发展 激活消费市场带动扩大就业的意见》提出，大力发展融合化在线教育。要构建线上线下教育常态化融合发展机制，形成良性互动格局。允许购买并适当使用符合条件的社会化、市场化的优秀在线课程资源，探索纳入部分教育阶段的日常教学体系，并在部分学校先行先试。鼓励加大投入和教师培训力度，试点开展基于线上智能环境的课堂教学、深化普及"三个课堂"[①] 应用等。完善在线教育知识产权保护、内容监管、市场准入等制度规范，形成高质量线上教育资源供给[②]。

（二）互联网医疗

互联网医疗是互联网在医疗行业的新应用，包括以互联网为载体和技术手段的健康教育、医疗信息查询、电子健康档案、疾病风险评估、在线

---

① 即"专递课堂""名师课堂""名校网络课堂"。
② 关于支持新业态新模式健康发展 激活消费市场带动扩大就业的意见 [EB/OL]. (2020-07-11) [2024-03-29]. https://www.gov.cn/zhengce/zhengceku/2020-07/15/content_5526964.htm.

疾病咨询、电子处方、远程会诊及远程治疗和康复等多种形式的健康医疗服务。互联网医疗代表了医疗行业新的发展方向，有利于解决中国医疗资源不平衡和人们日益增加的健康医疗需求之间的矛盾。

第53次《中国互联网络发展状况统计报告》显示，截至2023年12月，我国互联网医疗用户规模达4.14亿人。2023年上半年，京东健康覆盖全国400余个城市、10万余家门店，带动营收同比增长34.0%；3月至9月，阿里健康的收入、利润分别同比增长12.7%、172.2%，阿里健康旗下的天猫健康平台服务的商家数量超过3.2万家，同比增加4000余家；7月，商汤科技发布"SenseCare智慧医院"综合解决方案，围绕智慧诊疗、医学科研等场景，为医院等机构提供一站式服务，提升诊疗效果，优化患者就医体验，助力医院智慧化转型①。

《关于积极推进"互联网+"行动的指导意见》提出，推广医疗卫生在线的新模式②。

《关于加强医疗机构药事管理促进合理用药的意见》提出，规范"互联网+药学服务"③。

《关于推进"上云用数赋智"行动 培育新经济发展实施方案》提出，在卫生健康领域探索推进互联网医疗医保首诊制和预约分诊制，开展互联网医疗的医保结算、支付标准、药品网售、分级诊疗、远程会诊、多点执业、家庭医生、线上生态圈接诊等改革试点、实践探索和应用推广④。

《关于进一步优化营商环境更好服务市场主体的实施意见》提出，进一步放宽互联网诊疗范围，将符合条件的互联网医疗服务纳入医保报销范

---

① 第53次《中国互联网络发展状况统计报告》[EB/OL].（2024-03-22）[2024-03-29]. https://www.cnnic.net.cn/n4/2024/0322/c88-10964.html.

② 国务院关于积极推进"互联网+"行动的指导意见[EB/OL].（2015-07-04）[2024-03-29]. https://www.gov.cn/zhengce/zhengceku/2015-07/04/content_10002.htm.

③ 关于印加强医疗机构药事管理促进合理用药的意见的通知[EB/OL].（2020-02-26）[2024-03-29]. http://www.nhc.gov.cn/yzygj/s7659/202002/ea3b96d1ac094c47a1fc39cf00f3960e.shtml.

④ 国家发展改革委 中央网信办印发《关于推进"上云用数赋智"行动 培育新经济发展实施方案》的通知[EB/OL].（2020-04-10）[2024-03-29]. https://www.gov.cn/zhengce/zhengceku/2020-04/10/content_5501163.htm.

围，制定公布全国统一的互联网医疗审批标准，加快创新型医疗器械审评审批并推进临床应用①。

《关于支持新业态新模式健康发展 激活消费市场带动扩大就业的意见》提出，积极发展互联网医疗。要以互联网优化就医体验，打造健康消费新生态；进一步加强智慧医院建设，推进线上预约检查检验；探索检查结果、线上处方信息等互认制度，探索建立健全患者主导的医疗数据共享方式和制度；探索完善线上医疗纠纷处理办法；将符合条件的"互联网+"医疗服务费用纳入医保支付范围；规范推广慢性病互联网复诊、远程医疗、互联网健康咨询等模式；支持平台在就医、健康管理、养老养生等领域协同发展，培养健康消费习惯。

《"十四五"医药工业发展规划》提出，积极发展新模式新业态。适应智慧医疗、互联网医院快速发展趋势，探索医疗机构处方与药品零售信息互联互通，推动构建覆盖疾病诊疗、药品配送、医疗机构收费、医保结算等环节的数字化管理体系，实现线上线下深度融合，形成医疗机构、药品生产经营企业、保险公司、信息技术服务商等共同参与的"互联网+医药"新生态。

《关于进一步完善医疗卫生服务体系的意见》提出，发挥信息技术支撑作用。发展"互联网+医疗健康"，建设面向医疗领域的工业互联网平台，加快推进互联网、区块链、物联网、人工智能、云计算、大数据等在医疗卫生领域中的应用，加强健康医疗大数据共享交换与保障体系建设②。

为规范互联网医疗，2018年7月，国家卫生健康委员会和国家中医药管理局组织制定了《互联网诊疗管理办法（试行）》《互联网医院管理办法（试行）》《远程医疗服务管理规范（试行）》。目前，许多医院和互联网健康平台纷纷推出在线医疗服务。

---

① 国务院办公厅关于进一步优化营商环境 更好服务市场主体的实施意见［EB/OL］.（2020-07-21）［2024-03-29］. https：//www.gov.cn/zhengce/content/2020-07/21/content_5528615.htm?eqid=c925cedc000302e7000000066457d62a.

② 中共中央办公厅 国务院办公厅印发《关于进一步完善医疗卫生服务体系的意见》［EB/OL］.（2023-03-23）［2024-03-29］. https：//www.gov.cn/zhengce/2023-03/23/content_5748063.htm.

（三）线上办公

线上办公是指员工通过互联网技术，在不同地点的电子设备上完成工作任务。通过网络，员工可以在任何时间、任何地点使用计算机、平板电脑、手机终端等设备连接公司的办公网络，进行各种协作、沟通和办公活动。线上办公可以提升办公效率，降低用工成本，提升企业的市场竞争力。

第53次《中国互联网络发展状况统计报告》显示，截至2023年12月，我国线上办公用户规模达5.37亿人，占网民整体的49.2%。

《关于支持新业态新模式健康发展　激活消费市场带动扩大就业的意见》提出，鼓励发展便捷化线上办公。打造"随时随地"的在线办公环境，在部分行业领域形成对线下模式的常态化补充。支持远程办公应用推广和安全可靠的线上办公工具研发，满足日常性多方协同工作、异地协同办公需求，有效支撑工作效率提升、业务协同模式创新和业务组织方式变革。推动完善电子合同、电子发票、电子印章、电子签名、电子认证等数字应用的基础设施，为在线办公提供有效支撑。

（四）数字化治理

数字化治理涵盖了数字政府、数字经济治理、数字社会治理、数字技术治理、数据治理等，既包括运用数字化工具、手段、措施赋能现有治理体系和提升治理效能的过程，又包括针对数字世界涌现的各类复杂矛盾和问题的创新治理。

数字化治理是数字经济的重要组成部分。2021年，我国各省（区、市）共出台了216个与数字经济相关的政策，其中89个为数字化治理政策。当前，我国数字化治理进程稳步推进，在重塑社会治理流程、提升治理效率、开辟公共服务新渠道、满足个性化便利化服务需求等方面发挥着重要作用。

《关于支持新业态新模式健康发展　激活消费市场带动扩大就业的意见》提出，不断提升数字化治理水平。要促进形成政企多方参与、高效联动、信息共享的现代化治理体系和治理能力；结合国家智慧城市试点建设，健全政府社会协同共治机制，构建政企数字供应链，以数据流引领带动物资流、技术流、人才流、资金流，有力支撑城市应急、治理和服务。支持民间资本参与水电路网等城市设施智慧化改造；结合国家区域发展战略及生产力布局，加快推进5G、数据中心、工业互联网等新型基础设施建设；探索完善智慧城市联网应用标准，推进京津冀、长三角、粤港澳大湾区、成渝等区域一体化数字化治理和服务。

《数字中国建设整体布局规划》提出，以数字化驱动生产生活和治理方式变革，推进数字社会治理精准化，以数字化赋能乡村产业发展、乡村建设和乡村治理，推动生态环境智慧治理①。

二、产业数字化

（一）产业平台化

产业平台是由一个或数个企业开发出的产品、服务或技术，成为其他企业创建补足品、服务和技术的基础与媒介，为用户提供综合性产品、技术或服务。产业平台是基石，发挥着基础作用，使众多相关相同或不同产业的企业在其上研发补足品、技术和服务，营造出特定的产业生态系统。产业平台具有很强的集聚能力，通过平台接口的多样化合理设置，可以突破产业边界，吸引相关产业的企业及用户积极参与，实现产业聚合发展。

数字化的全面深化和普及推进了产业的深度变革，其最终会成为推动产业重构、实现全新的消费者福祉聚合的一种新型物种——产业赋能平台。这是一种通过一系列界面设计和基础设施投入，赋能于客户需求场景中的价值创造者，并将价值创造者与客户互动链接的新型平台模式，该平台具有客户至上、智能化、开放性、深度专业化、集成化等特征。

---

① 中共中央 国务院印发《数字中国建设整体布局规划》［EB/OL］.（2023－02－27）［2024－03－29］. https：//www.gov.cn/zhengce/2023－02/27/content_5743484.htm？eqid=f00424e10002111f00000006646491f2.

《"十四五"促进中小企业发展规划》提出，支持新业态新模式发展。推动现代服务业中小企业和先进制造业、现代农业等深度融合，深化业务关联、大力发展服务型制造、现代农业服务业和生产性服务业，探索新模式，催生新服务；推动产业链、创新链和价值链的融合与重塑，鼓励制造业中小企业探索众创、众包、云外包、平台分包等共享制造新模式，发展大数据营销、体验营销等新型营销模式；鼓励大型企业剥离售后服务、呼叫中心等非核心业务外包给中小企业，引导中小企业聚焦产业链上细分环节，为大型企业提供专业化、精细化配套服务。引导中小企业在智慧城市、商贸流通、健康养老、家政服务、文体旅游等方面推进数字化网络化智能化改造和跨界融合。引导中小企业发展循环农业、再制造产业和静脉产业等新业态，推广合同能源管理、合同节水管理、环境污染第三方治理、碳排放交易等新模式①。

《关于支持新业态新模式健康发展 激活消费市场带动扩大就业的意见》提出，培育产业平台化发展生态。着力发挥互联网平台对传统产业的赋能和效益倍增作用，打造形成数字经济新实体；开展重大工程布局，支持传统龙头企业、互联网企业打造平台生态，提供信息撮合、交易服务和物流配送等综合服务；鼓励金融机构在有效防范风险的前提下，依法依规为平台提供金融服务；建设跨产业的信息融通平台，促进农业全流程、全产业链线上一体化发展；支持工业互联网平台建设推广，发挥已建平台作用，为企业提供数字化转型支撑、产品全生命周期管理等服务；发展服务衍生制造，鼓励电子商务、转型服务等行业企业向制造环节拓展业务；大力发展众包、云外包、平台分包等新模式。

（二）传统企业数字化

数字化转型是通过新一代数字技术的深入应用，构建一个全感知、全连接、全场景、全智能的数字世界。实现数字化转型，可以提高效率和减

---

① 关于印发"十四五"促进中小企业发展规划的通知 [EB/OL]. (2021-12-17) [2024-03-29]. https://www.miit.gov.cn/zwgk/zcwj/wjfb/tz/art/2021/art_bed2939fdf834bb7872f3aaaf29673ed.html.

少成本、增加企业的市场份额和竞争优势、提升客户体验。

要实现传统企业数字化,一是要建设企业大数据体系,企业只有收集、分析和应用数据,才能帮助企业预测市场走向,发掘潜在的客户需求,进行正确的决策;二是进行互联网营销,将传统企业的产品或服务推向更广的市场和受众,让更多的人知道和了解企业的产品或服务;三是制订数字化策略计划,从技术、文化、管理和人才等方面制定全方位的数字化发展目标。

《关于支持新业态新模式健康发展 激活消费市场带动扩大就业的意见》提出,加快传统企业数字化转型步伐。助力降低数字化转型难度,发展线上线下融合的业务发展模式,提升企业发展活力。组织数字化转型伙伴行动,建立政府—金融机构—平台—中小微企业联动机制,发展普惠性"上云用数赋智"。鼓励各类平台、机构对中小微企业实行一定的服务费用减免;培育一批数字化服务企业和创新应用企业,发挥引领带动作用。组织面向数字化转型基础软件、技术、算法等联合攻关;鼓励发展开源社区,支持开放软件源代码、硬件设计和应用服务。

(三) 虚拟产业园和产业集群

虚拟产业园是依托于互联网的一个企业集群或网商集群,以发展电子商务、促进虚拟经济、实现绿色环保产业发展为宗旨的产业园。通过搭建网络虚拟平台,推动在产业链和价值链方面有内在联系的企业和机构基于一定的契约和规则形成虚拟空间集聚。与实体产业园相比,虚拟产业园具有无实际界限、无园区实体、非集中办公、自选办公地点和产业更加集聚等特点。

虚拟产业园是伴随着互联网经济、数字经济出现的新业态,其主要吸引电商、互联网、高科技、文化创意等新兴产业中的企业。目前,国内已经出现了不同类型产业集群的虚拟产业园。

基于集群的"聚集核",可将虚拟产业集群划分为四类代表性模式:一是围绕数字化平台的虚拟产业集群,产供销之间的信息孤岛被打通,营利模式由单一性制造向全方位服务转变;二是围绕供应链的虚拟产业集群,通过互联网信息系统和强生产计划性,突破企业组织和地理空间之间的有形边界,在跨区域尺度上形成高度专业化分工的上下游模块化虚拟产业集群;三是围绕技术标准的虚拟产业集群,其技术标准是高技术企业网络集聚的重要纽带,参与企业主体相互交换数字化编码知识,各自将自身独特的产品或服务价值添加到虚拟集群网络,实现资源优化配置;四是围绕产业园区的虚拟产业集群,形成实体园区与虚拟园区相结合的新型园区,通过契约和网络等联结相关产业开展跨领域跨区域链式合作。

《数字化转型伙伴行动倡议》提出,打造跨越物理边界的虚拟产业园和虚拟产业集群,促进产业链向更高层级跃升①。

《"十四五"数字经济发展规划》提出,探索发展跨越物理边界的虚拟产业园区和产业集群,加快产业资源虚拟化集聚、平台化运营和网络化协同,构建虚实结合的产业数字化新生态。

《关于支持新业态新模式健康发展 激活消费市场带动扩大就业的意见》提出,要打造跨越物理边界的虚拟产业园和产业集群。实现产业供需调配和精准对接,推进产业基础高级化和产业链现代化;实施数字经济新业态培育行动,支持建设数字供应链,推动订单、产能、渠道等信息共享;支持具有产业链、供应链带动能力的核心企业打造产业数据中台,以信息流促进上下游、产供销协同联动,确保产业链供应链稳定,发展产业服务化新生态;支持出口园区和基地创新数字服务出口新业态新模式,大力发展数字贸易。

(四)"无人经济"

"无人经济"是人工智能发展至一定阶段并与其他领域技术相结合后诞生的产物,"无人经济"依赖于互联网络,可通过大数据、射频识别技术和物联网、人工智能识别技术等传感技术,实时掌握消费者的使用行为与状态,了解消费者的即时需求,能根据需求第一时间从云端数据库提取

---

① 数字化转型伙伴行动倡议 [EB/OL]. (2020-05-13) [2024-03-29]. https://www.ndrc.gov.cn/xwdt/gdzt/szhzxhbxd/xdcy/202005/t20200513_1227930.html.

数据并形成最有针对性的解决方案。这种经济形式能够降低成本，提高效率，减少人力资源的浪费，重建消费关系。

"无人经济"的特点是：一是运营成本更低；二是受新技术的运用驱动；三是电商线上引流成本越来越高，企业由此争相布局线下进行引流。

当前，"无人经济"已经实现全场景化应用，常见类型有无人零售、无人酒店、无人驾驶、无人仓储、无人配送、无人工厂等，体现了新的生活方式与生产方式。"无人经济"本质上是对人类生产与消费的重构，其核心是去中介化，实现产品/服务与消费者的直接对接。这种新模式减少了人力成本与物流成本，C2C/C2S 将逐渐取代中间过程，实现无人化服务，给消费者带来更加优质的消费体验。

《关于支持新业态新模式健康发展 激活消费市场带动扩大就业的意见》提出，要发展基于新技术的"无人经济"。充分发挥智能应用的作用，促进生产、流通、服务降本增效；支持建设智能工厂，实现生产过程透明化、生产现场智能化、工厂运营管理现代化；发展智慧农业，支持适应不同作物和环境的智能农机研发应用；支持建设自动驾驶、自动装卸堆存、无人配送等技术应用基础设施；发展危险作业机器人，满足恶劣条件应用需求；试点探索完善智能公共服务新业态涉及的交通、食品等领域安全发展政策标准。

三、新个体经济

（一）新个体

新个体是指以个人为主体，依靠自身的专业技能和资源优势，在市场中开展经济活动的一种经济形态。

新个体是"互联网＋个体经济"的创新组合。随着互联网、数字技术的迅速发展，涌现了微商电商、网络直播、在线知识服务、"宅经济"、视频 UP 主、网络代购、自媒体等新型个体经济模式，既包括"新就业创业"，也包括"新兼职副业"。

新个体可以为经济增长注入新的动力,因为其灵活性和创新性可以更好地适应市场的需求和变化,促进经济活动的增长。新个体可以为就业提供更多的机会和帮助,个体经营者通常需要雇用一些员工来帮助自己开展经营活动,这可以提供更多的就业机会。新个体可以为社会带来更多的创新和发展,个体经营者通常能够更好地发现市场机会并且更加敏锐地满足市场需求。新个体以灵活性、创新性和适应性开辟消费和就业新空间。

《关于支持新业态新模式健康发展 激活消费市场带动扩大就业的意见》提出,要积极培育新个体,支持自主就业。进一步降低个体经营者线上创业就业成本,提供多样化的就业机会;支持微商电商、网络直播等多样化的自主就业、分时就业;鼓励发展基于知识传播、经验分享的创新平台;鼓励商业银行推广线上线下融合的信贷服务,合理降低个体工商户融资成本;通过网络平台开展经营活动的经营者,可使用网络经营场所登记个体工商户;引导互联网平台企业降低个体经营者使用互联网平台交易涉及的服务费,吸引更多个体经营者线上经营创业。

(二)微经济

微经济是指以微博、微创新、微应用、微产品、微电影、微健身、微旅游等为代表的经济。微经济的特征:一是微创新成为决定未来竞争力的关键;二是微创业成为经济产业的重要组成;三是微生活成为全新的社会生活方式。

无线宽带和应用经济的发展改变了微经济时代的信息流动方式,人们日常生活中碎片化、便捷化、个性化的"微需求"日益增长,微型化、分布式、密集型的微经济实体逐步成为承载社会经济发展的有益补充,"微经济"作为新兴的经济形态在社会生活中将发挥越来越重要的作用。

截至2022年底,我国小微企业总数达到了3700万户,个体工商户总数达到了9000万户。这些小微主体占据了我国市场主体的90%以上,为我国就业创造了大量的岗位和机会。2022年,我国高技术制造业中小微企业实现了营业收入约10万亿元,占高技术制造业总收入的40%左右;从区域分布来看,小微经济的发展不仅在东部沿海地区较为活跃,也在中西部地区和农村地区取得了显著进展。2022年，我国农村地区小微企业总数达到了1200万户，我国小微企业研发投入总额达到了5000亿元，占GDP的0.5%左右，小微企业实现了营业收入约80万亿元，占GDP的40%左右，个体工商户实现了营业收入约30万亿元，占GDP的15%左右。

《关于推进"上云用数赋智"行动培育新经济发展实施方案》提出，支持企业开放共享资源，为中小微企业主、创客提供企业内创业机会。为自由设计师、网约车司机、自由行管家、外卖骑手、线上红娘、线上健身教练、自由摄影师、内容创作者等各类灵活就业者，提供职业培训、供需对接等多样化就业服务和社保服务、商业保险等多层次劳动保障[①]。

《关于支持多渠道灵活就业的意见》提出，合理设定互联网平台经济及其他新业态新模式监管规则，鼓励互联网平台企业、中介服务机构等降低服务费、加盟管理费等费用[②]。

《关于支持新业态新模式健康发展 激活消费市场带动扩大就业的意见》提出，大力发展微经济，鼓励"副业创新"。着力激发各类主体的创新动力和创造活力，打造兼职就业、副业创业等多种形式蓬勃发展格局；支持线上多样化社交、短视频平台有序发展，鼓励微创新、微应用、微产品、微电影等万众创新；引导"宅经济"合理发展，促进线上直播等服务新方式规范健康发展。探索运用区块链技术完善多元价值传递和贡献分配体系；实施新业态成长计划，建立微经济等新业态成长型企业名录，及时跟踪推动解决企业的政策堵点。

（三）多点执业

多点执业又称岗位就业，指的是一个人同时从事或兼职于多个不同的工作岗位或职业。在多岗位就业中，个人会将时间和精力分配给多个雇主

---

① 国家发展改革委中央网信办印发《关于推进"上云用数赋智"行动培育新经济发展实施方案》的通知［EB/OL］.（2020-06-05）［2024-03-29］. https：//www.ndrc.gov.cn/xwdt/gdzt/szhzxhbxd/xdcy/202006/t20200605_1230419.html.

② 国务院办公厅关于支持多渠道灵活就业的意见［EB/OL］.（2020-07-31）［2024-03-29］. https：//www.gov.cn/zhengce/content/2020-07/31/content_5531613.htm.

或自主创业,并承担不同的工作责任和角色。这种就业方式在现代劳动力市场中越来越常见。

多点执业可以使人拥有多样化的经验和技能,拓宽自己的职业发展机会,增加收入来源,增强灵活性和自主性。兼职工作、自由职业、副业或兼职创业是多点执业的常见类型。

《关于支持新业态新模式健康发展 激活消费市场带动扩大就业的意见》提出,要强化灵活就业劳动权益保障,探索多点执业。探索适应跨平台、多雇主间灵活就业的权益保障、社会保障等政策;完善灵活就业人员劳动权益保护、保费缴纳、薪酬等政策制度,明确平台企业在劳动者权益保障方面的相应责任,保障劳动者的基本报酬权、休息权和职业安全,明确参与各方的权利义务关系;探索完善与个人职业发展相适应的医疗、教育等行业多点执业新模式。结合双创示范基地建设,支持建立灵活就业、"共享用工"服务平台,提供线上职业培训、灵活就业供需对接等就业服务;推进失业保险金的线上便利化申领,方便群众办事。

四、共享经济

(一)共享生活

共享经济是指通过互联网技术实现个人、企业、组织等资源共享的经济模式。共享生活是共享经济在社会公众日常生活场景中的应用,它通过利用闲置资源,提供更加便利、经济、灵活的服务,改变了传统的商业模式。共享经济改变了商业的本质,也深刻影响了人们的生活方式。

共享经济的主要特点是:减少浪费,节约资源;降低成本,增加收入;提高效率,节约时间;促进社交,拉近人与人之间的距离。共享经济将社会上的各种资源重新配置、整合和优化,使其发挥最大作用。

《中国共享经济发展报告(2023)》显示,2022年我国共享经济市场规模持续扩大,全年共享经济市场交易规模约38320亿元,共享型服务和消费继续发挥稳增长的重要作用。从共享型服务的发展态势看,2022年在线外卖收入占全国餐饮业收入比重约为25.4%，网约车客运量占出租车总客运量的比重约为40.5%，共享住宿收入占全国住宿业客房收入的比重约为4.4%。2022年网约车用户、共享住宿用户和在线外卖用户在网民中的普及率分别为38.54%、6.63%和61.44%[①]。

《关于促进分享经济发展的指导性意见》《关于做好引导和规范共享经济健康良性发展有关工作的通知》提出，要创新消费理念，大力发展分享经济，支持发展就业新形态。

《关于支持新业态新模式健康发展 激活消费市场带动扩大就业的意见》提出，要拓展共享生活新空间。推动形成高质量的生活服务要素供给新体系；鼓励共享出行、餐饮外卖、团购、在线购药、共享住宿、文化旅游等领域产品智能化升级和商业模式创新，发展生活消费新方式，培育线上高端品牌；推动旅游景区建设数字化体验产品，丰富游客体验内容；扩大电子商务进农村覆盖面，促进农产品进城和工业品下乡；鼓励康养服务范围向农村延伸，培育农村消费新业态；完善具有公共服务属性的共享产品相关标准，优化布局，规范行业发展。

（二）共享制造/生产

共享制造是共享经济在生产制造领域的应用创新，是围绕生产制造各环节，运用共享理念将分散、闲置的生产资源集聚起来，弹性匹配、动态共享给需求方的新模式新业态。共享制造是大数据、云计算、物联网等信息技术与制造业加速融合发展、新动能培育壮大的新产物。加速共享制造的发展和大规模推广其应用，将有效优化制造业资源配置，整合制造业产业链价值链，提升制造业产出效率，促进制造业高质量发展。

共享制造具有集成应用、产权共享、互联互通的优势，能够多主体围绕产能提升协同共建，分散资源实现有效盘活和利用，并驱动资源跨区域高效配置。共享制造具有制造资源共享、创新资源共享、服务资源共享等

---

① 中国共享经济发展报告（2023）[EB/OL]．（2023-02-23）[2024-03-29]．http://www.sic.gov.cn/sic/93/552/557/0223/11819_pc.html.

三个核心要义。制造资源共享是面向企业共性制造需求，提供生产设备、专用工具、生产线等制造资源共享服务；创新资源共享是面向企业灵活多样且低成本的创新需求，提供产品设计与开发能力等智力资源共享，以及科研仪器设备与实验能力共享等服务；服务资源共享是面向企业普遍存在的共性服务需求，提供物流仓储、产品检测、设备维护、验货验厂、供应链管理、数据存储与分析等开放资源以及技术服务能力共享。

共享制造的主要模式是：大型制造企业建设资源开放平台，实现优势资源互补；第三方机构搭建资源配置平台，实现供需智能对接；中小企业共建协同共享平台，实现产业协同发展。

《关于加快培育共享制造新模式新业态促进制造业高质量发展的指导意见》提出，要培育发展共享制造平台，依托产业集群发展共享制造，完善共享制造发展生态，夯实共享制造发展的数字化基础[①]。

《关于支持新业态新模式健康发展 激活消费市场带动扩大就业的意见》提出，打造共享生产新动力。要推动形成高质量的生产服务要素供给新体系；鼓励企业开放平台资源，共享实验验证环境、仿真模拟等技术平台，充分挖掘闲置存量资源的应用潜力；鼓励公有云资源共享，引导企业将生产流程等向云上迁移，提高云资源利用率；鼓励制造业企业探索共享制造的商业模式和适用场景，促进生产设备、农用机械、建筑施工机械等生产工具共享。

（三）生产资料共享

生产资料共享是把劳动者进行生产时需要使用的资源、工具整合起来，面向全社会开放并"按使用收费"的一种共享经济新模式，即用"别人家"的生产资料做"自家"的生产，包括生产厂房、设施设备、原料、仓储空间等，既实现了闲置、半闲置或季节性闲置生产资料的盘活、共用，也为中小微企业加快转型提供了有效途径。

---

① 工业和信息化部关于加快培育共享制造新模式新业态促进制造业高质量发展的指导意见[EB/OL]. (2019-11-13) [2024-03-29]. https://www.gov.cn/zhengce/zhengceku/2019-11/13/content_5451530.htm.

生产资料共享的主要特征是：共享形式多样——各种中介型生产资料平台持续涌现，为供需双方提供信息发布、遴选与交易等中介服务，同时精准整合平台上的研发成果、制造技术、物流运输及人力人才等资源，促使供需精准对接；共享内容丰富——随着共享经济的进一步发展，数据等非实体生产资料日趋成为共享的重要组成部分，进一步发挥其"越开放成本越低、越共享价值越大"的互联网特性。

《关于支持新业态新模式健康发展 激活消费市场带动扩大就业的意见》提出，探索生产资料共享新模式。要健全完善"所有权与使用权分离"的生产资料管理新制度；取消各种不合理的限制，畅通共享经济合作机制，鼓励各类所有制企业、行政事业单位等法人主体生产资料共享；依托互联网、云计算等技术，盘活空余云平台、开发工具、车间厂房等闲置资源，充分发挥市场在资源配置中的决定性作用；各类企业作为平等独立的市场主体，按市场化原则、商业化方式自主推进生产资料共享，提高资源利用效率。

（四）数据要素流通

数据要素流通是指数据要素作为流通对象，按照一定规则从数据提供方传递到数据需求方的过程，即数据资源先后被不同主体获取、掌握或利用的过程。数据要素流通过程贯穿于数据要素流通模式的各个阶段，主要包括数据登记、数据定价、数据交易、数据交换共享、数据服务、数据运营等。

随着数据要素流通模式的不断完善，数据要素市场也将彰显规模化、体系化的特征，在大数据、可信计算、区块链、量子技术等新型技术的推动下，数据要素的流通呈现出可靠、安全、合规和高效等特征。数据要素的高效流通，将加快推进社会生产生活方式变革、服务治理模式创新、数字产品升级和服务行业创新的进程。

《2023年中国数据交易市场研究分析报告》显示，2022年我国数据交易行业市场规模为876.8亿元，占全球数据市场交易规模的13.4%。

党的十九届四中全会首次将数据与土地、劳动力、资本、技术并列作为重要的生产要素；《关于构建更加完善的要素市场化配置体制机制的意见》和《关于新时代加快完善社会主义市场经济体制的意见》均强调要培育和发展数据要素市场。

《"十四五"规划和2035年远景目标纲要》提出，构建城市数据资源体系，建立健全国家公共数据资源体系，加快建立数据资源产权、交易流通、跨境传输和安全保护等基础制度和标准规范。

《要素市场化配置综合改革试点总体方案》提出，探索建立数据要素流通规则。完善公共数据开放共享机制，建立健全数据流通交易规则，拓展规范化数据开发利用场景，加强数据安全保护[①]。

《关于加快建设全国统一大市场的意见》提出，加快培育数据要素市场，建立健全数据安全、权利保护、跨境传输管理、交易流通、开放共享、安全认证等基础制度和标准规范，深入开展数据资源调查，推动数据资源开发利用[②]。

《关于构建数据基础制度更好发挥数据要素作用的意见》提出，建立保障权益、合规使用的数据产权制度，建立合规高效、场内外结合的数据要素流通和交易制度，建立体现效率、促进公平的数据要素收益分配制度，建立安全可控、弹性包容的数据要素治理制度[③]。

《关于支持新业态新模式健康发展 激活消费市场带动扩大就业的意见》提出，激发数据要素流通新活力。推动构建数据要素有序流通、高效利用的新机制；依托国家数据共享和开放平台体系，推动人口、交通、通信、卫生健康等公共数据资源安全共享开放；在修订税收征收管理法的基础上，健全适应数据要素特点的税收征收管理制度；加快全国一体化大数据中心体系建设，建立完善跨部门、跨区域的数据资源流通应用机制，强

---

① 国务院办公厅关于印发要素市场化配置综合改革试点总体方案的通知［EB/OL］．(2022 - 01 - 21)［2024 - 03 - 29］．https：//www.ndrc.gov.cn/fzggw/jgsj/zys/sjdt/202201/t20220121_1312719.html.

② 中共中央 国务院关于加快建设全国统一大市场的意见［EB/OL］．(2022 - 04 - 10)［2024 - 03 - 29］．https：//www.gov.cn/zhengce/2022 - 04/10/content_5684385.htm.

③ 中共中央 国务院关于构建数据基础制度更好发挥数据要素作用的意见［EB/OL］．(2022 - 12 - 19)［2024 - 03 - 29］．https：//www.gov.cn/zhengce/2022 - 12/19/content_5732695.htm.

化数据安全保障能力，优化数据要素流通环境。

五、农业新业态

农业新业态是指随着科技的进步，多元要素特别是数据要素在农业领域中融合而成的新的农产品（服务）、农业经营方式和农业经营组织形式。

（一）设施农业

设施农业是通过采用现代信息技术、现代化的农业工程和机械技术，改变自然环境，为动、植物生产提供相对可控甚至最适宜的温度、湿度、光照、水肥和气候等环境条件，在一定程度上摆脱了对自然环境的依赖而进行有效生产的农业。

设施农业具有高投入、高技术含量、高品质、高产量和高效益等特点，是最具活力的农业新业态。设施农业是涵盖建筑、材料、机械、自动控制、品种、数字技术、园艺技术、栽培技术和管理等学科的系统工程，其发达程度是体现农业现代化水平的重要标志。设施农业的发展为保障我国蔬菜、肉蛋奶等农产品季节性均衡供应，增加农民收入，改善城乡居民生活发挥了越来越重要的作用。2023年中央1号文件明确指出：要大力发展现代设施农业。发展现代设施农业，就是实施设施农业现代化提升行动。中央1号文件足以说明政策对设施农业的支持。

垂直农业是利用室内垂直空间进行食物种植生产模式的设施农业。在水培法或气培法下，生长在循环水或含有养分、水分和氧气的细雾之中的植物，可大幅度减少水资源和土地资源的消耗，最大限度地利用种植空间，减小气候和季节变化对植物生长的影响。这些方法还能在一定程度上缩短植物生长周期。

植物工厂是设施农业发展到高级阶段出现的一种农业新业态，是农业发展到工厂化农业的产物。植物工厂作为高投入、高技术、精装备的生产体系，集数字技术、生物技术、工程技术和系统管理于一体，使农业生产摆脱靠天吃饭的自然生态束缚，最大限度地节约了资源，利用人工智能、数字技术调节影响植物生长的因子，制造有利于植物生长的生境，提高生产效率，降低生产成本。当前，这种农业新业态在蔬菜、水果、花卉的种植上也得到了应用。

近年来，一些地方出现的阳台农业就是一种都市型的农业新业态，它使农业生产融入城市，观赏性强，在主要满足城市居民追求绿色环境、丰富休闲生活的同时，一定程度上也为居民的放心食品提供了一种补充。

（二）共享农业

共享农业是指利用互联网等现代信息技术，通过使用权分享整合海量分散化的涉农资源，将分散零碎的消费需求信息集聚起来形成规模，实现与供给方精准匹配对接的农业新业态。共享农业的实质就是利用数字技术对农业资源进行重新配置和组合，它是共享经济在农业生产领域的体现，最大限度地节约了资源。

从共享经济和农业经济发展的规律看，共享农业从设施共享和劳动力共享起步，向物流共享和技术共享发展，进而实现土地共享和全产业链共享。当前，共享农业的模式有共享资源、共享项目、共享劳动、共享技术、共享体验、共享知识、共享土地、共享产品、共享收益、共享农庄等。

从不同的资源区位和特征属性看，不同地方发展共享农业有不同的类型，大致可以分成以下几种：社区共享型、定制型、生态共享型、文化创意型、文化共享型、教育共享型、创新共享型、养老休闲养生型、众筹投资回报型、扶贫济困型等。

（三）认养农业

认养农业是消费者预付生产费用，生产者为消费者提供绿色食品的一种风险共担、收益共享的农业新业态。对生产者来说，认养农业是农产品营销新模式；对消费者来说，认养农业是食品等消费行为改变的一种新路子。

从各地发展认养农业的实际看，认养农业的模式主要有消费者认购模式、消费者参与经营模式、点对点直供模式。

认养农业作为新兴的农事增值发展模式,打破了优质农产品走向市民餐桌最后一公里的障碍,一定程度上实现了土地与餐桌的直接对接。这种新业态的崛起,一方面带动农产品的流通,另一方面与旅游、休闲、养老、文化等产业进行深度融合,把城市居民作为目标市场,以体验、互动项目为卖点,将特色农产品、旅游景点、风情民宿进行整合包装,在帮助现代都市人认识农业、体验农村田园风光、回归大自然的同时,增加农民收入,带动农业生产健康有序发展,推动乡村振兴。

(四) 生物农业

生物农业是以生物学、生态学、生命科学等理论为基础,以生物技术创新和生态农业发展为背景,利用生物技术、生产工艺和各种生物资源栽培不同的农作物。生物农业的范围涉及种植业、林业、微生物发酵工程产业、畜牧业等,它利用微生物、植物、动物等生物资源,通过生物育种、生物农药、生物肥料、生物饲料、生物疫苗和制剂等领域的应用来提高农作物的产量和质量。

随着现代生物技术在农业领域的不断应用,生物农业得到迅速发展。生物育种技术可以提高农作物的抗病性、抗逆性,生物农药可以有效保护农作物和生态环境,生物肥料可以提高农作物的产量和品质,生物饲料可以提高畜牧业的生产效率,生物制剂可以有效保障农作物的安全和品质。

《生物产业发展规划》提出,加速科技成果转化推广,增强生物农业竞争力。要充分发挥我国丰富的农业生物资源优势,加强生物育种和农用生物制品技术研发能力建设,促进创新资源向企业集聚,加快开展新品种研发、产业化和推广应用,完善质量和安全管理制度;推动生物育种产业加快发展,促进农用生物制品标准化高品质发展;推进海洋生物资源的产业化开发和综合利用[①]。

---

① 国务院关于印发生物产业发展规划的通知 [EB/OL]. (2013-01-06) [2024-03-29]. https://www.gov.cn/zhuanti/2013-01/06/content_2609637.htm.

《"十四五"规划和2035年远景目标纲要》提出,聚焦生物技术,加快发展生物育种产业。

《"十四五"生物经济发展规划》提出,提高粮食等重要农产品生产能力和质量,提高农业生产效率,推动生物农业产业发展。要有序推动生物育种等领域产业化应用,确保有序发展全基因组选择、系统生物学、合成生物学、人工智能等生物育种技术,发展合成生物学技术。开发农业废弃物生物制剂、天然农业生物药物、精准多靶标生物农药、土壤改良生物制品等农业制品;促进前沿生物技术在农业领域融合,发展酶制剂、微生物制剂、发酵饲料、饲用氨基酸等生物饲料;实施保护种子资源,推动育种创新,开展测试评价,促进良种繁育等现代种业提升工程。

(五) 智慧农业

智慧农业是用互联网技术、物联网技术、云计算技术、3S技术等现代信息技术和现代生物技术,通过设立在农业生产现场的各种传感器和装备,对农业生产环境进行智能感知、智能分析、智能预警、智能决策,依托专家知识库,动态、精准地对农业生产进行智能管理,利用物联网技术建立农产品溯源系统,全程监控农产品的加工、流通、消费各环节,以保障食品安全。

智慧农业除了在农业生产过程中的精准感知、控制与决策管理外,还包括农业电子商务、食品溯源防伪、农业休闲旅游、农业信息服务等方面的内容。

智慧农业符合农业生态化的发展大趋势。发展智慧农业可以保护农业和农村的生态环境,保障食品安全,促进规模生态效益农业,大大拓展农业的深度和广度。从农林牧副渔的大农业领域看,智慧农业的发展使农业有完备的信息化基础支撑,使现代农民能利用海量的农业大数据资源更全面地感知农业信息,实施农业生产和经营的智能控制,实现产前、产中、产后信息的互联互通。智慧农业的发展,对促进当前传统农业的转型,增强农业农村发展的后劲,实现乡村振兴有重要的作用。

《关于落实发展新理念加快农业现代化 实现全面小康目标的若干意

见》提出，实施农业科技创新重点专项和工程，重点突破生物育种、农机装备、智能农业、生态环保等领域的关键技术。大力推进"互联网+"现代农业，应用物联网、云计算、大数据、移动互联等现代信息技术，推动农业全产业链改造升级[①]。

《"十四五"规划和2035年远景目标纲要》提出，加快发展智慧农业，推进农业生产经营和管理服务数字化改造。

《"十四五"数字经济发展规划》提出，发展智慧农业，加快推动种植业、畜牧业、渔业等领域数字化转型，加强大数据、物联网、人工智能等技术的深度应用，提升农业生产经营的数字化水平。

第三节　加快培育壮大新业态

加快培育壮大新业态，是当前发展新质生产力的重要内容，要通过把握新基建机遇、拓展新场景应用、挖掘新消费潜力、实施新开放举措、提升新服务效能，实现新业态的培育壮大，推动生产力的发展。

一、把握新基建机遇

当前，5G基站建设、特高压、城际高速铁路和城市轨道交通、新能源汽车充电桩、大数据中心、人工智能、工业互联网等为主的新型基础设施建设使新业态不断涌现。要培育新质生产力，就必须把握新基建的历史机遇。

数据是新基建中的核心生产要素。释放数据要素价值需要构建制度、市场和技术相互支持的体系，要在可信数据空间建设中进一步探索数据互信流通。需加快搭建数据空间，实现数据开放共享和可信流通的新型基础

[①] 中共中央 国务院关于落实发展新理念加快农业现代化 实现全面小康目标的若干意见[EB/OL]．(2016-01-27)[2024-03-29]．https://www.gov.cn/zhengce/2016-01/27/content_5036698.htm．

设施,基于"可用不可见,可控可计量"的应用模式,为数据要素市场化提供实现路径。

行业需要尽快研究攻关支持广泛用户接入、跨域分布协同、全程合规管控的网络化增强隐私计算技术,并以此为核心能力来规划建设统一、高效、可信的数据流通基础设施,研究并建立国内外相关技术标准体系,助力国家数据要素市场。

数据交易场所、数据登记结算机构等基础设施是构建数据交易市场体系,提供低成本、高效率和可信赖数据流通环境的重要支撑。一是以差异化市场准入制度合理布局数据交易场所,控制交易场所数量,避免重复建设和过度竞争造成的资源浪费和效率降低。二是以明确的业务规则推动交易场所与数据商功能分离,避免交易过程中的利益冲突。三是建立集中统一的数据登记结算制度,将当前交易场所的登记结算功能归集至全国统一的数据登记结算机构,由其面向场内场外数据交易提供集约化的数据权属登记和数据交易确认,防止各数据交易场所单方面登记可能带来的权利冲突与争议。

二、拓展新场景应用

在产业数字化、智慧城市、数字政府,以及未来数据交易所新功能的快速发展进程中,在数据开放、共享环节中负责数据生产、保存、数据管理与处理应用的整条产业链都将长期持续受益。从数据存储与处理的服务器生产,到数据科技行业直接承接公共服务数字化的委托,都可以形成2G端稳定的需求预期。受益于数据交易的制度建设可行性,拥有海量用户数据的互联网平台公司、银行与金融机构的数据有望随之实现市场化和价值兑现。数据价值的存量转换与增量持续可兑现将为这些行业的龙头公司提供新的价值增长空间。

在推动产业智能化发展方面,积极推进产业数字化、数字产业化,尽快突破人工智能多场景应用技术,组织研发更多大、中、小型智能装备,推进智能制造,建设更多智能工厂,为发展新质生产力赋能助力。在推动产业绿色化发展方面,要坚定不移走生态优先、绿色发展之路,组织研发更多绿色低碳技术,加快发展绿色低碳产业,积极发展绿色金融,充分利用市场化手段,加快先进绿色技术推广应用。在推动产业融合化发展方面,要以人工智能、云计算、区块链、大数据等为代表的数字技术为支撑,努力推动更多产业相互融合,催生新产业、新业态和新模式,培育新质生产力增长点。

三、挖掘新消费潜力

应从培育壮大新型消费、提振大宗消费、增加城乡居民收入、优化消费环境等方面着手,激发消费潜能,推动内需潜力持续释放。新型消费具有深度融合性、配置高效性、发展持续性和循环畅通性等特征。应继续壮大数字消费,推动新业态、新模式发展。推进数字消费基础设施建设,探索服务消费与数字经济的深度融合,打造数实融合的服务消费新业态、新模式、新场景。加快推动信息消费示范城市建设,打造智慧商圈、智慧场馆、智慧景区、智慧社区等消费新空间。加快城乡消费基础设施建设,完善重点服务消费领域服务标准,夯实金融服务支撑。

进一步优化消费环境,特别是对于新模式、新业态,电商平台应积极探索尝试。在业务快速发展的同时,充分发挥技术优势,不断创新平台治理手段和机制,健全服务保障机制。将 AI 引入电商行业已成为一种全球性趋势,AI 电商有望成为货架电商及推荐电商之后的下一个电商新形态。应利用 AI 更精准地帮助企业理解消费者的需求,帮助消费者更准确便利地表达需求,实现更高效和精准的商品选购,推动新一轮电商消费升级。

四、实施新开放举措

按照党的二十大的战略部署,坚定不移坚持高水平开放发展,以更加开阔的国际视野,更加包容的中国式思维,更加虚心的学习精神,建立健全多元化的国际开放合作网络,发挥大国外交的优势,积极参与全球多边和双边合作机制，持续拓展科技人文交流和友好合作的广度和深度，完善我们具有全球竞争力的开放创新生态体系。学习借鉴发达国家的做法，加大对高端国际人才培养和交流合作的投入力度，以更加优惠的方法吸引海外高层次人才来我国从事科研或科技合作，积极鼓励青年科技人才走出去经历风霜雨雪，为推动我国提升科技创新能力、实现高水平科技自立自强助力。

扩大高水平对外开放，首先要通过国内与国际的资源互动、要素配置等赢得动力，进而增强国内国际两个市场两种资源的联动效应。开放发展注重的是解决发展内外联动问题，通过内外联动，国内市场能够充分利用国际市场的资源和机遇，国际市场也能从国内市场的发展中获益。

五、提升新服务效能

要继续推进简政放权、放管结合、优化服务改革，优化营商环境。要加快在知识产权保护、普惠金融支持等方面持续深化改革，降低新业态新模式创新发展成本。国家数字经济创新发展试验区等要重点发挥先行示范作用，率先探索改革举措，形成辐射带动效应。

要认真抓好相关政策出台、解读和宣传，及时回应社会关切，合理引导预期，激发市场创新活力。要及时总结宣传发展新业态新模式的好做法、好经验，充分调动社会各界推动新业态新模式健康发展的积极性，发挥各类主体创造潜力，增强广大群众参与感、获得感和幸福感，凝聚广泛共识。

下篇

持续推动经济实现质的有效提升和量的合理增长，必须以科技创新引领现代化产业体系建设，以绿色发展构筑新质生产力发展基石，以融合发展培育新质生产力内源动力，不断完善新质生产力的评价指标体系，建立与新质生产力发展相适应的新型生产关系，建立完善的市场体系，提高对外开放水平。

第七章 新质生产力的发展路径

创新、绿色和融合是新质生产力与传统生产力的根本不同,"创新"是新质生产力的核心驱动,"绿色"是新质生产力的底色,"融合"是新质生产力的发展环境。以科技创新引领现代产业体系建设,以绿色发展提升新质生产力的创新能力和竞争力,推动创新链、产业链、资金链、人才链融合,推动高端化、数字化、智能化、绿色化发展,提升全要素生产率,构建起当前发展新质生产力的主要路径。

第一节 以科技创新引领现代化产业体系建设

发展新质生产力,必须发展现代产业体系,推动经济体系的优化升级。深入实施制造强国战略,发展壮大战略性新兴产业,布局未来产业发展,促进服务业繁荣发展,建设现代化基础设施体系,加快数字化发展。

一、战略性新兴产业和未来产业发展的基本方向和目标

要根据技术革命浪潮特性及其规律,牢牢把握新一轮科技革命和产业变革趋势,在推进科技创新和产业创新深度融合中培育和壮大新质生产力,加快塑造高质量发展新动能新优势,要紧紧抓住创新这个"牛鼻子",加快关键核心技术攻关,以科技创新驱动产业创新。要遵循产业发展规律,结合各地实际情况,因地制宜、科学谋划推进新质生产力发展。数字

技术叠加算法引领的大数据、云计算使社会出现了颠覆性和突破性技术样态，突破性和颠覆性技术的出现改变了劳动者、劳动资料和劳动对象，形成新的关系集合，引领战略性新兴产业和未来产业发展，战略性新兴产业和未来产业出现后会形成新的生产方式和生产关系，加快新质生产力的形成[1]。

（一）技术赋能产业革命，发展壮大战略性新兴产业

战略性新兴产业代表新一轮科技革命和产业变革的发展方向，是引领国家未来产业发展的中坚力量。把握战略性新兴产业发展机遇，推动数字化与新型工业化深度融合，大力发展科技含量高、市场竞争力强、带动作用大、经济效益好的战略性新兴产业，明确战略性新兴产业探索科技和产业融合的具体路径，实施产业创新工程，完善产业生态，拓展应用场景，促进战略性新兴产业融合集群发展。巩固扩大智能网联新能源汽车等产业领先优势，加快前沿新兴氢能、新材料、创新药等产业发展，积极打造生物制造、商业航天、低空经济等新增长引擎。

战略性新兴产业是指在国民经济中具有先导性、支柱性和带动性的产业，主要包括新一代信息技术、生物、高端装备制造、新能源、新材料、新能源汽车、节能环保、数字创意等产业。这些产业以其创新性、技术先进性和高成长性，对经济社会全局和长远发展具有重大引领带动作用。

新一代信息技术产业以5G、人工智能、大数据、云计算等为代表，旨在推动信息化与工业化深度融合，打造数字经济新引擎，其目标是提升我国在全球信息技术领域的影响力和竞争力，形成一批具有国际领先水平的龙头企业。人工智能产业是发展新质生产力的重要引擎，加强前瞻布局，加快提升算力水平，推进算法突破和数据开发使用，大力开展"人工智能+"行动，能更好赋能千行百业。生物产业重点发展生物医药、生物农业、生物能源等领域，以生物技术创新驱动产业升级，提高人民健康水平

---

[1] 焦方义，张东超. 发展战略性新兴产业与未来产业加快形成新质生产力的机理研究[J]. 湖南科技大学学报：社会科学版，2024（1）.

和生活质量，目标是建立具有国际先进水平的生物技术创新体系，培育一批具有国际竞争力的创新型企业。高端装备制造产业包括智能制造、航空航天、海洋工程等产业，以突破关键核心技术为突破口，提升我国装备制造业整体水平，目标是实现高端装备自主可控，形成具有国际竞争力的高端装备制造基地。

（二）通过前沿、颠覆性技术的多路径探索和交叉融合前瞻谋划未来产业

制订未来产业发展规划，开辟量子技术、生命科学等新赛道，创建一批未来产业先导区。积极塑造未来技术应用场景，培育孵化未来产业，努力抢占科技革命和产业变革制高点。

未来产业是具有前瞻性、战略性、颠覆性的产业，如量子信息、未来网络、类脑智能、太空探索等。这些产业以科技创新为核心，对未来经济社会发展具有重大引领和带动作用。量子计算、量子通信等量子信息技术是未来科技发展的重要方向，发展量子信息产业的目标是抢占量子科技制高点，培育形成具有国际领先水平的量子信息产业。未来网络产业包括6G、星地一体网络产业等，以构建高速、泛在、智能、安全的信息网络为目标，为经济社会发展提供强大网络支撑。类脑智能产业是模仿人脑信息处理机制的类脑智能技术建立的产业，将推动人工智能向更高层次发展，目标是突破类脑智能基础理论和关键技术，培育形成具有国际竞争力的类脑智能产业。太空探索是人类未来的重要方向之一，太空探索产业包括商业航天、深空探测等相关产业，目标是推动太空科技创新与应用，为人类探索宇宙、拓展生存空间提供有力支撑。

（三）优化产业布局和结构，推动产业链供应链优化升级

优化产业布局和结构是推动产业链供应链优化升级的重要手段，要根据区域资源禀赋、产业基础和市场需求等因素，科学规划产业布局，避免同质化竞争和产能过剩。

要加强产业间的协同发展，构建完善的产业生态体系，提升产业整体竞争力。实施制造业重点产业链高质量发展行动，着力补齐短板、拉长长

板、锻造新板，增强产业链供应链韧性和竞争力，丰富应用场景，以场景为牵引，贯通研发与应用，加快产业化进程。实施制造业技术改造升级工程，培育壮大先进制造业集群，创建国家新型工业化示范区。促进中小企业专精特新发展。加强标准引领和质量支撑，打造更多有国际影响力的"中国制造"品牌。通过产业政策引导，支持产业链上下游企业协同发展，促进产业集群的形成和发展。在特定区域或行业实施政策试点，通过实践检验政策的有效性，为全面推广这些实施政策提供经验和依据。通过财政补贴、税收优惠、金融支持等手段，激励企业按照产业政策的导向进行技术创新和产业升级。在产业政策中引入市场机制，如通过竞争性招标、政府购买服务等方式，促进资源的有效配置。培育具有国际水平的先进产业集群，是提升我国全球产业链位置的有效方式。通过对重点企业扶持改造，形成行业标准，培育企业适应新技术、新设备、新产品的规模化应用，形成企业聚集合力，从符合未来产业形成的方向打造战略性全局性产业集群。新的产业形态一定从原有的产业发展中演变而来。要注重未来产业与当前产业之间的内部关系，注重跨学科、多学科领域的协同研究[①]。

二、战略性新兴产业和未来产业发展策略和保障机制

科技创新和产业发展的核心都是政府与市场的有效协同合作，要结合国家战略的宏观性和市场机制的灵活性，打造出一个既高效又适应性强的创新环境、发展环境。政府在科技创新中担当了战略制定者和协调者至关重要的角色，政府通过制定明确的科技创新策略，提供了财政、税收和人才政策支持，通过加强政府与市场之间的有效协同，将国家战略、市场运营和企业创新有机结合，共同推动科技创新的深度和广度发展[②]，从而建立科学有效的科技创新、引领产业发展的策略和保障机制。

[①] 焦方义，张东超.发展战略性新兴产业与未来产业加快形成新质生产力的机理研究[J].湖南科技大学学报：社会科学版，2024（1）.

[②] 刘典.论加快形成新质生产力需要统筹的三组重要关系[J].技术经济与管理研究，2024（1）.

(一)"提质增效""供需平衡",优化产业政策机制

要进行顶层设计构建支持新质生产力发展的政策框架,构建平台化的创新政策制定机构,嵌入现有的创新网络当中或组建创新网络,确保网络参与者在创新能力和资源方面的多样性、异质性和互补性,将"自上而下"与"自下而上"两种政策制定过程结合起来,构建使命导向型创新政策体系。使命导向型政策是指为利用前沿知识解决国家重大挑战的系统性公共政策[①]。

要与当前国际国内经济政治形势紧密结合,以不断增长的消费替代不可持续的投资,把技术和资源更多地投入在人真正的内在需求上,根据国家的资源禀赋、产业基础、科技创新能力等因素,确定产业发展的战略定位,设定与国家战略、社会需求和国际发展趋势相一致的具体可实现的愿景、长期和短期目标,在民生和产业升级上投入更多一点。

明确产业发展方向和技术创新的重点领域,包括优先发展的领域、关键技术、重点产业等,制订和实施国家层面的科技创新和产业发展规划。应该认识到并认真对待新地缘政治的发展,如针对中国产品的保护主义浪潮等,需要让产业政策更加高效、市场化,并顺应全球经济形势,注重促进创新而非生产。

基于发展战略,构建包括财政、税收、金融、人才、知识产权等方面的政策措施,制定包括产业技术政策、产业组织政策、产业空间政策和产业援助政策在内的全面政策框架。确保不同政策之间的协调性,避免政策冲突,形成政策合力。

建立有效的监测和评估机制,定期对顶层设计的实施效果进行评估,及时调整优化策略。鼓励社会各界参与顶层设计的讨论和实施,增强政策的透明度和社会的参与度。优化行政审批流程,减少不必要的行政干预,降低企业进入市场的门槛,鼓励更多的创新主体参与市场竞争。

---

① 翟绪权,夏鑫雨.数字经济加快形成新质生产力的机制构成与实践路径[J].福建师范大学学报:哲学社会科学版,2024(1).

在新兴产业和高科技领域，适当放宽市场准入限制，允许更多的企业进入市场，通过市场竞争激发创新活力。确保市场准入政策的公平性，防止垄断和不正当竞争，为所有企业提供公平的市场环境，促进技术创新和产业升级。明确列出禁止和限制市场准入的行业和领域，为市场主体提供清晰的市场准入指南，同时为新兴产业留出发展空间。通过市场准入政策和行业标准，引导产业健康发展，同时加强监管，确保市场秩序。

加大对中小企业的扶持力度，提高中国经济的长期增长潜力和竞争力，提高居民收入，促进消费，加大公共服务和社会保障的投入，推动新型城镇化，创造一个更加平衡和可持续的经济增长模式。

（二）增加研发投入，提升研发合力

在技术创新重构现代产业体系、发展新质生产力的过程中，研发投入至关重要。要确保有足够的资金支持研发活动，政府就要增加对科技创新的财政投入，为研发活动提供资金支持，特别是为关键核心技术和前沿技术研究提供资金支持。为从事研发活动的企业提供税收减免，鼓励企业增加研发投入，加速技术创新成果的产业化。当然，企业也要增加研发预算，分配一定比例的企业内部资金进行研发。在筹集社会资金上，风险投资是一种较为独特和可靠的资金获取方式，风险投资对市场前景的敏感性更强。

充分发挥企业创新的主体地位，是提升科技创新水平的重要途径。企业要优化研发流程，通过采用敏捷开发、持续集成等现代管理方法，提高研发效率和适应市场变化的能力。为每个研发目标设定关键的里程碑和时间节点，以便跟踪进度和调整计划。

加强知识产权管理，保护研发成果，确保技术创新能够转化为企业的竞争优势。在企业内部营造一种鼓励创新、奖励创新成果的文化氛围，激发员工的创新潜能。

建立风险评估和管理体系，以减少研发失败带来的损失。持续跟踪与评估，定期对研发项目进行跟踪和评估，确保项目按计划进行，并根据市场和技术变化及时调整研发策略。

鼓励开放式创新，通过众包、合作研发等方式，利用全球范围内的创新资源，通过技术转移和商业化过程将技术转化为实际产品和服务。

在发展新质生产力过程中，产学研合作是关键的驱动力，是加速技术成果的转化、促进产业升级的重要手段。要明确合作目标，产学研合作应围绕国家战略需求、产业发展方向和技术创新目标，明确合作的具体目标和预期成果。建立产学研合作平台，如联合实验室、研发中心、技术转移中心等，为合作提供物理空间和资源支持。高校和研究机构应开放科研设施、人才资源和科研成果，企业则应提供资金支持、市场需求和实践平台。通过校企合作、实习实训、联合培养等方式，培养符合产业需求的高素质技术技能人才。以具体项目为载体，推动产学研各方在技术研发、成果转化、市场应用等方面的深度合作。建立合理的利益分配机制，确保合作各方在合作中都能获得相应的经济和社会效益。在合作中，各方应共同承担研发风险，通过合同约定等方式明确风险分担和责任归属。要培养产学研合作的文化，鼓励开放创新、跨界融合，形成支持合作的良好氛围。在全球化背景下，加强与国际高校、研究机构和企业的合作，引进国际先进技术和管理经验。加快推动高水平科技自立自强。充分发挥新型举国体制优势，全面提升自主创新能力。

要强化基础研究系统布局，长期稳定支持一批创新基地、优势团队和重点方向，增强原始创新能力。瞄准国家重大战略需求和产业发展需要，部署实施一批重大科技项目。集成国家战略科技力量、社会创新资源，推进关键核心技术协同攻关，加强颠覆性技术和前沿技术研究。完善国家实验室运行管理机制，发挥国际和区域科技创新中心辐射带动作用。加快重大科技基础设施体系化布局，推进共性技术平台、中试验证平台建设。强化企业科技创新主体地位，激励企业加大创新投入，深化产学研用结合，支持有实力的企业牵头重大攻关任务。加快形成支持全面创新的基础制度，深化科技评价、科技奖励、科研项目和经费管理制度改革，健全"揭榜挂帅"机制。加强知识产权保护，制定促进科技成果转化的政策举措。广泛开展科学普及。培育创新文化，弘扬科学家精神，涵养优良学风。扩大国际科技交流合作，营造具有全球竞争力的开放创新生态。

（三）提升科技服务业集成化水平，提供优质科技服务产品

科技服务业的发展对中国产业结构调整与升级具有越来越重要的战略意义，而集成化服务模式能够对分散的科技服务资源进行统筹协调与优化整合，衔接独立分割的服务过程，实现一体化的服务运作，从而使科技服务企业聚集更多的优质服务资源，实现服务核心能力的提升。

重点打造公共服务平台，灵活运用网络金融服务、互联网制造资源配置等技术手段，为科技型中小企业提供技术供应、财务管理、投资融资、人力资源、个性化服务等一体化的云金融服务；聚焦小微企业展开集成化服务，帮助其培育掌握创新技术、跨行业学习、整合应用等超优势能力。

加大投资，健全高端人才引进、培育与激励机制，加强对技术市场专业化人才的培养，同时有目的、有规划地吸引高新技术服务领域的国内外技术领军人才和高级运营管理人才，并把吸引业内顶级水准、国外前沿水平的技术服务创新团队纳入创新型研发队伍专项资金支持范围，以此提升科技服务从业人员的职业素养和技能水平。

逐步加强省、市、县三级政府部门对科技服务业发展的统筹协调和监督管理，以促进科技转移与成果转化为主线，不断健全科技服务制度体系和规范标准，完善科技服务企业诚信制度，合理开放技术服务市场，同时打造环环相扣的科技创新链，加强各区域的协调发展，为新质生产力提供宽松、良好的孵化环境，促进服务资源集成化、服务功能集成化、服务环节集成化、服务流程集成化[①]。

高度重视构建与新质生产力发展相一致的风险投资体系，提供高效的创新金融服务。明确风险投资的目标，制定相应的投资策略，如投资组合的分散化、投资时间的安排等。

建立风险评估体系，对潜在投资项目进行全面的风险评估，包括技术风险、市场风险、管理风险、财务风险等。评估过程中应考虑行业趋势、

---

① 谢泗薪，胡琬晶，何典蔚. 长三角科技服务业集成化服务模式与策略创新研究——基于新质生产力驱动视角［J］. 价格月刊，2024（2）.

竞争环境、团队能力、技术成熟度等因素。建立风险控制机制，包括投资前的风险识别、投资中的风险监控和投资后的风险管理，确保投资决策基于充分的市场调研和数据分析。风险投资通常需要大量资金，需要通过私募股权、政府补贴、金融机构等多种渠道筹集资金。同时，建立严格的资金管理体系，确保资金的合理使用和有效监管。建立科学的投资决策流程，包括项目筛选、尽职调查、投资谈判、投资决策和后续管理。每个环节都应有明确的标准和流程。设计合理的投资退出机制，如通过公开市场上市、股权转让、并购等方式实现投资回报。退出策略应与投资目标和市场条件相匹配。

第二节 以绿色发展构筑新质生产力发展基石

绿色发展是新质生产力的底色，绿色发展有助于促进经济、社会和环境的协调发展，有助于提升新质生产力的创新能力和竞争力。必须深入践行"绿水青山就是金山银山"理念，协同推进降碳、减污、扩绿、增长，把绿色发展理念、方式、技巧和程序赋能新质生产力主体。

一、劳动者知识技能和生活的生态化、绿色化、新质化

劳动者知识技能和生活的生态化、绿色化、新质化，是指劳动者在知识技能的提升和日常生活实践中，融入生态文明理念，促进人与自然的共生和谐，提升劳动者的综合素质，推动社会的绿色发展和生态文明建设。

（一）劳动者知识技能的生态化

要加强生态教育培训，就要通过组织各类生态环保培训，提高劳动者对生态文明建设的认识和参与度。明确培训目标和内容，生态教育培训的目标应该是提高劳动者的生态环保意识和技能水平，使其能够在工作和生活中自觉践行生态文明理念。培训内容可以包括生态环保基础知识、绿色

生产技能、资源节约利用方法、生态环境保护法律法规等。要根据培训目标和内容，制订详细的培训计划和方案。计划可以包括培训时间、地点、方式、师资、教材等方面的安排。方案可以针对不同行业、不同岗位的劳动者，设计具有针对性的培训课程和实践活动。加强师资队伍建设，是要建立一支具备专业知识和实践经验的师资队伍，这是保证生态教育培训质量的关键。当然，也可以通过邀请专家学者、环保从业者、绿色企业家等人士担任培训课程的讲师或实践活动的指导老师。

要创新培训方式和手段，就要采用多种培训方式和手段，如课堂教学、现场实践、网络在线学习等，以满足不同劳动者的学习需求。同时，可以运用现代信息技术手段，如虚拟现实、增强现实等，创新培训方式，提高培训效果。还要建立培训评估和反馈机制，对生态教育培训的效果进行评估和反馈，以便及时发现问题并改进。评估可以通过问卷调查、实践操作考核等方式进行；反馈机制包括收集劳动者的意见和建议，及时调整培训内容和方式。另外，可以通过媒体宣传、公益活动等方式，加强对生态教育培训的宣传和推广，提高劳动者对生态环保的认识和参与度，同时，可以与企业、社区等合作，共同推动生态教育培训的普及和发展。

在职业教育和技能培训中，增加绿色职业技能的内容，如绿色建筑、清洁能源、废物处理等，培养具备绿色技能的专业人才。出台相关政策，鼓励和扶持绿色职业技能的培训和推广。为从事绿色职业的企业和个人提供税收优惠、资金扶持等激励措施。制定绿色职业技能标准和认证体系，推动行业规范化发展。鼓励企业在员工培训中增加绿色职业技能内容，提高员工的绿色素养和技能水平。企业可与合作伙伴共同开展绿色项目，促进绿色技能的实际应用和行业间的经验交流，通过企业社会责任报告等形式，展示企业在推广绿色职业技能方面的成果和贡献。利用媒体平台（如电视、广播、互联网等）广泛宣传绿色职业技能的重要性和应用价值。组织各类绿色技能竞赛和活动，激发公众对绿色技能的兴趣和参与度。与国际组织合作，引进和推广国际先进的绿色职业技能培训经验和资源。建立合作与信息共享机制，促进政府、教育机构、企业和社会团体之间的合作与交流，共同推动绿色职业技能的发展。建立绿色职业技能信息共享平台，汇集相关政策、培训资源、项目案例等信息，便于各方获取和利用。鼓励创新研发，通过提供经济激励、职业发展机会，营造良好的创新环境以及增强社会认同感等多方面的措施，激励劳动者积极参与绿色技术的创新研发工作，激励劳动者参与绿色技术的创新研发，通过技术创新推动产业的绿色转型和升级。

（二）劳动者生活的绿色化

倡导绿色生活方式是推动生态文明建设的重要途径，要引导劳动者在日常生活中实践节约资源、减少污染、保护环境的行为，节约用水、节约用电、减少纸张使用、学习并实践垃圾分类、减少塑料使用、低碳出行、绿色消费、支持绿色企业、增加二手物品再利用、参与环保活动、向身边的人宣传绿色生活方式和环保知识、培养绿色习惯、逐渐培养起全社会的绿色生活习惯、建设生态宜居环境、建立健全社区服务体系。通过教育引导、宣传普及、实践体验、政策激励和法律约束等方式增强生态环保意识，从儿童抓起、实施终身教育、开展主题活动，倡导环保志愿服务、绿色生活方式等，提高劳动者的生态环保意识和责任感，使其自觉参与生态文明建设。

（三）社会氛围和营商环境新质化、绿色化

新质生产力的发展离不开一个宽容、正常的社会氛围，较为合理的社会交往和社会资源流动空间，因此，推动新质生产力的发展，需要营造有利于创新、开放包容、协作精神的社会氛围，需要政府、企业、教育机构和全社会的长期共同努力创造有利于新质生产力发展的创新文化，在全社会弘扬创新精神，宣传创新典型和成功案例，让创新成为社会的共识和追求。

营造宽容失败的文化氛围，鼓励人们勇于尝试、不怕失败，从失败中汲取经验和教训，继续前行。加强跨领域合作与交流，打破思维定式和行业壁垒，共同探索新的创新方向和路径。全社会应倡导包容文化，尊重每个人的个性和差异，允许不同思想和观点的存在。应努力打破社会壁垒，如地域歧视、性别歧视、职业歧视等，让每个人都有公平发展的机会。媒体应秉持客观公正的原则,展示不同文化、思想和观点的魅力,促进思想的碰撞和交流,也应承担起社会责任,对不利于开放包容的言行进行监督与引导。教育机构应注重培养学生的全球视野和国际竞争力,让他们了解不同文化、尊重多元文化,推广通识教育。

新质生产力的发展往往需要跨领域、跨行业的合作。社会应倡导协作精神,促进各方资源的整合和优化配置,共同推动新质生产力的发展。全社会应倡导协作文化,强调合作共赢的理念,鼓励人们积极参与协作活动,形成"我为人人,人人为我"的社会氛围。

加强社会信任建设,信任是协作的基础。全社会应加强诚信体系建设,提高人们的诚信意识和信任水平,为协作创造良好的社会信任环境。同时,打造政策支持、法治保障、高效服务、创新生态的营商环境。

制定和完善与新质生产力发展相关的法律法规,确保各项政策有法可依、有章可循。简化办事程序,缩短办理时限,提高服务效率。同时,要推进政务服务标准化、规范化建设,提升服务质量。利用互联网、大数据等现代信息技术手段,推进政务服务信息化建设。实现信息共享、业务协同,让数据多跑路、群众少跑腿。整合各类服务资源,构建覆盖全链条、全要素的服务体系,包括提供政策咨询、项目对接、融资支持、人才引进等全方位服务。

推动政府与企业之间建立"亲""清"新型政商关系,发挥行业协会和商会在行业自律、标准制定、政策倡导等方面的作用,维护行业秩序和公平竞争。国有企业、民营企业、外资企业都是新质生产力发展的重要力量。要不断完善落实"两个毫不动摇"的体制机制,为各类所有制企业创造公平竞争、竞相发展的良好环境。完善中国特色现代企业制度,打造更多世界一流企业。

二、积极培育研发绿色技术

应积极开展绿色技术的基础研究,探索新的绿色技术原理和方法,为绿色技术的创新提供理论支撑。

积极推动绿色技术的应用与示范，将研发成果转化为实际生产力，为绿色技术的推广和应用提供经验借鉴。建立绿色技术评价体系，对绿色技术的性能、效益和可持续性进行全面评估，为绿色技术的选择和应用提供科学依据。推动建立绿色技术交易平台，为绿色技术的供需双方提供信息发布、交易撮合等服务，促进绿色技术的转移和转化。鼓励社会资本进入绿色技术领域，为绿色技术的研发和应用提供资金支持，推动绿色技术的产业化发展。

循环经济是一种以资源循环利用为基本特征的经济模式，也是绿色技术的重要应用之一。通过重新设计产品、实现材料回收再利用等手段，循环经济能实现资源的再利用和循环利用。这种经济模式不仅有助于减少资源消耗，还能降低产品制造成本，推动企业实现可持续发展。

绿色材料制备技术是支撑绿色加工的重要技术之一，旨在提高产品性能、延长使用寿命和降低环境影响。采用绿色材料可以减少制造过程中对环境的污染和对人体健康的影响。

企业是推动绿色技术研发和应用的重要力量，应积极跟踪国内外绿色技术的最新动态，收集相关技术资料和信息，为自主创新提供技术储备。

要建立绿色技术研发平台，包括实验室、中试基地等，为研发活动提供必要的设施和设备支持，不断收集用户反馈意见和市场信息，对绿色技术进行持续改进和优化，以满足市场需求和提高竞争力。

三、大力发展绿色低碳经济

要推进产业结构、能源结构、交通运输结构、城乡建设发展绿色转型。落实全面节约战略，加快重点领域节能节水改造。完善支持绿色发展的财税、金融、投资、价格政策和相关市场化机制，推动废弃物循环利用产业发展，促进节能降碳先进技术研发应用，加快形成绿色低碳供应链。建设美丽中国先行区，打造绿色低碳发展高地。促进产业结构优化，推动产业向更加环保、高效的方向发展，优化产业结构，提高资源利用效率，减少环境污染。通过发展绿色能源、环保材料等产业，可以降低对高污染、高能耗产业的依赖，推动产业结构向更加绿色、低碳的方向转型。催生新的产业增长点，绿色发展鼓励创新，推动环保技术、清洁能源等绿色产业的发展，新兴产业可以成为新的经济增长点。

绿色低碳经济的重点领域主要有：在清洁能源领域，重点是发展太阳能、风能、水能等可再生能源，减少对化石能源的依赖，降低碳排放。同时，推动清洁能源技术的研发和创新，提高能源利用效率。在节能环保领域，加强节能技术的研发和应用，提高能源利用效率，减少能源消耗，推广环保技术和产品，降低生产过程中的环境污染。在绿色交通领域，发展公共交通，鼓励低碳出行方式，如电动汽车、自行车等。推动交通基础设施的绿色化改造，建设低碳交通系统。在绿色建筑领域，推广绿色建筑设计和建造技术，提高建筑的能源利用效率和环境性能。加强建筑废弃物的回收和利用，推动建筑产业的循环经济发展。在生态农业领域，发展有机农业、生态农业等低碳农业模式，减少农业生产过程中的温室气体排放。推广农业废弃物的资源化利用技术，提高农业资源利用效率。在循环经济领域，推动废弃物的回收、再利用和资源化，构建循环经济产业链。加强再生资源的开发和利用，减少对原生资源的依赖。在碳捕集、利用与封存（CCUS）领域，研发和应用碳捕集技术，将工业生产等过程中产生的二氧化碳捕集起来，避免其直接排放到大气中。同时，探索二氧化碳的利用和封存技术，实现碳资源的再利用和长期储存。在政策和社会机制方面，要推行绿色采购制度，政府和企业应推行绿色采购制度，优先选择绿色低碳产品和服务，引导市场需求。完善绿色税费政策，通过调整和完善资源税、环保税等绿色税费政策，引导企业和个人减少资源消耗和环境污染。发展绿色信贷，金融机构应提供绿色信贷产品，为绿色低碳项目提供资金支持。推广绿色债券，政府和企业应积极发行绿色债券，吸引社会资本投入绿色低碳领域。设立绿色投资基金，专门用于支持绿色低碳技术的研发和应用项目。

四、积极稳妥推进碳达峰碳中和

中国始终坚持积极应对气候变化的战略定力，把推进绿色低碳发展作为生态文明建设和促进高质量可持续发展的重要战略举措。中国成立碳达峰碳中和工作领导小组,形成了较为系统完整的碳达峰、碳中和"1+N"政策体系,通过正确处理好发展与减排、整体与局部、长远目标与短期目标、政府与市场的关系,积极推进低碳发展和绿色转型。

《关于完整准确全面贯彻新发展理念做好碳达峰碳中和工作的意见》提出,推进经济社会发展全面绿色转型,深度调整产业结构,加快构建清洁低碳安全高效能源体系,加快推进低碳交通运输体系建设,提升城乡建设绿色低碳发展质量,加强绿色低碳重大科技攻关和推广应用,持续巩固提升碳汇能力,提高对外开放绿色低碳发展水平,健全法律法规标准和统计监测体系,完善政策机制。

要按照《2030年前碳达峰行动方案》的要求,实施"碳达峰十大行动"。推进煤炭消费替代和转型升级,大力发展新能源,因地制宜开发水电,积极安全有序发展核电,合理调控油气消费,加快建设新型电力系统,实施"能源绿色低碳转型行动";全面提升节能管理能力,实施节能降碳重点工程,推进重点用能设备节能增效,加强新型基础设施节能降碳,实施"节能降碳增效行动";推动工业领域绿色低碳发展,推动钢铁行业碳达峰,推动有色金属行业碳达峰,推动建材行业碳达峰,推动石化化工行业碳达峰,坚决遏制"两高"项目盲目发展,实施"工业领域碳达峰行动";推进城乡建设绿色低碳转型,加快提升建筑能效水平,加快优化建筑用能结构,推进农村建设和用能低碳转型,实施"城乡建设碳达峰行动";推动运输工具装备低碳转型,构建绿色高效交通运输体系,加快绿色交通基础设施建设,实施"交通运输绿色低碳行动";推进产业园区循环化发展,加强大宗固废综合利用,健全资源循环利用体系,大力推进生活垃圾减量化资源化,实施"循环经济助力降碳行动";完善创新体制机制,加强创新能力建设和人才培养,强化应用基础研究,加快先进适用技术研发和推广应用,实施"绿色低碳科技创新行动";巩固生态系统固碳作用,提升生态系统碳汇能力,加强生态系统碳汇基础支撑,推进农业农村减排固碳,实施"碳汇能力巩固提升行动";加强生态文明宣传教育,推广绿色低碳生活方式,引导企业履行社会责任,强化领导干部培训,实施"绿色低碳全民行动";科学合理确定有序碳达峰目标,因地制宜推进绿色低碳发展,上下联动制定地方碳达峰方案,组织开展碳达峰试点建设,实施"各地区梯次有序碳达峰行动"。同时,深度参与全球气候治理,开展绿色经贸、技术与金融合作,推进绿色"一带一路"建设,广泛开展国际合作。制定政策保障,建立统一规范的碳排放统计核算体系,健全法律法规标准,完善经济政策,建立健全市场化机制。

《"十四五"规划和2035年远景目标纲要》以及陆续出台的"十四五"专项规划、实施方案和各项规定对碳达峰碳中和进行了部署,各地区和行业也出台了碳达峰实施方案,积极稳妥地推进碳达峰碳中和进程。

《"十四五"规划和2035年远景目标纲要》提出,加大甲烷、氢氟碳化物、全氟化碳等其他温室气体控制力度。《甲烷排放控制行动方案》提出,加强甲烷排放监测、核算、报告和核查体系建设,推进能源领域甲烷排放控制,推进农业领域甲烷排放控制,加强垃圾和污水处理甲烷排放控制,加强污染物与甲烷协同控制,加强技术创新和甲烷排放控制监管,加快构建法规标准政策体系,加强全球甲烷治理与合作。

第三节 以融合发展培育新质生产力内源动力

围绕产业链部署创新链,以科技创新赋能产业升级,围绕创新链布局产业链,促进科技创新衍生出新兴产业,围绕创新链完善资金链,借助资本力量促进产业化发展,依托"三链"平台聚集人才,构建人才链强大的智力支撑。同时,以高端化、数字化、智能化、绿色化提升改造传统产业,加快推动传统产业的绿色转型,因地制宜发展新质生产力。

一、创新链、产业链、资金链、人才链"四链"融合

创新链、产业链、资金链、人才链"四链"融合是指以推动经济高质量发展为共同目标,将创新、产业、资金和人才四个方面的链条进行有机

融合，创新链为产业链发展提供源源不断的创新成果供给，资金链为创新链、产业链提供精准的资金配置，人才链为创新链、产业链发展提供合理高效的人才队伍配置。四个链条在各个环节相互配合，形成目标协同、对接顺畅和利益共享的合力，有助于创新成果能够更快速、更有效地转化为实际产品或服务，缩短从研发到市场的周期，增强企业的竞争力，也有助于优化资源配置，提升资源的利用效率和推动产业升级的价值和意义。

（一）确立、强化"四链"内在动能和机制

创新链是指围绕某一个创新的核心主体，以满足市场需求为导向，通过知识创新活动将相关的创新参与主体连接起来，以实现知识的经济化过程与创新系统优化目标的功能链节结构模式。它是一条由基础研究、应用开发、试制改进等多环节形成的链式结构，主要揭示知识、技术在整个过程中的流动、转化和增值效应，也反映各创新主体在整个过程中的衔接、合作和价值传递关系。

创新链是由创新要素构成的创意系统，包括知识系统、技术系统、运管系统、资本系统、流通系统、信息系统、能量系统、交易系统、标准系统、流程系统、人文系统以及关联生态等，包括科研机构、高等教育、企业研发中心、国家实验室、研发中心、孵化器等。这些系统相互作用，共同推动生产力的提升和生产方式的优化。

在创新链中，每个环节都扮演着重要的角色。基础研究为创新提供理论支撑和新的思路，基础研究要有前瞻导向，应用开发将理论知识转化为实际产品或服务，应用研究要有问题导向，试制改进则是对产品或服务进行不断优化和完善的过程，技术创新要有问题导向。

产业链描述了各个产业部门之间基于一定的技术经济关联，并依据特定的逻辑关系和时空布局关系客观形成的链条式关联关系形态，是一个包含价值链、企业链、供需链和空间链四个维度的概念。产业链中大量存在着上下游关系，生产过程被划分为一系列有关联的生产环节，这使产业链的长度不断增加。要围绕主导产业和支柱产业，完善上下游产业链条，形成紧密的产业协作关系，包括加强原材料供应、零部件制造、产品加工、

物流配送等环节的协同和整合，提高产业链的完整性和协同效率。

资金链是指维系企业正常生产经营运转所需要的基本循环资金链条。资金链是企业现金流在某一时点上的静态反应，一般用于描述短期内企业的现金状况。对于企业来说，资金链就是"现金—资产—现金（增值）"的循环，是企业经营的过程。资金链也是一个企业的生命线，企业的经营过程其实就是由融投资、生产、销售、回收等环节构成的循环过程。要确立完善的资金管理制度，包括现金管理、应收账款管理、应付账款管理、预算管理等，根据企业实际情况和国家相关法规，不断调整和优化资金管理制度。加强现金流量管理，进行风险防范及提升资金管理能力。

人才链指的是在某一产业或领域中，各种技术技能人才的连续供应和流动。人才是产业发展的基石，是创新的源泉。明确人才战略目标、加强人才引进和培养、优化人才配置和使用、加强人才激励和保留、强化人才链的协同和合作以及完善人才政策和制度保障等是加强人才链建设的基本途径。

（二）完善"四链"融合衔接点和合作机制

"四链"融合不是一个自然的过程，需要政府、市场和社会各层面积极支持和行动。制定国家层面的指导方针和政策，要明确创新链、产业链、资金链和人才链的发展方向和目标，以及它们之间的衔接点。例如，通过国家发展规划、产业政策、科技创新规划等，为"四链"融合提供宏观指导。建立信息共享平台，要促进创新资源、技术成果、市场需求等信息的流通，同时，提供一站式服务，简化创新主体在资金、人才、技术等方面的获取流程等。

在创新链与产业链的衔接上，在技术转移和成果转化上建立技术转移机构，促进高校和研究机构的科研成果向企业转移，加速产业化进程。鼓励企业与高校、研究机构建立长期合作关系，共同开展研发项目，实现资源共享和优势互补。创建产业技术创新联盟、科技园区等，要为企业提供研发、试验、孵化等一体化服务。

在创新链与资金链的衔接上，应设立政府引导基金，吸引社会资本投入创新项目,降低企业研发风险;完善风险投资体系,支持创新型企业通过资本市场融资,为研发活动提供财政补贴,对创新成果产业化给予税收优惠。

在产业链与资金链的衔接上,要发展供应链金融,为产业链上的企业提供融资支持,优化资金流动。银行等金融机构要提供针对产业链特点的信贷产品和服务,如订单融资、应收账款融资等;支持产业链企业通过多层次资本市场融资。

在产业链与人才链的衔接上,应将教育体系与产业链需求对接,培养符合产业发展的人才。实施人才引进政策,吸引和留住关键技术人才和管理人才;提供职业培训和技能提升服务,提高产业链工人的技能水平。

在资金链与人才链的衔接上,要通过股权激励、期权计划等方式,吸引和激励高层次人才,为人才提供创业投资、住房贷款、消费信贷等金融服务,支持人才创新创业。

在跨链条的合作机制上,政府相关部门应协调合作,形成政策合力,确保各链条政策的一致性和连贯性。应建立信息共享平台,促进各链条之间的信息流通,提高资源配置效率;通过重大项目带动,实现各链条的联动发展,形成协同效应;通过这些衔接点和合作机制,实现各链条之间的有效对接,促进资源的优化配置,推动经济高质量发展。

(三) 强化教育在"四链"融合中的功能和作用

人不仅是征服改造自然的主体,也是产业构成的基础。战略性新兴产业和未来产业因其高附加值、高技术密集等特征,需要高素质创新人才和具备综合运用各类前沿技术、熟练掌握新型生产工具的复合型人才。为此,我国要大力发展教育,实现人才供给,要灵活制定政策吸引国际优秀人才,要形成产教融合的育人机制,加快形成有助于战略性新兴产业发展、未来产业培育、新质生产力形成的人才结构[①]。

---

① 焦方义,张东超.发展战略性新兴产业与未来产业加快形成新质生产力的机理研究[J].湖南科技大学学报:社会科学版,2024(1).

坚持教育强国、科技强国、人才强国建设一体统筹推进，创新链、产业链、资金链、人才链一体部署实施，积极促进劳动者知识化，坚持把高质量发展作为各级各类教育的生命线。制定实施教育强国建设规划纲要。开展基础教育扩优提质行动，加快义务教育优质均衡发展和城乡一体化，改善农村寄宿制学校办学条件，持续深化"双减"，推动学前教育普惠发展，加强县域普通高中建设。办好特殊教育、继续教育，引导规范民办教育发展，大力提高职业教育质量。实施高等教育综合改革试点，优化学科专业和资源结构布局，加快建设中国特色、世界一流的大学和优势学科，增强中西部地区高校办学实力。大力发展数字教育。弘扬教育家精神，建设高素质专业化教师队伍。我们要坚持教育优先发展，加快推进教育现代化，厚植人民幸福之本，夯实国家富强之基。全方位培养用好人才，实施更加积极、更加开放、更加有效的人才政策，推进高水平人才高地和吸引集聚人才平台建设，促进人才区域合理布局和协调发展。加快建设国家战略人才力量，努力培养造就更多一流科技领军人才和创新团队，完善拔尖创新人才发现和培养机制，建设基础研究人才培养平台，打造卓越工程师和高技能人才队伍，加大对青年科技人才的支持力度。积极推进人才国际交流，加快建立以创新价值、能力、贡献为导向的人才评价体系，优化工作生活保障和表彰奖励制度。我们要在改善人才发展环境上持续用力，形成人尽其才、各展其能的良好局面。

二、高端化、数字化、智能化、绿色化"四化"发展

（一）加快全产业链"数智化"发展

当前，企业数字化转型已经是大势所趋，需要全社会面向现代化从产业链层面加快全产业链数字化发展。生产资料作为劳动者进行生产时使用的资源和工具，影响着产业形态，影响着人们改造自然的能力和结果，要从产业发展角度来提升生产资料质量和水平。

要提高传统生产资料的质量，包括机器设备等。一方面要维护产业发

展的电力、水利、能源和道路等基础设施,因为基础设施水平的提升有利于产业集群化。另一方面要引导产业投资研发高精尖机器设备,更新换代旧设备,同步实现产品更新,使产业发展壮大。

要提升信息数据要素质量。数据要素已成为战略性新兴和未来产业发展的关键,对新质生产力的形成至关重要,要培育发展数据要素市场,制定数据要素价值评价标准,提高数据准确性、实用性、共享度,提高数据要素质量。

要加快要素市场交易,通过要素市场机制,合理制定要素定价和交易机制,促进数据要素发展。要完善数据要素保护机制和手段,包括完善要素管理体系、要素监管规则,从法律上保障数据要素使用的合法合规,促进数据要素的产生和流通,从技术上保护数据要素信息安全,防止网络数据泄露。

要加快数字基础设施建设,如5G、工业互联网、大数据中心等,为数字经济和智能化转型提供支撑。建设高速、泛在、安全的通信网络,如5G、光纤宽带、卫星通信等,为数据传输和处理提供坚实的基础。发展数据中心和云计算平台,建设大型数据中心和云计算平台,提高数据存储、处理和分析能力,支持大数据处理和云计算服务。推进物联网发展,部署物联网设备和传感器网络,实现物理世界与数字世界的连接,为智能制造、智慧城市等领域提供数据支持。建设人工智能基础设施,发展智能计算中心,提供人工智能算法和模型的训练、部署和应用服务,推动AI技术在各行各业的应用。

要完善数字技术标准和规范,制定统一的数据交换、通信协议和安全标准,促进不同系统和平台之间的互操作性和数据共享。

要推动产业数字化转型,鼓励企业采用数字技术进行生产和管理的数字化改造,提高生产效率和产品质量,降低运营成本。培育数字经济新业态,支持数字技术与实体经济深度融合,培育新的商业模式和服务模式,如电子商务、远程医疗、在线教育等。

要加强数字安全和隐私保护,建立健全的数据安全管理体系,保护企业和个人的数据安全,增强公众对数字基础设施的信任。

要加快推进产业数字化，提升数字经济发展的融合效应。利用大数据、人工智能、物联网等数字技术，推动传统产业的数字化转型，提高生产效率和产品质量。积极应用人工智能、物联网、大数据、云计算等数字技术，推动传统产业的技术升级和模式创新。调整企业组织结构，建立跨部门的数字化团队，促进信息技术与业务流程的深度融合。优化现有业务流程，通过数字化手段实现流程自动化、智能化，提高运营效率。建立数据驱动的决策机制，利用数据分析为战略规划、市场分析、产品开发等提供支持。加强数据安全和隐私保护，确保数字化转型过程中的数据安全和合规性。数字化转型是一个持续的过程，需要不断地评估效果、收集反馈、进行迭代和优化，同时加快培育数字产业，深入推进数字经济创新发展，提升数字经济发展的核心竞争力[1]。

（二）加快全产业链高端化发展

产业链高端化发展是指产业从价值链的低端向高端发展，企业从生产加工环节向上游和下游环节发展，抢占产业价值链中的高附加价值环节与关键战略环节的主导控制能力，涉及技术创新、人才培养、产业升级、政策支持等多个方面，目标是提升产业的整体竞争力和可持续发展能力。

产业链从生产环节向研发、设计、营销等高端环节延伸，实现全产业链的优化升级。技术创新是推动产业链高端化发展的关键动力，涉及新材料、新工艺、新技术等方面的突破和应用。高端人才成为产业链高端化发展的核心资源，人才的培养和引进成为重中之重。数字化、智能化成为产业链高端化发展的新趋势，通过建设数字基础设施、推广智能制造等方式提升产业效率和质量。

目前，中国已经成为全球重要的制造业基地，拥有庞大的产业规模，特别是在新能源、新材料、高端装备制造等领域，中国已经形成了一批具有国际竞争力的企业和品牌，产业规模位居世界前列。在高端装备制造、

---

① 翟绪权，夏鑫雨. 数字经济加快形成新质生产力的机制构成与实践路径［J］. 福建师范大学学报：哲学社会科学版，2024（1）.

航空航天、高速铁路等领域，中国已经具备自主研发和制造能力，部分产品和技术甚至领先全球。拥有完整的工业体系，涵盖了从原材料到最终产品的各个环节。在高端化发展过程中，中国注重产业链的完整性和协同性，推动上下游企业加强合作，形成紧密的产业链联盟。这种完整的产业链使中国在面对外部冲击时具有更强的抵御能力，也为产业升级提供了坚实的基础。

智能制造是产业链高端化发展的重要方向。中国将大力发展智能制造，推动制造业向数字化、网络化、智能化转型。通过建设智能工厂、智能车间，实现生产过程的自动化、智能化和柔性化，提高生产效率和产品质量。尽管产业链高端化发展取得了显著进展，但仍面临一系列问题和挑战，需要政府、企业和社会各方面共同努力解决。在一些关键领域和核心环节，中国仍面临"卡脖子"问题，关键核心技术受制于人。部分关键核心技术、关键材料和零部件等受制于人，存在被国外断供、制裁等风险，不仅影响了产业链的完整性和安全性，也制约了中国产业向高端化迈进。因此，要明确全产业链高端化发展的目标，包括提升产品质量、增强创新能力、提高附加值等方面，目标既要符合市场需求，也要体现产业升级的方向。提升产品质量和品牌影响力，加强质量管理，提升产品质量和可靠性，满足消费者对高品质产品的需求。实施品牌战略，培育知名品牌，加强市场营销和品牌建设，提升品牌知名度和美誉度，提高产品的附加值和市场竞争力。

（三）高端化、数字化、智能化、绿色化"四化"协同发展

高端化、数字化、智能化、绿色化并不是孤立存在的，而是相互关联、相互促进的。

高端化需要数字化、智能化的技术支持，实现产品质量的提升和附加值的增加；数字化和智能化则需要绿色化的环保理念和技术支持，确保产业的可持续发展；而绿色化也需要高端化、数字化、智能化的技术支撑，推动产业向更高效、更环保的方向转型升级。

"四化"协同将提升产业整体竞争力，通过高端化提高产品品质和服

务水平，通过数字化实现信息的高效传递和处理，通过智能化提高生产效率和决策水平，通过绿色化降低对环境的影响并提高可持续性。这些措施将共同提升产业的整体竞争力，使企业更好地适应市场需求和变化。

"四化"协同需要政策引导与支持、产学研合作、强化企业主体地位、加强人才培养与引进、推动跨界融合与创新等具体措施和做法，尤其要鼓励不同行业、不同领域之间的跨界融合与创新。通过跨界合作，要实现资源共享、优势互补，推动新技术、新业态、新模式的涌现和发展，这样有助于打破传统产业的边界限制，推动"四化"协同向更深层次发展。

第八章 新质生产力相适应的制度建设

生产力和生产关系的相互作用能推动社会的发展。生产力的发展可推动生产关系的变革,反过来生产关系也对生产力的发展产生重要影响。发展新质生产力必须要有与之相适应的新型生产关系,要通过深化体制机制改革、发展和完善市场体系、扩大对外开放,为新质生产力的发展保驾护航,确保我们在全球竞争中维持领先的地位和长期可持续发展的动能。

第一节 深化体制机制改革

当前,培育和发展新质生产力,必须深化符合新质生产力发展的体制机制改革,创新政府管理的服务方式,加强数字政府建设,优化企业经营与市场准入环境,加强科研机构和高校的自主权激发创新活力,培养更多的创新人才和技能型人才。

一、探索新质生产力发展需要的体制机制

新质生产力涉及科技创新的量变和质变,这种质变不仅是技术层面的突破,也包括生产方式、经济结构、社会组织形态的变革。新质生产力的发展需要体制机制的创新,以支持这种质变的发生。要最大限度激发新质生产力、创新新质生产力的巨大潜能,必须促进科技与经济社会发展深度融合,加强重点改革措施实施力度,促进科技体制改革与其他领域改革的

协调，增强创新主体能力，构建高效协同创新网络。

深化科技计划管理改革，必须围绕有利于新质生产力发展这一目标。要推动政府职能从研发管理向创新服务转变，不断加强科技创新管理基础制度建设，全面提升创新服务能力和水平。

一是健全科技创新治理机制。推动政府管理创新，形成多元参与、协同高效的创新治理格局，合理定位政府和市场功能，积极营造有利于创新创业的市场和社会环境，科学划分中央和地方科技管理事权，推进重大科技决策制度化，完善国家科技创新决策咨询制度，建设高水平科技创新智库体系，健全社会公众参与决策机制。

二是构建新型科技计划体系。深入推进中央财政科技计划管理改革，加强科技计划管理和重大事项统筹协调，充分发挥行业、部门和地方的作用，国家重点研发计划更加聚焦重大战略任务，分类整合技术创新引导专项（基金），通过市场机制引导社会资金和金融资本进入技术创新领域，深化国家科技重大专项管理改革，建立专业机构管理项目机制，提高专业化管理水平和服务效率。建立统一的国家科技计划监督评估机制。

三是进一步完善科研项目和资金管理。建立符合科研规律、高效规范的管理制度，制定和修订相关计划管理办法和经费管理办法，完善稳定支持和竞争性支持相协调的机制，在基础研究领域建立包容和支持非共识创新项目的制度。

四是强化科技管理基础制度建设。建立统一的国家科技管理信息系统，全面实行国家科技报告制度，完善科研信用管理制度，推进国家创新调查制度建设，建立技术预测长效机制，进一步完善科技统计制度。

五是完善创新导向的评价制度。改革科技评价制度，建立以科技创新质量、贡献、绩效为导向的分类评价体系，正确评价科技创新成果的科学价值、技术价值、经济价值、社会价值、文化价值，推行第三方评价，探索建立政府、社会组织、公众等多方参与的评价机制[①]。

---

① 国务院关于印发"十三五"国家科技创新规划的通知［EB/OL］.（2021-02-22）［2024-03-29］. https：//www.gov.cn/zhengce/content/2016-08/08/content_5098072.htm?ivk_sa=1024320u.

通过体制机制的改革和优化，能够为新质生产力的发展营造更加有利的外部环境，促进经济持续健康发展，同时实现产业的转型升级和社会的全面进步。

《"十四五"规划和2035年远景目标纲要》提出，完善科技创新体制机制。深入推进科技体制改革，完善国家科技治理体系，优化国家科技计划体系和运行机制，推动重点领域项目、基地、人才、资金一体化配置；深化科技管理体制改革，加快科技管理职能转变，整合财政科研投入体制，改革重大科技项目立项和组织管理方式，健全科技评价机制，建立健全科研机构现代院所制度，建立健全高等院校、科研机构、企业间创新资源自由有序流动机制，深入推进全面创新改革试验；健全知识产权保护运用体制，完善知识产权相关法律法规，加快新领域新业态知识产权立法，加强知识产权司法保护和行政执法，优化专利资助奖励政策和考核评价机制，改革国有知识产权归属和权益分配机制，完善无形资产评估制度，构建知识产权保护运用公共服务平台。

《关于健全社会主义市场经济条件下关键核心技术攻关新型举国体制的意见》提出，健全关键核心技术攻关新型举国体制，要重点研发具有先发优势的关键技术和引领未来发展的基础前沿技术，强化跨领域跨学科协同攻关，激发创新主体活力。

《知识产权强国建设纲要（2021—2035年）》《"十四五"国家知识产权保护和运用规划》《知识产权人才"十四五"规划》《"十四五"市场监管科技发展规划》《"十四五"技术要素市场专项规划》《关于知识产权助力专精特新中小企业创新发展的若干措施》《关于进一步完善市场导向的绿色技术创新体系实施方案（2023—2025年）》《关于完善科技激励机制的意见》《知识产权助力产业创新发展行动方案（2023—2027年）》《专利转化运用专项行动方案（2023—2025年）》《制造业技术创新体系建设和应用实施意见》《关于全面推进美丽中国建设的意见》《关于推动未来产业创新发展的实施意见》《关于完善能源绿色低碳转型体制机制和政策措施的意见》《中国科学院科技支撑碳达峰碳中和战略行动计划》等，分别对深化促进生产力发展的科技体制机制改革作出了部署。

二、发展电子政务创新政府管理方式

优化电子政务服务,提升政府服务效率和透明度,才能创新政府管理和服务方式。电子政务服务的优化不仅能提升政府工作效率,还能增强政府透明度,从而提高公众对政府工作的信任度。

电子政务服务是指在政府内部采用电子化和自动化技术的基础上,利用现代信息技术和网络技术,建立起网络化的政府信息系统,并利用这个系统为政府机构、社会组织和公民提供方便、高效的政府服务和政务信息。早在1999年,我国开始实施"政府上网"工程。近年来,我国电子政务围绕构建统一、规范、多级联动的"互联网+政务服务"技术体系,以服务驱动和技术支撑为主线,重点建设了"互联网+政务服务"业务支撑体系、基础平台体系、关键保障技术体系、评价考核体系。"互联网+政务服务"平台主要实现政务服务统一申请、统一受理、集中办理、统一反馈和全流程监督等功能,主要由互联网政务服务门户、政务服务管理平台、业务办理系统和政务服务数据共享平台四部分构成。

《"互联网+政务服务"技术体系建设指南》明确规定了"互联网+政务服务"的主要内容、"互联网+政务服务"平台的总体架构、政务服务信息的汇聚和发布与展示、政务服务事项的一体化办理、互联互通与信息共享、关键保障技术、网上政务服务的监督考核[1]。

《国务院关于在线政务服务的若干规定》提出,政务服务事项全国标准要统一,规范化、标准化编制办事指南,实现电子证照跨地区、跨部门共享和全国范围内互信互认等[2]。

《"十四五"规划和2035年远景目标纲要》提出,加强公共数据开放

---

[1] 国务院办公厅关于印发"互联网+政务服务"技术体系建设指南的通知[EB/OL].(2017-01-12)[2024-03-30]. https://www.gov.cn/zhengce/zhengceku/2017-01/12/content_5159174.htm.

[2] 国务院关于在线政务服务的若干规定[EB/OL].(2019-04-30)[2024-03-30]. https://www.gov.cn/zhengce/content/2019-04/30/content_5387879.htm.

共享，推动政务信息化共建共用，提高数字化政务服务效能，提高数字政府建设水平。

《"十四五"推进国家政务信息化规划》提出，实施政务大数据开发利用工程、国家电子政务网络完善工程、政务云平台体系建设工程、数据共享开放深化工程、一体化政务服务体系优化工程、执政能力提升信息化工程、依法治国强基工程、经济治理协同工程、市场监管提质工程、公共安全保障工程、生态环境优化工程。深化基础信息库共享应用、建设经济治理基础数据库，深度开发利用政务大数据；加快网络融合升级完善国家电子政务网络体系、加快技术融合构建智能化政务云平台体系、加快数据融合健全国家数据共享与开放体系、加快服务融合完善全国一体化政务服务平台体系，发展壮大融合创新大平台；提升执政能力信息化水平、强化依法治国信息化基础、优化经济治理信息化协同、完善市场监管信息化支撑、加强公共安全信息化保障、健全环境保护信息化能力，统筹建设协同治理大系统[①]。

《关于加强数字政府建设的指导意见》提出，强化经济运行大数据监测分析提升经济调节能力、大力推行智慧监管提升市场监管能力、积极推动数字化治理模式创新提升社会管理能力、持续优化利企便民数字化服务提升公共服务能力、强化动态感知和立体防控提升生态环境保护能力、加快推进数字机关建设提升政务运行效能、推进公开平台智能集约发展提升政务公开水平，构建协同高效的政府数字化履职能力体系；强化安全管理责任、落实安全制度要求、提升安全保障能力、提高自主可控水平，构建数字政府全方位安全保障体系；以数字化改革助力政府职能转变、创新数字政府建设管理机制、完善法律法规制度、健全标准规范、开展试点示范，构建科学规范的数字政府建设制度规则体系；创新数据管理机制、深化数据高效共享、促进数据有序开发利用，构建开放共享的数据资源体系；强化政务云平台支撑能力、提升网络平台支撑能力、加强重点共性应用

---

① 国家发展改革委关于印发《"十四五"推进国家政务信息化规划》的通知[EB/OL].（2022-01-06）[2024-03-30]. https://www.gov.cn/zhengce/zhengceku/2022-01/06/content_5666746.htm.

支撑能力，构建智能集约的平台支撑体系；助推数字经济发展、引领数字社会建设、营造良好数字生态，以数字政府建设全面引领驱动数字化发展[①]。

《数字中国建设整体布局规划》提出，发展高效协同的数字政务，加快制度规则创新，完善与数字政务建设相适应的规章制度，强化数字化能力建设，提升数字化服务水平，加快推进"一件事一次办"，推进线上线下融合，加强和规范政务移动互联网应用程序管理；建设公平规范的数字治理生态，完善法律法规体系，研究制定数字领域立法规划，构建技术标准体系，编制数字化标准工作指南，加快制定修订各行业数字化转型、产业交叉融合发展等应用标准，提升全方位多维度综合治理能力，深入开展网络生态治理工作。

通过建立更加完善的电子政务平台，政府能够实现信息资源的集成和共享，为公众提供一站式服务。通过集成云计算技术，实现政府数据资源的高效管理和应用。通过在线服务多元化，可以拓展电子政务服务的内容和形式。通过信息共享与数据开放，能打破信息孤岛，提高行政效率。同时，合理开放政府数据，加强网络安全和个人隐私保护，可确保电子政务服务的安全可靠，增强公众对电子政务服务的信任。

政务服务的数字化转型是实现政府管理现代化的重要步骤。通过现代信息技术，政府可以实现从线下到线上服务的转变，在线审批系统能够实现数据的即时传输和处理，大幅度提高审批效率，促进社会资源的高效配置，发展移动政务应用，使政务服务突破时空限制，在线互动交流平台能加强政府与公众之间的沟通和反馈。

三、优化企业经营与市场准入环境

（一）简化企业注册和审批流程

政府应构建一站式企业注册和审批服务平台，通过信息共享和流程协

[①] 国务院关于加强数字政府建设的指导意见［EB/OL］. （2022-06-23）［2024-03-30］. https: //www. gov. cn/zhengce/zhengceku/2022-06/23/content_5697299. htm.

同大幅简化企业注册流程，利用大数据和人工智能技术提高审批效率，在线提供全方位指导和支持服务使更多创业者投入创新创业活动。修订和完善相关法律法规，提供更加灵活的注册和经营条件，可为企业设立和发展创造一个良好的政策和法治环境。

《"十四五"规划和2035年远景目标纲要》提出，改善支持民营企业发展的法治环境、政策环境和市场环境，进一步放宽民营企业市场准入，创新金融支持民营企业政策工具，完善促进中小微企业和个体工商户发展的政策体系，建立规范化政企沟通渠道，健全防范和化解拖欠中小企业账款长效机制。

《关于加强数字政府建设的指导意见》提出，持续优化全国一体化政务服务平台功能，全面提升公共服务数字化、智能化水平，不断满足企业和群众多层次多样化服务需求。打造泛在可及的服务体系，提升智慧便捷的服务能力，提供优质便利的涉企服务，拓展公平普惠的民生服务，健全市场准入制度、公平竞争审查制度、公平竞争监管制度，营造规范有序的政策环境。

（二）推进负面清单管理模式放宽市场准入限制

负面清单制度的完善有利于营造企业良好的经营环境，要自动开放除了清单内禁止和限制的行业和领域外的市场准入，建立负面清单的动态调整机制，定期更新负面清单，促进国际投资与合作，加强与国际经贸规则的对接，不断提高外资准入自由度。加强市场监管，确保公平竞争，防止市场垄断和不正当竞争行为。建立市场准入政策的长期影响评估和反馈的机制，定期评估政策的实施效果，优化市场环境。通过负面清单管理模式，激发市场主体的活力，促进产业的优化升级。为中小企业和微型企业创造更加宽松的发展环境。

《关于新时代加快完善社会主义市场经济体制的意见》提出，全面实施市场准入负面清单制度。推行"全国一张清单"管理模式，维护清单的统一性和权威性。建立市场准入负面清单动态调整机制和第三方评估机制，以服务业为重点试点进一步放宽准入限制。建立统一的清单代码体系,使清单事项与行政审批体系紧密衔接、相互匹配。建立市场准入负面清单信息公开机制,提升准入政策透明度和负面清单使用便捷性。建立市场准入评估制度,定期评估、排查、清理各类显性和隐性壁垒,推动"非禁即入"普遍落实。同时,改革生产许可制度[①]。

《"十四五"规划和2035年远景目标纲要》提出,全面实行政府权责清单制度,持续优化市场化法治化国际化营商环境。实施全国统一的市场准入负面清单制度,破除清单之外隐性准入壁垒,以服务业为重点进一步放宽准入限制。精简行政许可事项,减少归并资质资格许可,取消不必要的备案登记和年检认定,规范涉企检查。全面推行"证照分离""照后减证"改革,全面开展工程建设项目审批制度改革。改革生产许可制度,简化工业产品审批程序,实施涉企经营许可事项清单管理。建立便利、高效、有序的市场主体退出制度,简化普通注销程序,建立健全企业破产和自然人破产制度。创新政务服务方式,推进审批服务便民化。深化国际贸易"单一窗口"建设。完善营商环境评价体系。构建与国际通行规则相衔接的制度体系和监管模式。健全外商投资准入前国民待遇加负面清单管理制度,进一步缩减外资准入负面清单,落实准入后国民待遇,促进内外资企业公平竞争。建立健全跨境服务贸易负面清单管理制度,健全技术贸易促进体系。

《"十四五"促进中小企业发展规划》提出,持续推进"放管服"改革,重点推进商事制度改革、"证照分离"改革,提升政务服务水平,推动登记注册便利化,降低制度性交易成本。

《关于加强数字政府建设的指导意见》提出,充分运用数字技术支撑构建新型监管机制,加快建立全方位、多层次、立体化监管体系,实现事前事中事后全链条全领域监管,以有效监管维护公平竞争的市场秩序。以数字化手段提升监管精准化水平,以一体化在线监管提升监管协同化水平,以新型监管技术提升监管智能化水平。

---

① 中共中央 国务院关于新时代加快完善社会主义市场经济体制的意见[EB/OL].(2020-05-18)[2024-03-30]. https://www.gov.cn/zhengce/2020-05/18/content_5512696.htm.

四、推进科研与教育体制改革

(一)加强科研机构和高校的自主权激发创新活力

在制度设计与政策支持方面,制定并实施扩大科研机构和高校自主权的具体政策,简化项目申报和资金使用流程,赋予更大的决策自主权,允许根据自身发展需要自主选择研究方向和项目,自主配置资源。

在激励机制与评价体系改革方面,建立与国际标准接轨的科研评价体系,注重质量和创新程度,实施公平和激励性的科研成果奖励制度,鼓励原创性研究。

在合作与交流机制优化方面,鼓励科研机构和高校间、企业、国际研究机构间的合作与交流,形成开放合作的科研生态,提高研究的应用价值和社会影响。

在多元化资金支持机制方面,引入企业、非政府组织及国际资金支持科研项目,减轻政府财政压力,促进科研项目与市场需求结合。

在科研评价多元化方面,引入多维度评价指标,鼓励长期、基础、颠覆性研究。

《"十三五"国家科技创新规划》提出,围绕增加创新的源头供给,持续加强基础研究,布局建设重大科技创新基地,壮大创新型科技人才队伍,力争在更多领域引领世界科学前沿发展方向。推进科教融合发展,结合国际一流科研机构、世界一流大学和一流学科建设,支持高等学校与科研机构自主布局基础研究,扩大高等学校与科研机构学术自主权和个人科研选题选择权,支持一批高水平大学和科研院所组建跨学科、综合交叉的科研团队,促进高等学校和科研院所全面参与基础研究,推进基础研究全面、协调、可持续发展。

《"十四五"规划和2035年远景目标纲要》提出,推进科研院所、高等院校和企业科研力量优化配置和资源共享。支持发展新型研究型大学、新型研发机构等新型创新主体,集中力量整合提升一批关键共性技术平台，支持行业龙头企业联合高等院校、科研院所和行业上下游企业共建国家产业创新中心，承担国家重大科技项目。支持有条件企业联合转制科研院所组建行业研究。推动国家科研平台、科技报告、科研数据进一步向企业开放，创新科技成果转化机制。建立健全科研机构现代院所制度，支持科研事业单位试行更灵活的编制、岗位、薪酬等管理制度。

《加快推动知识产权服务业高质量发展的意见》提出，引导知识产权服务业支持企事业单位创新发展。推动知识产权服务优质资源与企业需求精准对接，更新服务理念，创新服务模式，支撑企业创新发展。推动知识产权服务机构深度参与高校院所创新全过程，发挥产学研用协同创新效应，着力突破制约产业发展的关键核心技术和共性技术。

（二）重构教育体系，培养创新人才和技能型人才

面对新质生产力发展的复杂性，传统的学科界限日渐模糊。高校应推广跨学科教育模式，鼓励学生掌握多学科知识，培养解决复杂问题的能力。实践与理论相结合，加强与企业的合作，将真实的工业问题引入课堂和实验室，让学生在解决实际问题的过程中学习和成长。鼓励学生参与科研项目和创新竞赛，增强实践经验和创新能力。根据新质生产力发展的需求，创新课程体系与教学方法，重构高等教育和职业教育的课程体系，强化创新能力和实践技能的培养。鼓励学生参加国际交流项目，了解全球科技发展趋势和国际合作模式，培养具有国际竞争力的创新人才。加强职业教育与地方产业的对接，根据产业发展需求设置课程，定期更新教学内容，确保职业教育培养的人才能够满足市场需求。为在职人员提供再教育和技能提升的机会，帮助他们适应新技术和新产业的发展。通过加强科研机构和高校的自主权，激发创新活力，重构教育体系，更好地培养适应新质生产力发展需求的创新人才和技能型人才，为社会经济的持续健康发展提供人才支持和智力支撑。

《"十四五"规划和2035年远景目标纲要》提出，建设高质量教育体系。要推进基本公共教育均等化，增强职业技术教育适应性，提高高等教育质量，建设高素质专业化教师队伍，深化教育改革；实施教育提升扩容

工程，加强"双一流"高校基础研究和协调创新能力建设，围绕集成电路、人工智能、工业互联网、储能等重点领域布局建设一批国家产教融合创新平台和研究生联合培养基地。

《中国教育现代化2035》《"十四五"时期教育强国推进工程实施方案》《"技能中国行动"实施方案》《关于推动现代职业教育高质量发展的意见》《"十四五"职业技能培训规划》《关于加强新时代高技能人才队伍建设的意见》《关于加强和改进工业和信息化人才队伍建设的实施意见》《国家"十四五"期间人才发展规划》《关于深化现代职业教育体系建设改革的意见》《职业教育产教融合赋能提升行动实施方案（2023—2025年）》《关于构建优质均衡的基本公共教育服务体系的意见》等，均就培养创新人才和技能型人才作出了部署。

第二节 发展和完善市场体系

完善的市场体系，可以实现资源的合理配置，平衡市场供需，提供优质服务，调节生产者和消费者的利益，实现信息的有效传递和反馈。只有建立更加开放、灵活的市场体系，顺应经济发展大趋势发展服务业和数字经济，加大技术创新的步伐，才能推动新质生产力的发展。

一、建立更加开放灵活的市场体系

发展新质生产力，必须有相对完善的市场体系，要求由各类市场设施体系、运行体系、监管体系组成的有机联系整体更加开放和灵活，生活资料、生产资料、土地、劳动力、资本、金融、知识、技术、数据、信息、能源、生态环境、服务市场等，相互联系、相互制约、相互促进，共同发挥资源配置的作用，推动经济社会的可持续发展。这个市场体系必须是高标准市场体系，能及时有效应对市场环境的复杂变化，有极强的生存力和竞争力。市场设施和运维要依据经济规律，市场监管也要依法进行，只有这样,一个统一开放、竞争有序、运行高效的市场体系才能促进新质生产力。

《关于新时代加快完善社会主义市场经济体制的意见》提出,建设高标准市场体系,全面完善产权、市场准入、公平竞争等制度,筑牢社会主义市场经济有效运行的体制基础。

《"十四五"规划和2035年远景目标纲要》提出,建设高标准市场体系。要实施高标准市场体系建设行动,健全市场体系基础制度,坚持平等准入、公正监管、开放有序、诚信守法,形成高效规范、公平竞争的国内统一市场。

《关于加快建设全国统一大市场的意见》提出,要完善统一的产权保护制度,实行统一的市场准入制度,维护统一的公平竞争制度,健全统一的社会信用制度,强化市场基础制度规则统一;建设现代流通网络,完善市场信息交互渠道,推动交易平台优化升级,推进市场设施高标准联通;健全城乡统一的土地和劳动力市场,加快发展统一的资本市场,加快培育统一的技术和数据市场,建设全国统一的能源市场,培育发展全国统一的生态环境市场,打造统一的要素和资源市场;健全商品质量体系,完善标准和计量体系,全面提升消费服务质量,推进商品和服务市场高水平统一;健全统一市场监管规则,强化统一市场监管执法,全面提升市场监管能力,推进市场监管公平统一;着力强化反垄断,依法查处不正当竞争行为,破除地方保护和区域壁垒,清理废除妨碍依法平等准入和退出的规定做法,持续清理招标采购领域违反统一市场建设的规定和做法,进一步规范不当市场竞争和市场干预行为。

二、发展服务业和数字经济,拓展新的增长点

服务业和数字经济在现代经济体系中有重要的地位,服务业的繁荣和数字经济在地区生产总值中的比重是衡量一个区域经济发展的重要指标。发展服务业尤其是高端服务业,可以推动产业结构的优化升级。通过传统产业的数字化转型,数字经济的发展可以帮助企业拓展新市场空间,提高

生产效率和创新能力。加强数字基础设施建设，营造良好的服务业发展环境，优化服务业结构，发展金融、教育、医疗、文化等高附加值服务业，开辟经济的新增长点。

《"十四五"规划和2035年远景目标纲要》提出，聚焦产业转型升级和居民消费升级需要，推动生产性服务业融合化发展，加快生活性服务业品质化发展，深化服务领域改革开放，扩大服务业有效供给，提高服务效率和服务品质，构建优质高效、结构优化、竞争力强的服务产业新体系，促进服务业繁荣发展；充分发挥海量数据和丰富应用场景优势，促进数字技术与实体经济深度融合，加强关键数字技术创新应用，加快推动数字产业化，推进产业数字化转型，赋能传统产业转型升级，催生新产业新业态新模式，壮大经济发展新引擎，打造数字经济新优势。

《"十四五"数字经济发展规划》提出，优化升级数字基础设施，充分发挥数据要素作用，大力推进产业数字化转型，加快推动数字产业化，持续提升公共服务数字化水平，健全完善数字经济治理体系，着力强化数字经济安全体系，有效拓展数字经济国际合作。

三、推动行业标准和质量，提升促进产业升级

在全球化背景下，制定与国际接轨的行业标准至关重要。通过提高产品和服务的标准，可以增强企业的国际竞争力，促进产业向高端化、智能化发展。新技术的发展推动着传统行业标准的更新，促使行业标准与新技术保持同步，从而推动产业升级。标准的更新对产业升级具有积极的影响。

政府要发挥引导作用，制订行业发展规划和标准化战略，同时鼓励企业参与国际标准制定，减少国际贸易中的技术壁垒。多边贸易协定和国际标准化组织在标准协调中扮演着重要角色，利用这些平台推动本国产业的国际竞争力提升，可以通过遵守国际标准，提高产品质量和服务水平。

要建立完善的质量认证和监督体系，确保标准的实施效果，推动企业从生产导向转向质量和创新导向，从而实现产业的整体升级和转型。

《国家标准化发展纲要》提出，加强关键技术领域标准研究、以科技创新提升标准水平、健全科技成果转化为标准的机制，推动标准化与科技创新互动发展；筑牢产业发展基础、推进产业优化升级、引领新产品新业态新模式快速健康发展、增强产业链供应链稳定性和产业综合竞争力、助推新型基础设施提质增效，提升产业标准化水平；建立健全碳达峰碳中和标准、持续优化生态系统建设和保护标准、推进自然资源节约集约利用、筑牢绿色生产标准基础、强化绿色消费标准引领，完善绿色发展标准化保障；推进乡村振兴标准化建设、推动新型城镇化标准化建设、推动行政管理和社会治理标准化建设、加强公共安全标准化工作、推进基本公共服务标准化建设、提升保障生活品质的标准水平，加快城乡建设和社会建设标准化进程；深化标准化交流合作、强化贸易便利化标准支撑、推动国内国际标准化协同发展，提升标准化对外开放水平；优化标准供给结构、深化标准化运行机制创新、促进标准与国家质量基础设施融合发展、强化标准实施应用、加强标准制定和实施的监督，推动标准化改革创新；提升标准化技术支撑水平、大力发展标准化服务业、加强标准化人才队伍建设、营造标准化良好社会环境，夯实标准化发展基础[1]。

《"十四五"推动高质量发展的国家标准体系建设规划》提出，在制造业高端化领域，开展制造业数字化转型标准、绿色制造标准、高端装备标准、材料标准等制定；在新一代信息技术产业和生物技术领域，开展新型信息基础设施标准、基础软硬件标准、网络安全标准、生物技术标准等制定[2]。

《贯彻实施〈国家标准化发展纲要〉行动计划（2024—2025年）》提出，强化关键技术领域标准攻关、完善科技成果标准转化机制，加强标准化与科技创新互动；健全产业基础标准体系、强化产业融合标准制定、推

---

[1] 中共中央 国务院印发《国家标准化发展纲要》[EB/OL].（2021-10-10）[2024-03-30]. https：//www.gov.cn/zhengce/2021-10/10/content_5641727.htm.

[2] 关于印发《"十四五"推动高质量发展的国家标准体系建设规划》的通知 [EB/OL].（2021-12-06）[2024-03-30]. https：//www.sac.gov.cn/xxgk/zcwj/art/2021/art_51ab9411394a44d78985f6f5efdc80a7.html.

动产品和服务消费标准升级、加快产业创新标准引领、完善产业链配套标准链、加强新型基础设施标准建设，提升现代化产业标准化水平；持续健全碳达峰碳中和标准体系、加强生态环境保护与恢复标准研制、推进自然资源节约集约利用标准建设、推动生产方式绿色低碳转型、强化生活方式绿色低碳引领，完善绿色发展标准化保障；实施乡村振兴标准化行动、推进新型城镇化标准化发展、提升行政管理标准化效能、强化社会治理标准化工作力度、实施公共安全标准化筑底工程、实施基本公共服务标准体系建设工程、推进养老和家政服务标准化专项行动，推进城乡建设和社会建设标准化发展；拓展国际标准化合作伙伴关系、深化共建"一带一路"标准联通、深度参与国际标准组织治理、积极推动国际标准研制、健全稳步扩大标准制度型开放机制，实施标准国际化跃升工程；提升标准供给质量、提高标准管理水平、加强标准推广应用、强化标准实施监督，深化标准化改革创新；深化标准化基础理论研究，加强标准试验验证、强化标准化技术机构支撑、加强多层次标准化人才队伍建设，夯实标准化发展基础[①]。

《交通运输标准化"十四五"发展规划》《金融标准化"十四五"发展规划》《中国保险业标准化"十四五"规划》《"十四五"认证认可检验检测发展规划》《能源碳达峰碳中和标准化提升行动计划》《关于加强"十四五"时期商务领域标准化建设的指导意见》《关于推动农村人居环境标准体系建设的指导意见》《加强消费品标准化建设行动方案》等，以及相关"十四五"行业规划，也对推动行业标准和质量、提升促进产业升级进行了部署。

四、强化知识产权保护和技术创新激励机制

发展和完善市场体系，要加大知识产权保护力度，完善知识产权法律

[①] 关于印发《贯彻实施〈国家标准化发展纲要〉行动计划（2024—2025年）》的通知[EB/OL].（2024-03-27）[2024-03-30］. https://www.gov.cn/zhengce/zhengceku/202403/content_6942541.htm.

体系。构建更为全面、严格的知识产权法律体系，包括专利、版权、商标等各领域的细化和国际接轨，提升知识产权保护的法律效力和执行力，可以保护原创者权益，鼓励更多的创新活动。在全球化背景下，加强跨国知识产权保护合作，通过国际协议和机制来应对跨境侵权行为，保障国内外创新成果的全球化应用与保护。提升公众意识，通过教育和公众宣传活动提升全社会的知识产权保护意识，营造尊重知识、鼓励创新的社会环境。

要设立创新基金和技术转移机制。支持政府和私人部门联合设立创新基金，为科研机构和企业提供资金支持，尤其是对处于初创阶段或从事前沿科学研究的项目。这些基金应注重项目的市场潜力及其对社会的长远贡献。要提升技术转移效率，建立和优化技术转移平台，促进科研成果从实验室到市场的转化；通过简化行政程序、提供税收优惠、建立产学研合作桥梁等措施，加速技术转移过程，提高研发成果的商业化应用率；实施人才激励计划，包括研发成果奖励、科研人员股权激励等，要激发科研人员的创新动力和持续贡献意愿。

要优化知识产权服务和管理体系。建立知识产权快速审查与保护机制，设立知识产权快速审查通道，缩短审查周期，快速响应市场和企业需求。同时，完善知识产权侵权快速反应和救济机制，提高侵权案件处理效率和效力。推动知识产权质押融资与保险服务，发展知识产权质押融资，为中小企业和创新型企业提供更多融资渠道。同时，推广知识产权保险服务，降低企业因知识产权纠纷带来的经济风险。

要激励科技创新与成果转化。制定更具吸引力的科技成果转化激励政策，鼓励科研机构和高校将科技成果转化为实际生产力。例如，提供税收减免、研发补贴、成果转化奖励等激励措施，促进科技成果的快速应用和产业化。建立多层次技术转移体系，构建覆盖国家、地区、行业和企业等多个层次的技术转移体系，包括技术转移平台、创新孵化中心、产业技术联盟等，促进科技资源共享和成果转化的协同效应。

《"十四五"规划和2035年远景目标纲要》提出，实施知识产权强国战略，实行严格的知识产权保护制度，完善知识产权相关法律法规，加快新领域新业态知识产权立法。加强知识产权司法保护和行政执法，健全仲裁、调解、公证和维权援助体系,健全知识产权侵权惩罚性赔偿制度,加大损害赔偿力度。优化专利资助奖励政策和考核评价机制,更好保护和激励高价值专利,培育专利密集型产业。改革国有知识产权归属和权益分配机制,扩大科研机构和高等院校知识产权处置自主权。完善无形资产评估制度,形成激励与监管相协调的管理机制。构建知识产权保护运用公共服务平台。

《"十四五"规划和2035年远景目标纲要》提出,鼓励社会以捐赠和建立基金等方式多渠道投入;鼓励发展天使投资、创业投资,更好发挥创业投资引导基金和私募股权基金作用;发挥科学基金独特作用,研究设立面向全球的科学研究基金;发挥产业投资基金引导作用。

《知识产权强国建设纲要(2021—2035年)》提出,建设面向社会主义现代化的知识产权制度,建设支撑国际一流营商环境的知识产权保护体系,建设激励创新发展的知识产权市场运行机制,建设便民利民的知识产权公共服务体系,建设促进知识产权高质量发展的人文社会环境,深度参与全球知识产权治理[1]。

《"十四五"国家知识产权保护和运用规划》提出,完善知识产权法律政策体系、加强知识产权司法保护、加强知识产权行政保护,加强知识产权协同保护、加强知识产权源头保护,全面加强知识产权保护,激发全社会创新活力;完善知识产权转移转化体制机制、提升知识产权转移转化效益,提高知识产权转移转化成效支撑实体经济创新发展;提高知识产权公共服务能力、促进知识产权服务业健康发展,构建便民利民知识产权服务体系,促进创新成果更好惠及人民;主动参与知识产权全球治理、提升知识产权国际合作水平、加强知识产权保护国际合作,推进知识产权国际合作服务开放型经济发展;加强知识产权人才队伍建设、加强知识产权文化建设,推进知识产权人才和文化建设夯实事业发展基础[2]。

---

[1] 中共中央 国务院印发《知识产权强国建设纲要(2021—2035年)》[EB/OL]. (2021-09-22)[2024-03-30]. https://www.gov.cn/zhengce/2021-09/22/content_5638714.htm.

[2] 国务院关于印发"十四五"国家知识产权保护和运用规划的通知[EB/OL]. (2021-10-28)[2024-03-30]. https://www.gov.cn/zhengce/content/2021-10/28/content_5647274.htm.

《关于完善科技激励机制的意见》提出，全面准确评价科技成果的科学、技术、经济、社会、文化价值，健全完善科技成果分类评价体系，加快推进国家科技项目成果评价改革，大力发展科技成果市场化评价，充分发挥金融投资在科技成果评价中的作用，引导规范科技成果第三方评价，改革完善科技成果奖励体系，坚决破解科技成果评价中的"唯论文、唯职称、唯学历、唯奖项"问题，创新科技成果评价工具和模式，完善科技成果评价激励和免责机制[①]。

《专利和商标审查"十四五"规划》《知识产权公共服务"十四五"规划》《知识产权人才"十四五"规划》《加快推动知识产权服务业高质量发展的意见》《关于知识产权助力专精特新中小企业创新发展的若干措施》等，也强调知识产权保护对发展和完善市场体系的重要性。

五、发展科技金融服务提供创新支持

培育新质生产力，打造新发展格局，离不开金融对资源配置的引导优化，离不开科技创新在激发市场活力方面的重要作用。加强金融与科技的融合，利用大数据、云计算和区块链等技术，可提升金融服务效率和安全性，更好地为科技企业提供服务；创新科技金融产品与服务，发展面向创新型企业的金融产品和服务；促进金融与科技的融合发展，推动金融数字化转型；建立科技金融服务平台，为科技企业和金融机构提供信息对接、技术评估和风险管理等服务；推动科技金融产品创新，开发并推广专为初创科技企业设计的金融产品。

《"十四五"规划和2035年远景目标纲要》提出，完善金融支持创新体系，鼓励金融机构发展知识产权质押融资、科技保险等科技金融产品。推动供应链金融服务创新发展，要提高金融服务实体经济能力，创新直达实体经济的金融产品和服务，增强多层次资本市场融资功能。加快金融、

---

① 国务院办公厅关于完善科技成果评价机制的指导意见 [EB/OL]. (2021-08-02) [2024-03-30]. https://www.gov.cn/zhengce/zhengceku/2021-08/02/content_5628987.htm.

咨询、会计、法律等生产性服务业国际化发展。创新金融支持民营企业政策工具，降低综合融资成本。增强金融服务实体经济能力，健全具有高度适应性、竞争力、普惠性的现代金融体系，构建金融有效支持实体经济的体制机制。稳妥发展金融科技，加快金融机构数字化转型，大力发展绿色金融。

《金融科技发展规划（2022—2025年）》提出，完善现代化治理结构、全面塑造数字化能力、加强金融科技伦理建设，健全金融科技治理体系；强化数据能力建设、推动数据有序共享、深化数据综合运用，做好数据安全保护，充分释放数据要素潜能；建设绿色高可用数据中心、架设安全泛在的金融网络、布局先进高效的算力体系，打造新型数据基础设施；加强核心技术的应用攻关、切实保障供应链稳定可靠、构建开放创新的产业生态，深化数字技术金融应用；构建敏捷化创新体系、夯实一体化运营中台、健全自动化风险控制机制、提升数智化营销能力，激活数字化经验新功能；重塑高效能的服务流程、搭建多元融通的服务渠道、打造数字绿色的服务体系、强化金融无障碍服务水平，加快金融服务智慧再造；加快金融科技全方位应用、加强数字化监管能力建设、筑牢金融与科技风险防火墙、强化金融科技创新行为监管，加强金融科技审慎监管；做好金融科技人才培养、健全法律法规制度体系、持续强化标准体系建设，夯实可持续发展基础。

六、完善市场监管，确保公平竞争

发展和完善市场体系，优化竞争政策，维护市场秩序和消费者权益。制定和完善竞争政策，确保市场各方面的公平竞争，为中小企业提供平等的市场准入机会，防止市场垄断和不公平竞争。制定明确、可操作的竞争政策，确保政策的透明度和一致性，减少政策不确定性带来的市场扭曲。加强对消费者权益的保护，打击虚假广告、价格欺诈等侵害消费者权益的行为，建立健全消费者投诉和救济机制。设立消费者权益保护机构，提高消费者对不正当竞争行为的识别能力，为受损害的消费者提供法律援助和赔偿途径。优化市场准入机制，降低新企业进入市场的门槛，建立公平的市场退出机制，确保资源在更有效率的企业间自由流动。利用大数据、云计算等现代信息技术提升市场监管的效率和精准度，实时监测市场动态，快速响应市场变化，有效预防和打击市场不正当行为。

发展和完善市场体系，要加强反垄断和反不正当竞争法律法规的执行。建立和完善反垄断和反不正当竞争的法律框架，加大对违法行为的查处力度；完善法律框架，更新和完善现有的反垄断和反不正当竞争法律，确保其覆盖新兴市场行为和技术应用；提高执法效率，加强监管机构的执法能力和资源配备，提高对违法行为的监测、调查和处罚效率；引入更多技术手段进行市场监控，提高监管透明度和公信力，增强法律法规的威慑力；促进国际合作，针对跨境垄断行为和不正当竞争行为进行联合调查和制裁。

《"十四五"规划和2035年远景目标纲要》提出，推进监管能力现代化，严格市场监管，强化要素市场交易监管，对新产业新业态实施包容审慎监管，深化市场监管综合行政执法改革。要坚持鼓励竞争、反对垄断，完善竞争政策框架，构建覆盖事前、事中、事后全环节的竞争政策实施机制，强化公平竞争审查制度的刚性约束，加大反垄断和反不正当竞争执法司法力度。

《"十四五"市场监管现代化规划》提出，深化市场主体准入准营退出制度改革，增强各类市场主体发展活力、增强市场主体创新动能、提升公正监管水平，持续优化营商环境充分激发市场主体活力；统筹提升反垄断和反不正当竞争监管能力、统筹优化线上线下市场竞争生态，加强市场秩序综合治理营造公平竞争市场环境；健全完善维护国内统一市场的政策体系、强化完善国内统一市场的有效措施、不断健全与国内统一市场相适应的监管机制，维护和完善国内统一市场，促进市场循环充分畅通；健全宏观质量政策体系、建设适配现代化经济体系的质量基础设施、深入实施质量提升行动，完善质量政策和技术体系服务高质量发展；推进食品安全标本兼治、稳步提升药品安全性有效性可及性、保障特种设备运行安全、加强工业产品质量安全监管、提高消费者权益保护水平，坚守安全底线强化消费者权益保护；完善市场监管基础制度、完善市场监管体制机制、创新丰富市场监管工具、健全信用监管长效机制、增强市场监管基础能力，构建现代化市场监管体系，全面提高市场综合监管效能[①]。

第三节　扩大对外开放

在全球化的今天，扩大对外开放已成为国家竞争力的重要标志。通过扩大开放，可以引进先进技术、管理经验和优秀人才，推动新质生产力的形成和发展。加强国际经济技术合作，积极参与全球治理体系的改革和建设，才能提升国家的国际影响力和竞争力。

一、全面提高对外开放水平

随着全球化趋势的不断深化和国际竞争格局的变化，对外开放已成为推动经济增长、促进科技创新和文化交流的重要途径。在这一背景下，对外开放的必要性、目标和战略方向成为构建更加开放、互利共赢的国际合作新格局的核心内容。为了适应这一变化，需要从多个维度出发，调整和优化对外开放策略。

对外开放有助于我们更好地融入全球经济体系，把握国际竞争的主动权。通过开放，可以引入外资和先进技术，促进产业升级，同时为本国产品和服务进入国际市场提供通道。此外，对外开放还促进了文化的交流与融合，增进了国与国之间的理解和友谊，为国际合作提供了坚实的社会和文化基础。

通过对外开放，可以吸引外资，扩大出口，激活市场，推动经济增长。引进国际上的新技术、新理念，可以加快国内科技创新的步伐，提高国家的科技实力和竞争力。要实现文化的繁荣与交流，丰富国民文化生

---

① 国务院关于印发"十四五"市场监管现代化规划的通知［EB/OL］.（2022-01-27）［2024-03-30］. https://www.gov.cn/zhengce/content/2022-01/27/content_5670717.htm.

活，提升国家国际形象和软实力，也要实行高水平的对外开放。当前，扩大对外开放成为促进经济增长和技术进步的关键，我们的对外开放要在高技术产业发展、绿色经济推进、全球数字化转型、应对全球气候变化国际合作等方面加快步伐，为新质生产力的培育和发展提供强有力的支持。

《"十四五"规划和2035年远景目标纲要》提出，坚持实施更大范围、更宽领域、更深层次对外开放，依托我国超大规模市场优势，促进国际合作，实现互利共赢，推动共建"一带一路"行稳致远，推动构建人类命运共同体。加快推进制度型开放、提升对外开放平台功能、优化区域开放布局、健全开放安全保障体系，建设更高水平开放型经济新体制；加强发展战略和政策对接、推进基础设施互联互通、深化经贸投资务实合作、架设文明互学互鉴桥梁，推动共建"一带一路"高质量发展；维护和完善多边经济治理机制、构建高标准自由贸易区网络、积极营造良好外部环境，积极参与全球治理体系改革和建设。

《粤港澳大湾区发展规划纲要》《西部陆海新通道总体规划》《关于支持深圳建设中国特色社会主义先行示范区的意见》《长江三角洲区域一体化发展规划纲要》《海南自由贸易港建设总体方案》《关于支持浦东新区高水平改革开放打造社会主义现代化建设引领区的意见》《"十四五"推进西部陆海新通道高质量建设实施方案》《横琴粤澳深度合作区建设总体方案》《关于支持海南全面深化改革开放的指导意见》《全面深化前海深港现代服务业合作区改革开放方案》《广州南沙深化面向世界的粤港澳全面合作总体方案》《横琴粤澳深度合作区总体发展规划》《前海深港现代服务业合作区总体发展规划》《澜湄国家跨境经济合作五年发展规划（2023—2027）》《粤港澳大湾区国际一流营商环境建设三年行动计划》《上海市建设具有全球影响力的科技创新中心"十四五"规划》等以及各行业"十四五"发展规划，分别就高水平对外开放作出了部署。

二、深化国际合作

深化国际合作是对外开放战略的重要组成部分。通过加强多边和双边关系机制、积极参与国际论坛和组织,以及与外国伙伴共同开展技术研发项目,来促进全球治理体系的改革和发展,加速新技术的应用和推广。

中国正致力于构建和加强稳定的多边和双边合作机制,这包括签订自由贸易协定(FTA)和投资协议,还涵盖参与区域全面经济伙伴关系协定(RCEP)等重要国际协议。通过这些努力,中国旨在促进贸易自由化和区域经济一体化,加强与全球各地区,特别是亚洲、欧洲、非洲等地区的经济联系,提升在国际社会中的地位和影响力。中国正在通过构建稳定的多边和双边合作机制,如签订自由贸易协定和投资协议,强化与关键经济伙伴的合作关系。

中国在国际论坛和组织中的积极参与展现了作为负责任大国的形象。通过参与联合国、G20、世界卫生组织(WHO)等,中国推动了全球治理体系的改革和发展,促进了对全球性问题如气候变化、公共卫生、贸易等的对话与合作。这种参与不仅有助于解决全球性问题,还为中国提供了展示其国际责任和领导力的舞台。

中国正通过共同开展技术研发项目来促进技术和知识的转移,包括制造业和农业等传统领域,还涵盖人工智能、生物技术等新兴领域。这种跨国合作不仅使中国企业能够接触和吸收国际先进技术,促进新技术在国内的应用和推广,还为全球科技创新贡献了中国的智慧和力量。

通过深化国际合作,中国不仅加强了与国际社会的联系,还推动了全球科技创新和知识共享。这种合作有助于构建一个互利共赢的国际合作新格局,为解决全球性挑战提供了新的思路和解决方案。

《"十四五"规划和2035年远景目标纲要》提出,坚持公平、共同但有区别的责任及各自能力原则,建设性参与和引领应对气候变化的国际合作,推动落实联合国气候变化框架公约及其巴黎协定,积极开展气候变化南南合作;推动国际宏观经济政策沟通协调,搭建国际合作平台,共同维护全球产业链供应链稳定畅通、全球金融市场稳定,合力促进世界经济增长;积极参与重大传染病防控国际合作,推动构建人类卫生健康共同体;积极开展重要农产品国际合作,健全农产品进口管理机制,推动进口来源多元化,培育国际大粮商和农业企业集团;加强生物安全领域国际合作,积极参与生物安全国际规则制定。

《"十四五"农业农村国际合作规划》提出,做深做实农业农村交流合作,加快推动农业"走出去",推进农业国际贸易高质量发展,深化农业科技合作,主动参与全球粮农治理,提升农业援外综合效益①。

三、引进先进技术和人才

引进先进技术和人才是中国深化对外开放和促进经济社会发展的关键战略之一。通过实施一系列政策和措施,中国旨在建立一个创新、开放和包容的生态系统,吸引世界各地的顶尖人才和先进技术,以加速科技创新,推动产业升级,实现可持续发展。

要提升产业技术水平和推动经济结构升级,必须积极引进和整合世界的先进技术,主要通过国际合作项目、双边和多边合作项目以及引进关键技术和管理经验进行。同时,与国际先进企业和研究机构签署技术引进和合作协议,鼓励和支持外资企业设立本土研发中心,促进技术交流和知识共享。

吸引海外高层次人才,是提高科技研发和应用水平的主要途径,通过吸引科学家、研究人员、技术专家和企业领袖积极参与经济建设,可推动对外开放的不断扩大。利用优惠的税收政策,为个人和团队提供资金支持,提供高质量的居住、教育和医疗服务,改善人才的生活条件和工作环境。多年来,我们已经做了很多的工作并取得了很大成绩,在人工智能、生物技术、新材料等领域,设立了特别的人才计划,旨在建立国际竞争力的创新团队,"千人计划""万人计划"为不同领域的顶尖人才提供了全方位的支持和奖励,为构建创新生态系统打下了良好的基础。

《"十四五"规划和2035年远景目标纲要》提出,积极促进科技开放合作。要实施更加开放包容、互惠共享的国际科技合作战略,更加主动融

---

① 农业农村部关于印发《"十四五"农业农村国际合作规划》的通知 [EB/OL]. (2022 - 01 - 29) [2024 - 03 - 30]. https://www.gov.cn/zhengce/zhengceku/2022 - 01 - 29/content_5671168.htm.

入全球创新网络。务实推进全球疫情防控和公共卫生等领域的国际科技合作,聚焦气候变化、人类健康等问题,加强同各国科研人员联合研发。主动设计和牵头发起国际大科学计划和大科学工程,发挥科学基金独特作用。加大国家科技计划对外开放力度,启动一批重大科技合作项目,研究设立面向全球的科学研究基金,实施科学家交流计划;支持在我国境内设立国际科技组织和外籍科学家在我国科技学术组织任职。

《"十四五"规划和2035年远景目标纲要》提出,坚持"引进来"和"走出去"并重,以高水平双向投资高效利用全球资源要素和市场空间。更大力度吸引和利用外资,有序推进电信、互联网、教育、文化、医疗等领域相关业务开放;全面优化外商投资服务,加强外商投资促进和保护,支持外资加大中高端制造、高新技术、传统制造转型升级、现代服务等领域和中西部地区投资,支持外资企业设立研发中心和参与承担国家科技计划项目;鼓励外资企业利润再投资;创新境外投资方式,优化境外投资结构和布局;加快金融、咨询、会计、法律等生产性服务业国际化发展,推动中国产品、服务、技术、品牌、标准"走出去";支持企业融入全球产业链供应链,提高跨国经营能力和水平;推进多双边投资合作机制建设,健全促进和保障境外投资政策和服务体系,推动境外投资立法。

四、提升教育和文化国际交流合作水平

教育和文化交流的开展,对全面提高对外开放的水平有重要作用。改革开放以来,通过加强与外国高校和文化机构的合作、学术交流和文化互访项目、促进教育资源共享,增进了人民之间的相互理解和友谊。建立了众多国际合作和交流平台,推广中国语言和文化,引入外国的教育资源和文化精粹,与国际高校合作开展学位教育和专业培训项目,培养了大量具有国际视野和跨文化交流能力的人才。

中外高校和文化机构的交流合作,为吸引国际人才和先进技术创造了有利条件,进一步促进了科技和文化的交流与合作,为中国乃至全球的科技进步、经济增长和文化繁荣贡献了重要力量。

《中国教育现代化2035》提出，开创教育对外开放新格局。要全面提升国际交流合作水平，推动我国同其他国家学历学位互认、标准互通、经验互鉴；扎实推进"一带一路"教育行动；加强与联合国教科文组织等国际组织和多边组织的合作；提升中外合作办学质量，优化出国留学服务。实施留学中国计划，建立并完善来华留学教育质量保障机制，全面提升来华留学质量；推进中外高级别人文交流机制建设，拓展人文交流领域，促进中外民心相通和文明交流互鉴；促进孔子学院和孔子课堂特色发展，加快建设中国特色海外国际学校，鼓励有条件的职业院校在海外建设"鲁班工坊"；积极参与全球教育治理，深度参与国际教育规则、标准、评价体系的研究制定；推进与国际组织及专业机构的教育交流合作；健全对外教育援助机制①。

《"十四五"文化发展规划》提出，深入开展各种形式的人文交流活动，面向不同国家和区域，搭建开放包容的文明对话平台，促进文明互学互鉴、共同发展，深化政府和民间对外交流，加强与共建"一带一路"国家文化交流合作，深化旅游交流，实施"美丽中国"旅游全球推广计划。提高核心文化产品和服务出口在文化贸易中的份额，创新对外合作方式，优化资源、品牌和营销渠道。鼓励设立海外文化贸易促进平台，大力发展数字文化贸易，促进艺术品展示交易、内容加工创作等领域的进出口创新发展，加快形成区域性国际市场②。

---

① 中共中央、国务院印发《中国教育现代化2035》[EB/OL]. (2019-02-23) [2024-03-30]. https://www.gov.cn/xinwen/2019-02/23/content_5367987.htm.

② 中共中央办公厅 国务院办公厅印发《"十四五"文化发展规划》[EB/OL]. (2022-08-16) [2024-03-30]. https://www.gov.cn/zhengce/2022-08/16/content_5705612.htm.

第九章 新质生产力评价指标

在全球化和信息化的大背景下,生产力的发展呈现出新的特点和趋势。传统的生产力评价指标,如 GDP、工业增加值等已不能全面反映一个国家或地区的生产力水平。随着科学的进步和技术的发展,创新成为推动生产力发展的核心动力。同时,生态文明理念日益深入人心,绿色生产力逐渐成为衡量一个国家发展水平的重要指标。现代信息技术的发展带来的数字化转型已成为全球经济发展的新引擎,数字生产力的提升对经济社会发展具有重要影响。构建一个全面、科学、符合时代发展要求的新质生产力评价指标体系,具有重要的理论和实践意义。

第一节 新质生产力评价一级指标

新质生产力评价指标由 3 个一级指标、6 个二级指标、18 个三级指标构成,一级指标包括科技生产力、绿色生产力、数字生产力。

一、新质生产力评价指标体系

目前,国内有众多学者从不同维度构建了相应的指标来测算新质生产力发展水平,比如:朱富显、李瑞雪、徐晓莉、孙家昌从新质劳动者、劳动资料、劳动对象三个维度测算[①]，王珏、王荣基从劳动者、劳动对象、生产资料三个维度进行测算[②]，宋佳、张金昌、潘艺从劳动力、生产工具两个维度测算[③]，卢江、郭子昂、王煜萍从科技生产力、绿色生产力、数字生产力 3 个维度测算[④]……

我们对新质生产力进行评价，采用卢江、郭子昂、王煜萍的"新质生产力发展水平、区域差异与提升路径"一文构建的指标体系，通过 3 个一级指标、6 个二级指标、18 个三级指标对新质生产力发展水平进行评价（见表 9 – 1）。

表 9 – 1　　　　　　　　新质生产力评价指标体系

一级	二级	序号	三级	解释	单位	属性
科技生产力	创新生产力	A1	创新研发	国内专利授予数	个	+
		A2	创新产业	高技术产业业务收入	万元	+
		A3	创新产品	规上工业企业产业创新经费	万元	+
	技术生产力	A4	技术效率	规上工业企业劳动生产率	%	+
		A5	技术研发	规上工业企业 R&D 人员全时当量	h	+
		A6	技术生产	机器人安装原始密度	%	+
绿色生产力	资源节约型生产力	B1	能源强度	能源消费量/国内生产总值	%	–
		B2	能源结构	化石能源消费量/国内生产总值	%	–
		B3	用水强度	工业用水量/国内生产总值	%	–
	环境友好型生产力	B4	废物利用	工业固废物综合利用量/产生量	%	+
		B5	废水排放	工业废水排放/国内生产总值	%	–
		B6	废气排放	工业 SO_2 排放/国内生产总值	%	–

---

① 朱富显，李瑞雪，徐晓莉，等. 中国新质生产力指标构建与时空演进 [J]. 工业技术经济，2024（3）：44 – 53.

② 王珏，王荣基. 新质生产力：指标构建与时空演进 [J]. 西安财经大学学报，2024（1）：31 – 47.

③ 宋佳，张金昌，潘艺. ESG 发展对企业新质生产力影响的研究——来自中国 A 股上市企业的经验证据 [J]. 当代经济管理，2024（3）：1 – 13.

④ 卢江，郭子昂，王煜萍. 新质生产力发展水平、区域差异与提升路径 [J]. 重庆大学学报：社会科学版，2024（3）：1 – 16.

续表

一级	二级	序号	三级	解释	单位	属性
数字生产力	数字产业生产力	C1	电子信息制造	集成电路产量	万	+
		C2	电信业务通讯	电信业务总量	万元	+
	产业数字生产力	C3	网络普及率	互联网宽带接入端口数	个	+
		C4	软件服务	软件业务收入	万元	+
		C5	数字信息	光缆线路长度/地区面积	m	+
		C6	电子商务	电子商务销售额	万元	+

资料来源：卢江，郭子昂，王煜萍. 新质生产力发展水平、区域差异与提升路径［J］. 重庆大学学报：社会科学版，2024（3）：1-16.

在理论研究方面，通过构建新质生产力评价指标体系，将传统的生产力理论与当代的科技、环境和数字化趋势相结合，为生产力理论的发展提供新的视角和研究内容。

在政策指导方面，新质生产力评价指标体系能够为政府制定相关政策提供科学依据，帮助政府更准确地把握经济社会发展的趋势，制定促进科技创新、环境保护和数字化转型的战略。

在企业决策方面，企业可以依据新质生产力评价指标体系，评估自身在科技创新、绿色发展和数字化建设等方面的表现，为企业的长期规划和资源配置提供参考。

在社会发展方面，新质生产力评价指标体系的构建和应用，有助于推动社会向更加创新、绿色、数字化的方向发展，促进经济社会的可持续发展。

新质生产力评价指标体系，通过科技生产力、绿色生产力和数字生产力三个维度，全面评价和分析生产力的发展水平和趋势。这一体系不仅能够为政府制定科技发展、生态环境保护和数字化转型政策提供参考，也能为企业优化资源配置、提高竞争力提供决策支持。此外，还将为学术界提供一个新的研究视角，促进生产力理论的发展和创新。

二、科技生产力评价指标概述

科技生产力是推动现代经济健康发展的重要驱动力之一。随着科技的不断进步和创新，新兴技术如大数据、人工智能、物联网等正不断渗透到生产领域，为企业提供了更多的发展机遇。科技生产力指标的研究不仅可以衡量企业的技术水平和创新能力，还可以促进科技成果的转化和应用，激发企业的创新活力，提高企业的竞争力。

科技生产力是指通过科学技术活动对生产力的提升作用。它涵盖了从基础研究、应用研究到技术开发、技术应用等一系列科技活动，包括产生新的产品、新的工艺、新的材料和新的系统，以及科技知识的传播和科技人才的培养。科技生产力的提升，意味着一个国家或地区能够更有效地利用科技成果，转化为经济增长和社会发展的动力。科技生产力的提升不是孤立发生的，它需要一个良好的科技生态系统作为支撑。这个生态系统包括政府的政策支持、企业的研发投入、高等教育和研究机构的贡献以及科技人才的培养。健康的科技生态系统能够促进知识的创造和流动，加速科技成果的商业化和产业化，从而推动科技生产力的持续增长。此外，不同国家和地区在科技生产力方面也存在显著差异。这种差异可能源于不同的经济、社会、文化和技术环境，也可能反映了一个国家在科技创新和科技发展方面的优势和不足。因此，理解和比较不同国家的科技生产力对于制定政策、企业战略规划和科技合作具有重要意义。

通常情况下，科技生产力通过专利申请数、研发支出占GDP的比例、高技术产品出口等指标进行比较。这些指标反映了一个国家在科技创新能力和科技发展水平方面的表现。专利申请数是衡量科技创新活动的直接指标。它不仅显示了一个国家的科研人员和企业在新技术、新产品开发上的活跃度，而且反映了该国知识产权保护的严密程度。专利申请数的增加，通常意味着科技创新活动的增强和科技成果的积累。研发支出占GDP的比例则反映了一个国家对科技创新的投入强度。高比例的研发支出通常与科技创新能力的提升和科技产业的发展密切相关。这一指标也显示了一个国家在科技发展上的战略重视程度和未来发展的投资。高技术产品出口是衡量一个国家科技成果转化能力和国际竞争力的重要指标。高技术产品的出口比例越高，说明该国在全球市场中的科技产品更具竞争力，科技生产力的国际影响力也越大。

不同国家在这些指标上的表现差异，揭示了它们在科技创新和科技发展方面的优势和不足。一些国家可能在专利申请数上表现突出，但在高技术产品出口上却不尽如人意，这可能意味着这些国在科技成果转化和产业化方面存在瓶颈。另一些国家虽然专利申请数不高，但高技术产品出口占比较大，这表明其科技成果转化能力较强。

通过对这些指标的国际比较，可以更全面地理解各国科技生产力的现状和趋势，为政策制定、企业战略规划和科技合作提供参考。此外，还可以从以下几个方面对科技生产力进行深入探讨：

①科技创新政策。各国政府对科技创新的重视程度和支持力度不同，这直接影响了科技生产力的提升。一些国家出台了一系列鼓励创新、保护知识产权的政策，为科技创新提供了良好的环境，而另一些国家则在政策支持上存在不足，导致科技创新活动受限。

②企业研发能力。企业在科技创新中发挥着关键作用，具有强大研发能力的企业能够不断推出、新技术，推动产业升级。在国际比较中，可以分析各国企业研发投入的规模、结构和效率，以了解企业科技创新能力的发展状况。

③高等教育和研究机构。高等教育和研究机构是科技创新的重要源泉，各国在高等教育和研究机构的建设、投入和支持上存在差异，影响了科技人才的培养和科技成果的产出。通过比较各国高等教育和研究机构的实力，可以揭示科技生产力发展的潜力。

④科技人才培养与流动。科技人才是科技创新的核心要素，各国在科技人才培养、引进和流动方面的政策和支持措施不同，影响了科技人才的数量和质量。通过国际比较，可以关注各国科技人才的培养体系、引进政策和流动状况，以评估科技人才培养的成效。

⑤科技创新氛围。科技创新氛围是影响科技生产力的重要因素，各国在科技创新文化、创新创业环境和社会资本等方面的差异，导致了科技创新氛围的差异。通过比较各国科技创新氛围，可以挖掘科技生产力发展的内在动力。

⑥科技合作与交流。国际科技合作与交流对科技生产力的发展具有

重要意义，各国在科技合作机制、项目和国际交流方面的表现不同，影响了科技创新的资源和能力。通过国际比较，可以关注各国科技合作与交流的状况，以评估其对科技生产力的推动作用。

通过对科技生产力的国际比较，可以发现科技创新的优势领域和潜力方向，为各国政策制定、企业发展和科技合作提供参考。同时，科技生产力发展是一个动态过程，需要不断调整和优化科技政策，加强科技创新体系建设，提高科技人才的培养和流动，营造良好的科技创新氛围，推动科技生产力的持续增长。

三、绿色生产力评价指标概述

绿色生产力是可持续发展的重要保障。随着环境污染的日益加剧和资源短缺的压力，传统的生产模式已经难以满足社会对环保和可持续发展的要求。因此，绿色生产力评价指标的研究成为当务之急。绿色生产力不仅可以衡量企业对环境的影响和社会责任，还可以促进绿色技术和绿色产品的研发和应用，实现经济增长与环保的双赢。

绿色生产力是指在经济发展的同时实现资源高效利用和环境保护的平衡。它超越了传统的经济增长模式，强调增长的质量和可持续性。绿色生产力的核心在于促进生态文明建设，推动人与自然的和谐共生，确保经济活动不会牺牲环境健康和生态系统的完整性。在传统经济增长模式中，经济活动往往以牺牲环境为代价，导致资源枯竭和生态破坏。随着全球对可持续发展认识的加深，绿色生产力逐渐成为国家发展的重要指标。它不仅关注经济产出，更重视产出过程中对资源的合理利用和对环境的保护。绿色生产力的提升，意味着在生产过程中减少能源和原材料的消耗，降低废物和污染物的排放，同时提高产品和服务的质量。这需要创新技术的应用，改进管理方法，以及政策的支持。例如，采用清洁能源、循环经济方式和绿色供应链管理，可以有效提高绿色生产力。

国际上，绿色生产力的比较涉及对各国能源消耗、资源循环利用、环境污染控制等方面的全面评估。这种比较有助于识别各国在绿色发展道路上的位置，并衡量它们在实现联合国可持续发展目标方面的进展。通过比较不同国家的碳足迹、水资源管理、生物多样性保护和空气质量指标，可以了解各国在环境保护方面的努力和成就。此外，通过分析各国的绿色技术创新、绿色产业发展和环境政策执行情况，可以评估它们在推动全球绿色转型中的角色。联合国环境规划署（UNEP）和国际能源署（IEA）等国际组织，会定期发布关于绿色生产力的报告和指标，为国际比较提供了标准化的数据和分析框架。这些报告不仅展示了全球绿色生产力的发展趋势，也为各国制定和调整绿色发展战略提供了参考。

通过国际比较，可以促进国际合作，共同应对全球环境挑战，如气候变化、资源短缺和生态退化。各国可以从中学习先进的绿色生产力实践，互相借鉴成功的政策和技术，共同推动构建一个绿色、低碳、循环的全球经济体系。

四、数字生产力评价指标概述

数字生产力是信息社会的重要标志。随着信息技术的普及和应用，数字化生产已成为企业发展的重要方向。数字生产力评价指标的研究可以帮助企业准确评估数字化转型的效果，优化生产流程和管理模式，提高生产效率和产品质量。同时，数字化生产还可以促进企业与供应链的信息共享和协同，实现全球化生产网络的智能化管理。

数字生产力是通过数字技术的应用来提高生产效率和经济活动的质量。数字生产力涵盖了信息技术的广泛使用，如互联网、云计算、大数据、人工智能等，以促进创新和增加价值。数字生产力的提升是现代经济发展的关键驱动力，它推动了新的商业模式、工作方式和社会互动的形成。在数字经济时代，数字生产力成为衡量一个国家或地区创新能力和竞争力的重要指标。它不仅体现在生产力的提升上，更体现在通过数字化转型实现的商业模式创新、市场拓展和服务优化上。数字生产力的核心在于利用数字技术改造传统产业，创造新的增长点和价值链。随着技术的不断进步，数字生产力的边界也在不断扩展。物联网的发展使设备和设施能够实现智能互联，大幅提高了运营效率和资源利用率。人工智能和机器学习的应用也在各个领域展现出巨大的潜力，从而推动生产力的进一步提升。

在全球范围内，数字生产力的比较通常涉及各国技术基础设施的建设、数字化水平的提升、创新能力的培养以及相关政策的支持等方面的评估。这些比较有助于揭示不同国家在数字化转型过程中的进展和存在的差异，从而为政策制定者和企业提供决策参考。世界经济论坛（WEF）的《全球信息技术报告》就是一个评估各国数字生产力的重要工具，通过网络准备指数（NRI）来衡量国家在信息和通信技术（ICT）准备情况、ICT使用情况和ICT影响三个维度的表现。通过这样的国际比较，可以清晰地看到各国在数字化进程中的位置，以及它们在全球数字经济中的角色。此外，数字生产力的比较还包括对各国数字政策环境的分析，如数据保护法规、网络安全措施和数字税收政策等。这些政策的制定和执行，对于保护数字经济的健康发展和促进公平竞争至关重要。

第二节　新质生产力评价二级指标

新质生产力评价二级指标，主要包括：创新生产力、技术生产力；资源节约型生产力、环境友好型生产力；数字产业生产力、产业数字生产力。

一、科技生产力评价二级指标

（一）创新生产力

创新生产力是指在创新活动中产生新知识、新技术，并推动这些新知识和新技术转化为经济增长动力的能力。创新生产力强调的是一种创新的精神，这种精神不仅体现在科学发现和技术发明上，还体现在将这些发现和发明应用于市场并实现商业化的过程中。它不仅包括产品和服务的更新，也包括管理模式、商业模式和工作流程的创新。创新生产力的提高意味着经济增长动力的增强，对国家经济发展和社会进步具有重大意义。

创新生产力由多个层面构成，包括创新研发、创新产业和创新产品等。

创新研发　这是创新生产力的源泉，包括基础研究、应用研究和实验发展。基础研究旨在探索自然界的基本规律，为后续的科学发现和技术发明奠定基础。应用研究则是在基础研究的基础上，针对实际问题进行应用性研究，以期产生具有实际应用价值的新知识和新技术。实验发展则是在基础研究和应用研究的指导下，将新知识和新技术应用于产品开发和技术创新的过程。

创新产业　创新产业涉及将创新研发的成果转化为商业应用的产业，如高科技制造业、知识密集型服务业等。这些产业的发展能够带动相关产业链的升级和经济结构的优化，促进经济增长和社会进步。

创新产品　创新产品包括新产品和新服务，是创新研发成果的直接体现。这些创新产品的开发和推广是创新生产力转化为市场竞争力的关键环节。

此外，创新的商业模式和管理模式也是创新生产力的重要组成部分，它们能够提高企业的生产效率和市场竞争力。

（二）技术生产力

技术生产力侧重于现有技术的应用和优化，以及技术对生产效率的提升作用。它关注的是如何更有效地利用现有技术资源，提高产品和服务的质量和效率，降低生产成本。在这个意义上，技术生产力可以被理解为一种技术管理的能力，即如何更有效地管理和利用技术资源，以实现生产效率和经济效益的最大化。

技术生产力由技术效率、技术研发和技术生产等构成。

技术效率　技术效率指的是在生产过程中技术应用的效率，包括生产过程的自动化、信息化和智能化水平。技术效率的提高不仅可以提升企业的生产力和盈利能力，还可以降低生产成本和资源消耗，从而更好地实现经济效益和社会效益的平衡。

技术研发 技术研发是一个持续的过程，涉及对现有技术的改进和新技术的开发。这不仅包括产品技术的创新，还包括生产工艺和管理技术的创新。通过持续的技术研发，企业可以不断优化其技术体系，提高生产效率和产品质量。

技术生产 技术生产指的是技术在生产过程中的应用和推广。这包括引进新技术、升级旧技术以及将新技术应用于生产过程等。技术生产的核心在于提高生产效率和产品质量，从而提升企业的竞争力并推动经济增长。

二、绿色生产力评价二级指标

（一）资源节约型生产力

资源节约型生产力是绿色生产力的核心指标之一，专注于提升资源利用效率，减少资源消耗，并延长资源使用周期，以减轻对自然资源的压力。这种生产力的提升意味着在生产同等数量的商品和服务时，所需的自然资源和能源投入更少。

资源节约型生产力由能源强度、能源结构、用水强度等构成。

能源强度 能源强度反映了单位经济产出所需的能源消耗量。能源强度的降低表明经济活动在使用能源方面变得更加高效。提高能源利用效率要从能源供给侧和需求侧两端发力，在能源供给侧，要加大对清洁能源的投入，推广风能、太阳能等可再生能源，减少对化石能源的依赖，在能源需求侧要通过节能减排、能效提升等技术手段，降低能源消耗。

能源结构 能源结构描述的是能源消费中清洁能源与化石能源的比例。一个健康的能源结构应该倾向于更多的清洁能源的使用，以减少温室气体排放和其他污染物。优化能源结构，要加大对清洁能源的投入，逐步减少化石能源的消费。一是推广清洁能源应用，提高清洁能源在能源中的比重；二是加强国际合作，进口清洁能源；三是加强能源科技创新，提高清洁能源利用效率。

用水强度 用水强度是衡量单位经济产出所需的水资源量。用水强度的减少说明产业在用水方面效率的提高,有助于保护水资源。降低用水强度,一是推广节水技术,提高水资源利用效率;二是优化产业结构,减少高耗水产业的发展;三是加强水资源管理,提高水资源配置效率。

(二) 环境友好型生产力

环境友好型生产力是绿色生产力的核心指标之一,侧重于最小化生产活动对环境的负面影响,通过采取积极措施保护和改善生态环境。这包括减少污染物排放,保护生物多样性,以及促进生态系统服务的持续性。

环境友好型生产力由废物利用、废水排放、废气排放等构成。

废物利用 指工业固废物的回收和再利用。高比例的废物利用率可以减少环境污染,同时降低原材料的需求。提高废物利用率,一是加强废物分类,提高废物回收率;二是推广循环经济,实现废物资源化利用;三是加大环保投入,提高废物处理技术水平。

废水排放 衡量单位经济产出所产生的废水量。减少废水排放量可以减小对水体生态系统的压力。减少废水排放,一是加强废水处理,提高废水排放标准;二是推广清洁生产技术,减少废水产生;三是加强废水回收利用,实现废水资源化。

废气排放 反映单位经济产出所产生的废气量,如二氧化硫(SO_2)排放量。通过控制废气排放,可以改善空气质量,保护公众健康。降低废气排放,一是加强废气处理,提高废气排放标准;二是推广清洁能源,减少化石能源消费;三是加强环保监管,严惩环境违法行为。

三、数字生产力评价二级指标

(一) 数字产业生产力

在数字化浪潮中,数字产业生产力已成为衡量一个国家或地区经济发展水平的重要指标。它专注于数字产业本身的发展,涵盖了电子信息制造业、软件服务业等关键领域。这些产业不仅是数字经济的核心组成部分，更是推动社会进步和创新的动力源泉。数字产业生产力的提升，意味着一个国家或地区在全球经济中竞争力的增强。它反映了数字技术在经济中的应用程度，以及该地区在全球数字经济中的地位。

数字产业生产力由集成电路产量、电信业务总量等构成。

集成电路产量 集成电路是现代电子设备的心脏，其产量的多寡直接反映了一个国家或地区在电子信息制造领域的实力。集成电路的高产量不仅代表了先进的制造能力，也意味着较强的市场供应能力和技术创新水平。

电信业务总量 电信业务总量是衡量通信服务普及和发展程度的关键指标。它不仅反映了通信网络的建设水平，也是衡量信息流通和交换效率的重要参数。

数字产业生产力的提升不仅是数字产业本身的增长，还涉及整个社会对数字技术的接受度和应用能力。集成电路产量的增加，不仅提高了国家的制造业水平，也促进了相关高科技产业，如智能手机、计算机硬件等领域的发展。电信业务总量的增长，使信息传递更为迅速，促进了全球化贸易和沟通。

（二）产业数字生产力

随着数字技术的广泛应用，传统产业也在经历一场深刻的数字化转型。产业数字生产力的提升，不仅能够增强产业的核心竞争力，还能推动整个社会的经济效率和生活质量的提升。产业数字生产力的增长，是传统产业融合现代数字技术的直接体现。它关注的是传统产业如何通过数字化改造和智能化升级来提升生产力。

产业数字生产力由互联网宽带接入端口数、软件业务收入、光缆线路长度、电子商务销售额等构成。

互联网宽带接入端口数 互联网宽带接入端口数指出了互联网基础设施的覆盖范围。一个广泛的宽带网络能够保证信息的快速流通，是数字化社会的基础设施。

软件业务收入　软件服务业是数字产业的另一大支柱。软件业务收入的增长，标志着软件服务业规模的扩大和发展水平的提升。它不仅包括传统的软件销售，还涵盖了云计算、大数据分析、人工智能等新兴服务领域。

光缆线路长度　光缆线路长度是评估信息通信技术发展和数字化程度的关键因素。光缆线路长度越长，网络覆盖就越广，用户就越多。

电子商务销售额　电子商务销售额显示了电子商务市场的规模和消费者在线购物的活跃度。随着消费者习惯的转变，电子商务已成为现代经济的重要组成部分。

传统产业通过数字化改造，不仅提高了生产效率，还改善了产品和服务的质量。互联网宽带接入端口数的扩展，为远程工作、在线教育和医疗服务提供了基础设施支持。软件业务收入的增长，反映了软件解决方案在各行各业中的渗透率，从企业管理软件到消费者应用程序，软件的广泛应用正在推动社会的数字化转型。光缆越普及，意味着社会的信息化程度越高。电子商务销售额的上升，不仅显示了市场规模的扩大，也反映了消费者行为的变化，说明越来越多的人将在线购物作为日常消费的主要方式了。

第三节　新质生产力评价三级指标

新质生产力评价三级指标，主要包括：创新研发、创新产业、创新产品、技术效率、技术研发、技术生产；能源强度、能源结构、用水强度、废物利用、废水排放、废气排放；电子信息制造、电信业务通讯、网络普及率、软件服务、数字信息、电子商务。

一、科技生产力评价三级指标

（一）创新研发：国内专利授予数

国内专利授予数是一个国家科技创新活动成果的量化指标。专利数量的增长不仅反映了科研人员的创新能力,也显示了一个国家在知识产权保护方面的承诺。专利授予数的增加,通常与科技活动的活跃度和创新环境的成熟度正相关。专利授予数不仅体现了科研人员的智慧和汗水,也代表了一个国家在科技创新方面的实力和潜力。

在过去的几十年中,中国在科技创新方面取得了显著进步,国内专利授予数的大幅增长就说明了这个问题。截至2023年底,中国国内(不含港澳台)的发明专利有效量达到了401.5万件,同比增长22.4%,使中国成为全球首个国内有效发明专利数量突破400万件的国家。这一成就标志着中国在全球知识产权领域的领先地位,也反映了中国在科技创新方面的巨大潜力和成果。专利数量的增长,不仅是数字的增加,还反映了一个国家科研人员的创新能力和对知识产权保护的承诺。专利授予数的增加,通常与科技活动的活跃度和创新环境的成熟度正相关。在中国,这种增长尤为显著。国家知识产权局的数据显示,截至2023年底,国内拥有有效发明专利的企业达到了42.7万家,较上年增加了7.2万家。国内企业拥有的有效发明专利数量占比增至71.2%,首次超过七成,这进一步凸显了创新主体地位。从技术领域的角度来看,中国在信息技术管理方法、计算机技术和基础通信程序等领域的发明专利增速位居前三,同比分别增长59.4%、39.3%和30.8%,远高于国内平均增长水平。这表明中国在数字技术领域保持了较高的创新热度,为数字经济的高质量发展持续赋能增效。中国专利数量的增长,对国内外的影响是多方面的。首先,它提升了中国在全球科技舞台上的地位,促进了国内外的技术交流和合作。其次,专利的增加激励了企业在研发方面投入更多资源,这在很大程度上加速了中国经济的转型和升级。此外,高价值发明专利的比重达到了四成以上,这意味着中国不仅在数量上有了增长,而且在质量上也有所提升。在全球化的今天,中国的科技创新不仅对国内经济有着深远影响,也为全球创新发展贡献了重要力量。随着中国科技创新的持续进步,我们可以预见,在未来的全球科技创新中,中国将扮演更加重要的角色。

（二）创新产业：高技术产业业务收入

高技术产业业务收入，是衡量一个国家高新技术产业发展水平的重要指标。这一指标不仅反映了高新技术产业在国民经济中的比重，而且也是判断一个国家科技创新成果商业化能力的重要依据。高技术产业通常指那些研发投入大、产品附加值高、市场前景良好的技术密集型产业。它们具有智力性、创新性、战略性，并且资源消耗相对较少。在统计上，高技术产业是指国民经济行业中研发经费投入强度相对高的制造业行业。

高新技术企业在推动经济增长方面发挥着至关重要的作用。高新技术企业的快速发展带动了整个产业链的技术升级，促进了新兴产业的形成。这些企业在提供高质量就业、推动区域经济发展和增强国家竞争力方面都发挥了重要作用。中国的高技术产业，是指研发投入大、产品附加值高、国际市场前景良好的技术密集型产业，具备智力性、创新性、战略性和资源消耗少等特点。这些产业在国民经济中扮演着重要角色，不仅有助于调整经济结构，也是培育未来技术优势的关键领域。根据国家统计局的数据，截至2019年，中国高技术产业实现的营业收入达到了15.9万亿元，比2012年增长了55.3%，年均增长率为6.5%。在这段时间内，高技术产业对规模以上工业营业收入增量的贡献率超过了四成。高技术产业的分类包括医药制造、航空航天器及设备制造、电子及通信设备制造、计算机及办公设备制造、医疗仪器设备及仪器仪表制造、信息化学品制造六大类。这些产业不仅是推动经济发展的重要动力，也是我国走向创新型国家的关键领域。近年来，高技术产业的增加值、利润和研发投入都呈现出积极的发展态势。2019年高技术产业的研发经费达到了3804亿元，是2012年的2.2倍，年均增长率为11.9%。此外，高技术产业的经营效益也在快速增长，实现的利润总额比2012年增长了69.8%，年均增长率为7.9%。高技术产业作为产业价值链的中高端部分，已经成为培育经济发展新动能的重要支撑平台，为我国经济的持续发展提供了坚实的助力。高新技术企业不仅在经济上有显著贡献，在社会责任方面也扮演着重要角色。它们通过提供高质量的就业机会，推动了就业结构的优化。同时，这些企业在推动区域经济发展和增强国家竞争力方面也起到了关键作用。随着全球经济一体化和科技的快速发展，高新技术企业将面临更多的机遇和挑战。中国政府对高新技术企业的支持政策，如税收优惠、资金支持和市场准入等，将进一步促进这些企业的发展。

（三）创新产品：规上工业企业产业创新经费

规上工业企业产业创新经费是衡量企业创新活动投入的重要指标。这一指标反映了企业对创新的重视程度和未来发展的投资。一般来说，创新经费的增加与企业的创新能力和市场竞争力正相关。

创新经费的增加通常与企业的创新能力和市场竞争力正相关。企业通过增加创新经费，可以在多个层面上进行技术革新和产品开发，从而提高其在市场上的竞争地位。通过研发新材料、新工艺或新技术，企业可以降低生产成本，提高产品质量，或开发出全新的产品线，以满足市场的需求。企业的研发投入直接影响其产品和服务的创新程度。随着研发投入的增加，企业能够在产品质量、技术水平和生产效率上取得显著提升。这不仅增强了企业的市场竞争力，还促进了行业标准的提升和市场结构的优化。尽管创新经费的增加对企业发展至关重要，但企业在投入创新经费时也面临诸多挑战。为了有效地利用创新经费并提高其投入的效益，企业需要制定明确的研发战略。这包括确定研发方向，优先投资于有潜力带来长期收益的项目，以及建立合理的预算和时间表。同时，企业也可以通过与高校、研究机构的合作，共享资源，降低研发成本。企业还可以利用政府的税收优惠政策，减小研发投入的财务压力。规上工业企业产业创新经费的投入是企业创新活动的重要组成部分，通过合理的投入和有效的管理，企业不仅可以提升自身的创新能力和市场竞争力，还可以为整个行业的发展作出贡献。在未来的市场竞争中，那些能够不断创新并有效利用资源的企业，将更有可能获得成功。

（四）技术效率：规上工业企业劳动生产率

规上工业企业劳动生产率是衡量企业技术应用和管理水平的重要指

标。这一指标反映了企业在生产过程中劳动力的使用效率和技术应用的成熟度。提高劳动生产率是企业降低成本、提高效益的关键。

生产率提升对企业竞争力有重要影响。提高劳动生产率能够帮助企业降低生产成本，提高产品质量和服务效率。通过技术创新和管理优化，企业可以实现生产过程的自动化和智能化，从而提高劳动生产率，增强市场竞争力。通过技术创新、规模经济、成本控制和科学管理等多方面措施，企业可以有效提高劳动生产率，降低成本，增强市场竞争力。

提升劳动生产率的途径主要有：①技术创新，是提升劳动生产率的关键因素，通过引进先进的生产设备和技术，企业可以实现生产过程的自动化和智能化，减少人力成本，提高生产效率。②管理优化，是优化管理流程，提高工作效率，企业应建立科学的管理体系，合理分配资源，减少无效和重复的工作，提高整体运营效率。③提升员工技能和专业知识，通过定期的培训和教育，提高员工的职业技能，使其能够更好地适应新技术和工作要求。④创新设计生产流程，消除浪费，通过流程再造，企业可以简化复杂的生产流程，减少不必要的步骤，提高生产效率。

（五）技术研发：规上工业企业研发人员全时当量

规上工业企业研发人员全时当量是衡量企业研发活动规模的重要指标。这一指标反映了企业对研发人员的投入和研发团队的规模，是企业创新能力的直接体现。

研发人员配置与创新能力有极大的关系。企业的研发人员配置是其创新能力的基础，通过合理配置研发人员，企业可以加强研发团队的建设，提高研发效率和创新成果的转化率。这不仅有助于企业在技术上保持领先，而且能够促进企业文化的创新和组织结构的优化。广东省在2019年的研发人员达到80.3万人，居全国首位，这反映了该地区对科技创新的重视和投入。同时，北京和上海虽然在研发人员总量上并未进入前三，但高层次人才的占比较高，分别达到66.2%和58.4%，显示出这两个城市在质量上的优势。2015—2019年，东部地区的研发人员年均增长率为6.3%，而中部各省份的增速更快，达到7.8%，超过全国平均水平。这表明中部地区在科技人才方面的发展势头强劲。在企业层面,规上工业企业的研发人员全时当量在 2019 年为 315.18 万人,约占全国研发人员全时当量的七成,这说明规上工业企业在科技创新活动中扮演着主要角色,并且在人才集聚效应上表现明显。可见,不同地区和企业在研发人员配置上是有差异的,这些差异会影响其科技创新能力和市场竞争力。

(六)技术生产:机器人安装原始密度

机器人安装原始密度是衡量企业自动化水平的重要指标。这一指标反映了企业在生产过程中机器人的应用程度和自动化技术的普及率。随着科技的进步,自动化技术在制造业中的应用越来越广泛。机器人安装原始密度是一个量化指标,它通过每千名工人中机器人的数量来衡量。这一指标能够直观地显示出企业在自动化方面的投资程度和技术应用水平。高密度的机器人安装通常意味着企业在生产效率、产品质量和成本控制方面具有较大的优势。

机器人在汽车制造业中具有重要作用。在制造业中,尤其是汽车制造业,机器人的应用已经非常普遍。机器人安装原始密度的提高,不仅提升了生产效率,还改变了生产流程和劳动力结构。早在 2004 年,德国制造业中每万名工人拥有机器人的数量为 162 台,而在汽车制造业中,这一数字高达 1140 台。同年,意大利制造业中每万名工人拥有辅助操作的机器人数量为 123 台,而在汽车制造业中则高达 1600 台。汽车制造业对机器人的依赖程度,远高于其他制造业。机器人的广泛应用,使汽车制造业在生产效率、产品质量和成本控制方面具有显著优势。机器人技术的进步也推动了汽车制造业的自动化和智能化升级。随着机器人技术的不断发展,未来的汽车制造业将更加依赖于机器人,尤其是在毛坯制造、机械加工、焊接、热处理、表面涂覆等环节。这将进一步提高生产效率,降低成本,并可能导致劳动力市场的结构性变化。机器人安装原始密度的提高,是制造业特别是汽车制造业技术进步和产业升级的重要标志。它不仅反映了企业的自动化水平,也是企业竞争力的体现。

二、绿色生产力评价三级指标

（一）能源强度：能源消费量/国内生产总值

能源强度是一个重要的经济指标，它反映了一个国家或地区在创造单位经济产出时所消耗的能源量。较低的能源强度意味着在生产相同的经济价值时，需要消耗更少的能源。这通常是通过提高能源使用效率和采用更先进的技术来实现的。一个国家或地区的经济活动对能源的依赖程度较低，通常表明其能源结构更为优化，能源利用更加高效。

能源效率提升对经济有重要影响。"绿色工厂"通过智能楼宇控制系统和节能改造，可大幅提升能源利用效率，通过安装能源计量表和传感器，实时监控用能设备的能耗数据，从而优化设备参数动态调节，显著提高能效，还可以优化灯光调节和通风系统，以及实施分布式光伏太阳能发电项目，减少碳排放。"零碳工厂"通过部署清洁能源、建立数字化能源监控系统，以及优化产线的能源管理，提升了能源效率。发电企业可以通过改进发电设备和工艺，提高能源的利用效率，利用余热发电技术，将发电设备产生的余热转化为电能，减少了燃煤的消耗。通过技术创新和能源管理策略，企业可以有效提升能源效率，促进经济发展和环境保护。

（二）能源结构：化石能源消费量/国内生产总值

能源结构指标反映了化石能源在总能源消费中的比例。化石能源，如煤炭、石油和天然气，长期以来一直是全球能源供应的主要来源。这些能源的开采和使用对环境造成了重大影响，空气污染和温室气体排放是全球气候变化的主要驱动力。优化能源结构，即减少化石能源的比重，对减缓气候变化和保护环境至关重要。通过提高能效和增加可再生能源的使用，可以实现能源结构的优化。这不仅有助于减少温室气体排放，还能提高能源安全，减少对不稳定能源供应国的依赖。

全球范围内，清洁能源替代化石能源已成为一个不可逆转的趋势。随着技术的进步和成本的降低，可再生能源，如太阳能、风能和水能，正在变得越来越可行。这些能源是无限的，不会耗尽，且其开采和使用过程中对环境的影响相对较小。当然，清洁能源的替代也面临挑战，尽管可再生能源的成本在下降，但初期投资成本仍然高昂。可再生能源的供应往往是间歇性的，太阳能和风能受天气条件的影响较大，因此需要有效的储能解决方案来确保电力供应的稳定性。能源转型还需要相应的政策支持和市场激励，政府可以通过提供补贴、税收优惠和研发支持来促进清洁能源的发展。同时，我们必须要确保电网的现代化和智能化，以适应可再生能源的接入，也是推动能源转型的关键。优化能源结构，减少化石能源的比重，对于建设可持续的未来至关重要。

（三）用水强度：工业用水量/国内生产总值

用水强度指标反映了工业生产对水资源的依赖程度。工业用水量是衡量工业活动中水使用效率的重要指标。降低用水强度，即在生产同等价值的产品时，减少水资源的使用量，是提高工业生产可持续性的关键。水资源是有限的，而且在很多地区是稀缺的。因此，提高用水效率，减少工业生产中的水消耗，对于保护水资源、确保水安全和支持经济发展至关重要。通过采用节水技术、改进工艺流程和回收利用废水，可以有效地降低用水强度。

在水资源匮乏的国家，可以通过先进的水利技术和水资源回收利用，实现水资源的高效利用。以色列的水资源管理策略包括海水淡化、废水处理和再利用、雨水收集等多种方法。海水淡化技术使以色列能够将丰富的海水资源转化为可用的淡水资源。废水处理和再利用则是以色列水资源管理的另一个亮点。以色列的废水回收率高达85%，这意味着大部分废水经过处理后可被再次用于农业灌溉和工业用途。这些策略不仅支持了以色列农业的繁荣，也为工业发展提供了稳定的水资源供应。以色列的例子表明，即使在水资源紧张的条件下，通过科技创新和合理管理，也可以实现水资源的可持续利用。当然，水资源管理的成功也面临挑战，技术创新需要持续的投资，而且在实施新技术时可能会遇到社会和经济方面的阻力。

气候变化带来的不确定性也对水资源管理提出了新的要求。用水强度的降低和水资源管理的创新对于实现工业生产的可持续发展至关重要。通过政策支持、技术进步和国际合作，可以克服挑战，保护和合理利用宝贵的水资源。

（四）废物利用：工业固废物综合利用量/产生量

废物利用率是衡量工业固废物回收和再利用程度的重要指标。工业固废物包括在生产和制造过程中产生的废弃物，如废金属、废塑料、废纸张和废化学品等。高废物利用率意味着这些材料被有效回收和再次利用，而不是被丢弃或填埋。提高废物利用率不仅有助于减少环境污染，尤其是减少土地和水源的污染，还能推动循环经济的发展，最大限度地减少废物和资源的消耗。

荷兰是循环经济实践的先行者之一，其循环经济战略通过促进工业废物的回收利用，有效降低了环境污染。荷兰政府和企业共同努力，建立了一套完整的工业废物管理体系，包括废物分类、回收、处理和再利用。荷兰的建筑行业通过使用可回收材料和设计可拆卸的建筑组件，实现了建筑废物的高效利用。荷兰还发展了先进的废物处理技术，如生物质能转化和材料回收设施，将工业废物转化为能源和新材料。荷兰的循环经济战略不仅减少了废物的填埋和焚烧，还创造了新的经济机会和就业岗位。这种方式，保护了环境，同时也支持了经济增长和社会福祉。另外，实现高废物利用率也面临挑战，需要政府、企业和公众的共同努力，以及对废物管理法规和政策的不断改进。公众意识的提高和行为改变也是推动废物回收和再利用的关键因素。废物利用率的提高和循环经济的发展对于实现可持续发展目标至关重要。通过创新和合作，可以战胜挑战，实现资源的有效利用和环境的保护。

（五）废水排放：工业废水排放/国内生产总值

废水排放量是衡量工业活动对水环境影响的重要指标。工业废水包括在生产过程中产生的含有化学物质、重金属和其他污染物的水。降低废水排放量，即减少这些有害物质进入水体的过程，是减轻工业对水资源污染的重要途径。工业废水排放量与国内生产总值的比率反映了一个国家或地区在经济发展过程中对水资源的利用效率。这个比率越低，说明在创造经济价值的同时，对水环境的影响越小。

新加坡的NEWater项目是废水处理技术进步与环境保护的典范。NEWater项目通过先进的废水处理技术，如微滤、反渗透和紫外线消毒，将城市废水转化为超纯水。这个过程提供了一个可持续的水资源，也显著减少了对环境的污染。NEWater的成功源于新加坡政府的长远规划和对水资源管理的重视。通过这个项目，新加坡有效缓解了水资源短缺的问题，并为其他国家提供了一个如何通过技术创新和政策支持来改善水资源管理的范例。当然废水处理技术的应用也面临挑战，高昂的建设和运营成本是主要障碍之一，公众对再生水的接受度也是需要克服的困难。为了推动废水处理技术的广泛应用，需要政府、企业和公众的共同努力。降低废水排放量对于保护水资源和环境至关重要，通过技术创新、政策支持和公众教育，可以实现工业活动的可持续发展，保护宝贵的水资源。

（六）废气排放：工业SO_2排放/国内生产总值

废气排放量是衡量工业活动对大气质量影响的重要指标，特别是二氧化硫（SO_2）等有害气体的排放，对于改善空气质量和防治酸雨等环境问题至关重要。工业SO_2排放量与国内生产总值的比率反映了一个国家或地区在经济发展过程中对大气环境的影响程度。这个比率越低，说明在创造经济价值的同时，对大气环境的影响越小。

英国在20世纪中叶经历了严重的工业污染问题，但通过推行清洁空气法案且将经济导向转型为服务，则显著改善了空气质量。1952年的伦敦烟雾事件是一个转折点，该事件导致了数千人死亡，于是促使政府采取行动。英国清洁空气法案的实施，限制了煤炭的使用并推广了无烟燃料，有效减少了SO_2和其他污染物的排放。此外，英国的工业转型也对改善空气质量起到了重要作用。随着经济结构的变化，服务业成为主导，重工业的比重下降，进一步减少了工业污染。英国的经验表明，政策制定和经济结构调整是大气污染治理的关键。目前，大气污染治理仍面临挑战。随着全球化和工业化的加速，新的污染源不断出现，因此，持续的监管、技术创新和国际合作对于保护大气环境至关重要，可以通过政策支持、技术进步和国际合作实现工业活动的可持续发展，使空气更清新。

三、数字生产力评价三级指标

（一）电子信息制造：集成电路产量

集成电路产量是衡量一个国家或地区电子信息制造能力的重要指标。集成电路，也称为微电路、芯片或微芯片，是电子设备中不可或缺的部分，它们是现代电子工程和信息技术的基石。集成电路产量的多寡直接关系到电子产品的供应链和市场竞争力。随着科技的进步和消费电子市场的扩大，集成电路的需求持续增长。因此，集成电路产量的增加不仅反映了制造业的发展，也是国家科技实力和经济发展水平的体现。

集成电路产业的发展趋势显示出几个显著的特点。首先，技术创新是推动产业发展的主要动力。随着纳米技术和半导体材料学的进步，集成电路的性能不断提高，而尺寸却在不断缩小。其次，全球化是集成电路产业的另一个重要特征。集成电路的设计、制造和供应链活动遍布全球，国际合作和竞争共同塑造了这个产业的格局。再次，环境可持续性也成为集成电路产业发展的一个重要考量。随着全球对环境问题关注的增加，集成电路产业正在寻求更环保的制造过程和材料，以减少对环境的影响。最后，市场需求的变化也会对集成电路产业产生深远的影响，智能手机、可穿戴设备和物联网的兴起，都对集成电路的设计和功能提出了新的要求。集成电路产业是一个高度动态和竞争激烈的领域，通过不断的技术创新、全球化布局、环境责任和市场适应，集成电路产业将继续在全球经济中扮演关键角色。

（二）电信业务通讯：电信业务总量

电信业务总量是衡量一个国家或地区电信行业发展水平的重要指标。它包括固定电话、移动电话、互联网服务、数据传输和其他通信服务的总使用量。电信业务总量的增长反映了信息通信技术基础设施的完善和通信服务的普及程度。随着全球数字化进程的加速，电信业务总量的增长对于经济发展、社会进步和人民生活水平的提高具有重要意义，它不仅促进了信息的快速流通，还为各行各业提供了高效的沟通和协作手段。

通信业务的增长与社会经济发展之间存在密切的联系。我国在过去几十年里大力投资于电信基础设施，使我国成为世界上互联网速度最快和普及率最高的国家之一，这不仅提高了民众的生活质量，也给经济发展注入了新的活力。电信业务增长带动了电子商务、远程教育和智能制造等新兴产业的发展，也促进了社会包容性，使偏远地区的人们能够享受与城市相同水平的通信服务。电信业务的快速增长也带来了挑战，如网络安全、用户隐私保护以及数字鸿沟问题的出现。因此，政府、企业和社会各界需要共同努力，通过制定合理的政策和法规，确保电信业务健康发展。电信业务总量的增长是现代社会发展的一个重要标志，通过持续的技术创新和政策支持，可以充分利用电信业务带来的机遇，推动社会经济的全面发展。

（三）网络普及率：互联网宽带接入端口数

网络普及率通常通过互联网宽带接入端口数来衡量，这个指标反映了宽带互联网服务的可用性和普及程度。宽带接入端口数指的是能够提供互联网接入服务的固定宽带（如 DSL、光纤）和移动宽带端口的总数。高的端口数通常意味着更多的用户能够接入高速互联网，从而促进信息的快速流通和知识的广泛传播。

宽带网络的覆盖范围直接影响数字鸿沟的大小。数字鸿沟指的是不同社会群体在获取和使用信息通信技术方面的差异。发达国家以及一些新兴工业化国家，都非常重视互联网接入，大量投资于宽带网络的建设，使大部分地区都能够接入高速互联网，这种政策减少了城乡之间的数字鸿沟，提高了整个社会的信息化水平。在一些发展中国家，由于基础设施的缺乏，许多地区的宽带网络覆盖不足，导致大量人口无法享受到互联网带来的好处。这不仅限制了个人的发展潜力，也阻碍了经济和社会的整体进步。为了解决这一问题，国际组织和政府正在采取措施推动宽带网络的普及，通过提供资金支持、技术援助和政策倡导，努力确保每个人都能够平等地访问互联网，从而缩小数字鸿沟。互联网宽带接入端口数的增加和宽带网络的广泛覆盖对于提高网络普及率、促进社会经济发展和缩小数字鸿沟至关重要，通过持续的投资和创新，一定会有一个更加迅速和包容的数字未来。

（四）软件服务：软件业务收入

软件业务收入是衡量软件服务行业经济贡献的重要指标，它包括了软件产品的销售收入、软件定制服务、系统集成服务、软件维护和支持服务以及云计算服务等各项业务的总收入。这个指标不仅反映了软件服务行业的规模，也显示了其在国家经济中的重要性和增长潜力。随着信息技术的快速发展，软件服务业已成为推动经济增长的关键力量。它不仅促进了其他行业的数字化转型，还为创新和创业提供了丰富的机会。

软件服务业的兴起与经济结构的调整密切相关。在过去的几十年中，许多国家的经济结构从以制造业为主逐渐转向以服务业为主，软件服务业在这一过程中扮演了重要角色。印度的软件服务业经历了快速的发展，成为全球软件服务的重要地区。印度政府的政策支持、大量说英语的人口以及较低的劳动力成本，共同促进了软件服务业的繁荣。印度的软件服务业不仅为国内创造了大量的就业机会，也为全球市场提供了广泛的服务。当然，软件服务业的发展也面临挑战，技术的快速变化要求企业和员工不断学习和适应新的技能。随着全球竞争的加剧，保持竞争力和创新能力成为软件服务企业的关键。软件业务收入的增长反映了软件服务业在全球经济中的重要性，通过持续的技术创新、教育投资和政策支持，软件服务业将继续为经济结构调整和社会发展作出贡献。

(五) 数字信息：光缆线路长度/地区面积

光缆线路长度与地区面积的比值是衡量一个地区信息基础设施建设水平的重要指标，这个比率反映了光纤网络覆盖的广度和密度，是评估信息通信技术发展和数字化程度的关键因素。高的光缆线路长度与地区面积的比值高通常意味着更广泛的网络覆盖和更高的接入质量。

信息基础设施的建设对区域发展具有重要影响。韩国政府在光缆网络建设上的大量投资，使该国的互联网速度和普及率位居世界前列。这种广泛的网络覆盖促进了韩国经济的数字化转型，提高了生产效率，增强了国际竞争力。光缆网络的普及也为韩国的社会服务和生活质量带来了显著改善，远程教育、电子政务和在线医疗服务等，都得益于稳定快速的网络连接。目前，信息基础设施建设也面临挑战，网络建设需要巨大的资金投入，在偏远地区的网络覆盖仍然是一个难题。随着技术的不断进步，现有的网络基础设施需要不断升级，只有这样，才能满足日益增长的数据传输需求。光缆线路长度与地区面积的比值是衡量区域信息基础设施建设水平的重要指标，只有通过持续的投资和技术创新、普及和高效的网络服务，才能推动区域经济和社会的全面发展。

(六) 电子商务：电子商务销售额

电子商务销售额是衡量电子商务市场规模和经济影响力的重要指标，它包括通过互联网进行的所有商品和服务的销售总额，反映了消费者在线购物的习惯和企业电子商务平台的营业表现。随着互联网技术的发展和智能设备的普及，电子商务销售额在全球范围内呈现快速增长的趋势。

电子商务的蓬勃发展极大地改变了传统的消费模式。我国的电子商务市场是全球最大的，其快速增长主要得益于移动支付技术的普及和物流配送网络的完善。消费者越来越倾向于在线购物，享受便捷的购物体验和丰富的商品选择。电子商务不仅为消费者提供了便利，也为企业创造了新的商业机会。许多传统零售商通过开设在线商店，成功转型并拓展了市场。同时，电子商务也催生了一系列新兴行业，如电子支付、在线广告和电子商务物流。电子商务的快速发展也带来了一些挑战，如市场竞争的加剧、消费者隐私保护和网络安全问题。因此，政府和企业需要共同努力，制定合理的法规和政策，促进电子商务的健康发展。电子商务销售额的增长不仅反映了电子商务市场的繁荣，也是消费模式变革和经济结构调整的体现。随着技术的不断进步和消费者习惯的变化，电子商务将继续在全球经济中扮演越来越重要的角色。

参考文献

[1] 马克思,恩格斯.马克思恩格斯全集:第23卷[M].北京:人民出版社,1972.

[2] 马克思,恩格斯.马克思恩格斯全集:第46卷下册[M].北京:人民出版社,1972.

[3] 邓小平.邓小平文选:第3卷[M].北京:人民出版社,1993.

[4] 马克思,恩格斯.马克思恩格斯全集:第30卷[M].北京:人民出版社,1995.

[5] 马克思,恩格斯.马克思恩格斯全集:第31卷[M].北京:人民出版社,1998.

[6] 马克思,恩格斯.马克思恩格斯全集:第25卷[M].北京:人民出版社,2001.

[7] 马克思.资本论[M].北京:人民出版社,2004.

[8] 克里斯·弗里曼,弗朗西斯科·卢桑.光阴似箭:从工业革命到信息革命[M].沈宏亮,沈尤佳,译.北京:中国人民大学出版社,2007.

[9] 张伯里.当代世界经济趋势与中国经济发展[J].中共中央党校学报,2008(3).

[10] 马克思,恩格斯.马克思恩格斯文集[M].北京:人民出版社,2009.

[11] 刘亮.全球区域化浪潮中的开放区域化研究[J].生态经济,2010(2).

[12] 国务院关于加快培育和发展战略性新兴产业的决定[EB/OL].(2010-10-18)[2024-03-20].https://www.gov.cn/zwgk/2010-10/18/content_1724848.htm.

[13] 国务院关于印发生物产业发展规划的通知[EB/OL].(2013-01-06)[2024-03-29].https://www.gov.cn/zhuanti/2013-01/06/content_2609637.htm.

[14] 马克思. 共产党宣言 [M]. 北京：人民出版社，2014.

[15] 国务院关于积极推进"互联网＋"行动的指导意见 [EB/OL]. (2015－07－04) [2024－03－29]. https：//www. gov. cn/zhengce/zhengce ku/2015－07/04/content_10002. htm.

[16] 黄宁，鄢佩. 经济区域化与全球化发展及其关系分析 [J]. 经济问题探索，2015 (9)：133－138.

[17] 习近平. 习近平关于科技创新论述摘编 [M]. 北京：中央文献出版社，2016.

[18] 中共中央 国务院关于落实发展新理念加快农业现代化 实现全面小康目标的若干意见 [EB/OL]. (2016－01－27) [2024－03－29]. https：//www. gov. cn/zhengce/2016－01/27/content_5036698. htm.

[19] 中共中央办公厅 国务院办公厅印发《国家信息化发展战略纲要》[EB/OL]. (2016－07－27) [2024－03－20]. https：//www. gov. cn/zhengce/2016－07/27/content_5095336. htm?trs＝1.

[20] 三部门关于印发《发展服务型制造专项行动指南》的通知 [EB/OL]. (2016－07－28) [2024－03－25]. https：//www. gov. cn/xinwen/2016－07/28/content_5095552. htm.

[21] 国务院办公厅关于印发"互联网＋政务服务"技术体系建设指南的通知 [EB/OL]. (2017－01－12) [2024－03－30]. https：//www. gov. cn/zhengce/zhengceku/2017－01/12/content_5159174. htm.

[22] 国务院关于印发新一代人工智能发展规划的通知 [EB/OL]. (2017－07－20) [2024－03－20]. https：//www. gov. cn/zhengce/content/2017－07/20/content_5211996. htm.

[23] 国家统计局关于印发《新产业新业态新商业模式统计分类 (2018)》的通知 [EB/OL]. (2018－12－31) [2024－03－29]. https：//www. gov. cn/zhengce/zhengceku/2018－12/31/content_5433044. htm.

[24] 中共中央、国务院印发《中国教育现代化2035》[EB/OL]. (2019－02－23) [2024－03－30]. https：//www. gov. cn/xinwen/2019－02/23/content_5367987. htm.

[25] 国务院关于在线政务服务的若干规定 [EB/OL]. (2019－04－30) [2024－03－30]. https：//www. gov. cn/zhengce/content/2019－04/30/content_5387879. htm.

[26] 工业和信息化部关于加快培育共享制造新模式新业态促进制造业高质量发展的指导意见 [EB/OL]. (2019－11－13) [2024－03－29]. https：//www. gov. cn/zhengce/zhengceku/2019－11/13/content_5451530. htm.

[27] 15部门印发《关于推动先进制造业和现代服务业深度融合发展的实施意见》

［EB/OL］．（2019-11-15）［2024-03-25］．https：//www.gov.cn/xinwen/2019-11-15/content_5452459.htm.

［28］关于印发加强医疗机构药事管理促进合理用药的意见的通知［EB/OL］．（2020-02-26）［2024-03-29］．http：//www.nhc.gov.cn/yzygj/s7659/202002/ea3b96d1ac094c47a1fc39cf00f3960e.shtml.

［29］国家发展改革委 中央网信办印发《关于推进"上云用数赋智"行动 培育新经济发展实施方案》的通知［EB/OL］．（2020-04-10）［2024-03-29］．https：//www.gov.cn/zhengce/zhengceku/2020-04/10/content_5501163.htm.

［30］数字化转型伙伴行动倡议［EB/OL］．（2020-05-13）［2024-03-29］．https：//www.ndrc.gov.cn/xwdt/gdzt/szhzxhbxd/xdcy/202005/t20200513_1227930.html.

［31］中共中央 国务院关于新时代加快完善社会主义市场经济体制的意见［EB/OL］．（2020-05-18）［2024-03-30］．https：//www.gov.cn/zhengce/2020-05/18/content_5512696.htm.

［32］关于支持新业态新模式健康发展 激活消费市场带动扩大就业的意见［EB/OL］．（2020-07-11）［2024-03-29］．https：//www.gov.cn/zhengce/zhengceku/2020-07/15/content_5526964.htm.

［33］十五部门关于进一步促进服务型制造发展的指导意见［EB/OL］．（2020-07-15）［2024-03-25］．https：//www.miit.gov.cn/jgsj/zfs/wjfb/art/2020/art_6e2411a497f34aabb9091dba3e542129.html.

［34］国务院办公厅关于进一步优化营商 环境更好服务市场主体的实施意见［EB/OL］．（2020-07-21）［2024-03-29］．https：//www.gov.cn/zhengce/content/2020-07/21/content_5528615.htm?eqid=c925cedc000302e7000000066457d62a.

［35］王玥.支持新业态发展为中国经济注入新动能［N］．深圳特区报，2020-07-21（B02）．

［36］国务院办公厅关于支持多渠道灵活就业的意见［EB/OL］．（2020-07-31）［2024-03-29］．https：//www.gov.cn/zhengce/content/2020-07/31/content_5531613.htm.

［37］国务院办公厅关于印发新能源汽车产业发展规划（2021—2035年）的通知［EB/OL］．（2020-11-02）［2024-03-20］．https：//www.gov.cn/zhengce/zhengceku/2020-11/02/content_5556716.htm.

［38］解析"十四五"战略性新兴产业发展思路，梳理6大产业发展方向［EB/OL］．（2020-12-03）［2024-03-20］．https：//www.sohu.com/a/435926632_694318.

［39］国务院关于印发"十三五"国家科技创新规划的通知［EB/OL］.（2021-02-22）［2024-03-20］. https：//www.gov.cn/zhengce/content/2016-08/08/content_5098072.htm?ivk_sa=1024320u.

［40］国务院关于加快建立健全绿色低碳循环发展经济体系的指导意见［EB/OL］.（2021-02-22）［2024-03-08］. https：//www.gov.cn/zhengce/content/2021-02/22/content_5588274.htm.

［41］国家发展改革委等部门关于印发《绿色低碳转型产业指导目录（2024年版）》的通知［EB/OL］.（2021-02-29）［2024-03-25］. https：//www.ndrc.gov.cn/xxgk/zcfb/tz/202402/t20240229_1364291.html.

［42］韩凝春，王春娟. 新生态体系下的新消费、新业态、新模式［J］. 中国流通经济，2021（3）.

［43］中华人民共和国国民经济和社会发展第十四个五年规划和2035年远景目标纲要［EB/OL］.（2021-03-13）［2024-03-20］. http：//www.gov.cn/xinwen/2021-03/13/content_5592681.htm.

［44］习近平. 共同构建人与自然生命共同体——在"领导人气候峰会"上的讲话［N］. 光明日报，2021-04-23（2）.

［45］文化和旅游部关于印发《"十四五"文化和旅游发展规划》的通知［EB/OL］.（2021-06-02）［2024-03-25］. https：//zwgk.mct.gov.cn/zfxxgkml/ghjh/202106/t20210602_924956.html.

［46］工业和信息化部 中央网信办印发《关于加快推动区块链技术应用和产业发展的指导意见》［EB/OL］.（2021-06-07）［2024-03-20］. https：//www.cac.gov.cn/2021-06/07/c_1624629407537785.htm.

［47］商务部关于印发《"十四五"商务发展规划》的通知［EB/OL］.（2021-07-08）［2024-03-25］. http：//www.mofcom.gov.cn/article/guihua/202107/20210703174101.shtml.

［48］国家发展改革委 国家能源局关于加快推动新型储能发展的指导意见［EB/OL］.（2021-07-15）［2024-03-20］. http：//zfxxgk.nea.gov.cn/2021-07/15/c_1310079331.htm.

［49］国务院办公厅关于完善科技成果评价机制的指导意见［EB/OL］.（2021-08-02）［2024-03-30］. https：//www.gov.cn/zhengce/zhengceku/2021-08/02/content_5628987.htm.

[50] 中共中央 国务院印发《知识产权强国建设纲要（2021—2035 年）》[EB/OL].（2021-09-22）[2024-03-30]. https：//www.gov.cn/zhengce/2021-09/22/content_5638714.htm.

[51] 关于印发《物联网新型基础设施建设三年行动计划（2021—2023 年）》的通知 [EB/OL].（2021-09-29）[2024-03-20]. https：//www.gov.cn/zhengce/zhengceku/2021-09/29/content_5640204.htm?eqid=8144bf7c0022fa8400000002645e181e.

[52] 中共中央 国务院印发《国家标准化发展纲要》[EB/OL].（2021-10-10）[2024-03-30]. https：//www.gov.cn/zhengce/2021-10/10/content_5641727.htm.

[53] 商务部等 24 部门关于印发《"十四五"服务贸易发展规划》的通知 [EB/OL].（2021-10-19）[2024-03-25]. http：//www.mofcom.gov.cn/article/zcfb/zcfwmy/202110/20211003209143.shtml.

[54] 关于印发"十四五"可再生能源发展规划的通知 [EB/OL].（2021-10-21）[2024-03-20]. http：//zfxxgk.nea.gov.cn/2021-10/21/c_1310611148.htm.

[55] 商务部关于印发《"十四五"利用外资发展规划》的通知 [EB/OL].（2021-10-22）[2024-03-25]. http：//wzs.mofcom.gov.cn/article/wzyx/202110/20211003210174.shtml.

[56] 商务部关于印发《"十四五"对外贸易高质量发展规划》的通知 [EB/OL].（2021-11-24）[2024-03-25]. https：//www.gov.cn/zhengce/zhengceku/2021-11/24/content_5653009.htm.

[57] 国务院关于印发"十四五"国家知识产权保护和运用规划的通知 [EB/OL].（2021-10-28）[2024-03-30]. https：//www.gov.cn/zhengce/content/2021-10/28/content_5647274.htm.

[58] 工业和信息化部关于印发"十四五"大数据产业发展规划的通知 [EB/OL].（2021-11-30）[2024-03-20]. https：//www.gov.cn/zhengce/zhengceku/2021-11/30/content_5655089.htm.

[59] 工业和信息化部关于印发"十四五"软件和信息技术服务业发展规划的通知 [EB/OL].（2021-12-01）[2024-03-25]. https：//www.gov.cn/zhengce/zhengceku/2021-12/01/content_5655205.htm.

[60] 国家统计局关于印发《生产性服务业统计分类（2019）》的通知 [EB/OL].（2021-12-01）[2024-03-25]. https：//www.stats.gov.cn/xxgk/tjbzhzd/gjtjbz/201904/t20190418_1758936.html.

[61] 工业和信息化部关于印发"十四五"信息化和工业化深度融合发展规划的通知［EB/OL］.（2021－12－01）［2024－03－20］. https：//www. gov. cn/zhengce/zhengceku/2021－12/01/content_5655208. htm.

[62] 关于印发《"十四五"推动高质量发展的国家标准体系建设规划》的通知［EB/OL］.（2021－12－06）［2024－03－30］. https：//www. sac. gov. cn/xxgk/zcwj/art/2021/art_51ab9411394a44d78985f6f5efdc80 a7. html.

[63] 关于印发"十四五"促进中小企业发展规划的通知［EB/OL］.（2021－12－17）［2024－03－29］. https：//www. miit. gov. cn/zwgk/zcwj/wjfb/tz/art/2021/art_bed2939fdf834bb7872f3aaaf29673ed. html.

[64] 交通运输部关于印发《数字交通"十四五"发展规划》的通知［EB/OL］.（2021－12－22）［2024－03－25］. https：//xxgk. mot. gov. cn/2020/jigou/zhghs/202112/t20211222_3632469. html.

[65] 十五部门关于印发《"十四五"机器人产业发展规划》的通知［EB/OL］.（2021－12－28）［2024－03－20］. https：//www. gov. cn/zhengce/zhengceku/2021－12/28/content_5664988. htm?eqid = da98e76900 0568c000000003647df39a.

[66] "十四五"国家信息化规划［EB/OL］.（2021－12－28）［2024－03－20］. https：//www. gov. cn/xinwen/2021－12/28/content_5664873. htm.

[67] 国务院关于印发"十四五"数字经济发展规划的通知［EB/OL］.（2021－12－28）［2024－03－20］. https：//www. gov. cn/gongbao/content/2022/content_5671108. htm.

[68] 习近平. 习近平谈治国理政［M］. 北京：外文出版社，2022.

[69] 王健. 区域化趋势与周边优先的外交创新［J］. 探索与争鸣，2022（1）.

[70] 国家发展改革委关于印发《"十四五"推进国家政务信息化规划》的通知［EB/OL］.（2022－01－06）［2024－03－30］. https：//www. gov. cn/zhengce/zhengceku/2022－01/06/content_5666746. htm.

[71] 中国民用航空局 国家发展和改革委员会 交通运输部关于印发《"十四五"民用航空发展规划》的通知［EB/OL］.（2022－01－07）［2024－03－20］. https：//www. gov. cn/zhengce/zhengceku/2022－01/07/content_5667003. htm.

[72] 国务院办公厅关于印发要素市场化配置综合改革试点总体方案的通知［EB/OL］.（2022－01－21）［2024－03－29］. https：//www. ndrc. gov. cn/fzggw/jgsj/zys/sjdt/202201/t20220121_1312719. html.

[73] 工业和信息化部 科学技术部 生态环境部关于印发环保装备制造业高质量发

展行动计划（2022—2025 年）的通知［EB/OL］.（2022-01-22）［2024-03-20］. https：//www.gov.cn/zhengce/zhengceku/2022-01/22/content_5669858.htm.

［74］国家发展改革委关于印发《"十四五"现代流通体系建设规划》的通知［EB/OL］.（2022-01-24）［2024-03-25］. https：//www.gov.cn/zhengce/zhengceku/2022-01/24/content_5670259.htm.

［75］国家发展改革委 国家能源局关于印发《"十四五"新型储能发展实施方案》的通知［EB/OL］.（2022-01-29）［2024-03-20］. http：//zfxxgk.nea.gov.cn/2022-01/29/c_1310523208.htm.

［76］农业农村部关于印发《"十四五"农业农村国际合作规划》的通知［EB/OL］.（2022-01-29）［2024-03-30］. https：//www.gov.cn/zhengce/zhengceku/2022-01/29/content_5671168.htm.

［77］关于印发"十四五"医药工业发展规划的通知［EB/OL］.（2022-01-31）［2024-03-20］. https：//www.gov.cn/zhengce/zhengceku/2022-01/31/content_5671480.htm.

［78］氢能产业发展中长期规划（2021—2035 年）［EB/OL］.（2022-03-23）［2024-03-20］. http：//zfxxgk.nea.gov.cn/2022-03/23/c_1310525630.htm.

［79］国家发展改革委 国家能源局关于印发《"十四五"现代能源体系规划》的通知［EB/OL］.（2022-03-23）［2024-03-20］. https：//www.gov.cn/zhengce/zhengceku/2022-03/23/content_5680759.htm.

［80］关于印发《"十四五"能源领域科技创新规划》的通知［EB/OL］.（2022-04-03）.［2024-03-20］. https：//www.gov.cn/zhengce/zhengceku/2022-04/03/content_5683361.htm.

［81］中共中央 国务院关于加快建设全国统一大市场的意见［EB/OL］.（2022-04-10）［2024-03-29］. https：//www.gov.cn/zhengce/2022-04/10/content_5684385.htm.

［82］国家发展改革委关于印发《"十四五"生物经济发展规划》的通知［EB/OL］.（2022-05-10）［2024-03-20］. https：//www.ndrc.gov.cn/xxgk/zcfb/ghwb/202205/t20220510_1324436.html.

［83］李政，廖晓东. 发展"新质生产力"的理论、历史和现实"三重"逻辑［J］.政治经济学评论，2022（6）.

［84］国务院关于加强数字政府建设的指导意见［EB/OL］.（2022-06-23）［2024-03-30］. https：//www.gov.cn/zhengce/zhengceku/2022-06/23/content_5697299.htm.

[85] 关于印发"十四五"原材料工业发展规划的通知 [EB/OL]. (2022-07-06) [2024-03-20]. https://www.miit.gov.cn/jgsj/ghs/zlygh/art/2022/art_5f4e358b51f9475da022243cfdff6d35.html.

[86] 关于印发"十四五"智能制造发展规划的通知 [EB/OL]. (2022-07-06) [2024-03-20]. https://www.miit.gov.cn/jgsj/ghs/zlygh/art/2022/art_c201cab037444d5c94921a53614332f9.html.

[87] 关于印发"十四五"原材料工业发展规划的通知 [EB/OL]. (2022-07-06) [2024-03-20]. https://www.miit.gov.cn/jgsj/ghs/zlygh/art/2022/art_5f4e358b51f9475da022243cfdff6d35.html.

[88] "十四五"信息通信行业发展规划 [EB/OL]. (2022-07-06) [2024-03-20]. https://www.miit.gov.cn/jgsj/ghs/zlygh/art/2022/art_bdf819244b074a3aa7b48b3d0985ffd6.html.

[89] 中共中央办公厅 国务院办公厅印发《"十四五"文化发展规划》[EB/OL]. (2022-08-16) [2024-03-30]. https://www.gov.cn/zhengce/2022-08/16/content_5705612.htm.

[90] 三部门关于促进光伏产业链供应链协同发展的通知 [EB/OL]. (2022-08-24) [2024-03-20]. https://www.miit.gov.cn/zwgk/zcwj/wjfb/tz/art/2022/art_d799b68c80e64159ad818166b743a539.html.

[91] 三部门关于促进光伏产业链供应链协同发展的通知 [EB/OL]. (2022-08-24) [2024-03-20]. https://www.miit.gov.cn/zwgk/zcwj/wjfb/tz/art/2022/art_d799b68c80e64159ad818166b743a539.html.

[92] 国家发展改革委办公厅 国家能源局综合司关于促进光伏产业链健康发展有关事项的通知 [EB/OL]. (2022-10-28) [2024-03-20]. https://www.gov.cn/zhengce/zhengceku/2022-10/28/content_5722423.htm?eqid=9f53e1ce0001bed000000002645a1335.

[93] 国家发展改革委办公厅 国家能源局综合司关于促进光伏产业链健康发展有关事项的通知 [EB/OL]. (2022-10-28) [2024-03-20]. https://www.gov.cn/zhengce/zhengceku/2022-10/28/content_5722423.htm?eqid=9f53e1ce0001bed000000002645a1335.

[94] 全国新标委大数据标准工作组. 数据要素流通标准化白皮书(2022) [EB/OL]. (2022-12-04) [2024-03-29]. http://dsj.guizhou.gov.cn/xwzx/gnyw/

202212/t20221204_77333769.html.

[95] 国务院办公厅关于印发"十四五"现代物流发展规划的通知 [EB/OL]. (2022-12-15) [2024-03-25]. https://www.gov.cn/zhengce/zhengceku/2022-12/15/content_5732092.htm?eqid=fda3ff24000d3f4800000003646d7202.

[96] 中共中央 国务院关于构建数据基础制度更好发挥数据要素作用的意见 [EB/OL]. (2022-12-19) [2024-03-20]. https://www.gov.cn/zhengce/2022-12/19/content_5732695.htm?eqid=afd2e15100012e0e000000026476bb2a.

[97] 国家知识产权局等17部门关于加快推动知识产权服务业高质量发展的意见 [EB/OL]. (2023-01-12) [2024-03-25]. https://www.gov.cn/zhengce/zhengceku/2023-01/12/content_5736543.htm?eqid=fc5a39da000303950000000664642f16.

[98] 工业和信息化部等六部门关于推动能源电子产业发展的指导意见 [EB/OL]. (2023-01-17) [2024-03-20]. https://www.gov.cn/zhengce/zhengceku/2023-01/17/content_5737584.htm.

[99] 中国共享经济发展报告（2023）[EB/OL]. (2023-02-23) [2024-03-29]. http://www.sic.gov.cn/sic/93/552/557/0223/11819_pc.html.

[100] 中共中央 国务院印发《数字中国建设整体布局规划》[EB/OL]. (2023-02-27) [2024-03-30]. https://www.gov.cn/zhengce/2023-02/27/content_5743484.htm?eqid=9b5c072700014660000000066460825d.

[101] 中共中央办公厅 国务院办公厅印发《关于进一步完善医疗卫生服务体系的意见》[EB/OL]. (2023-03-23) [2024-03-29]. https://www.gov.cn/zhengce/2023-03/23/content_5748063.htm.

[102] 八部门联合印发《关于推进IPv6技术演进和应用创新发展的实施意见》[EB/OL]. (2023-04-24) [2024-03-20]. https://www.cac.gov.cn/2023-04/24/c_1683979081413287.htm.

[103] 袁康. 夯实数据要素流通的制度基石 [N]. 光明日报, 2023-08-18 (11).

[104] 郭倩, 杨乐雯. 打破"数据孤岛"多方部署加快数据要素流通 [N]. 经济参考报, 2023-05-11 (5).

[105] 刘新, 曾立. 总体国家安全观视域下新兴领域战略能力建设研究 [J]. 科学管理研究, 2023 (6).

[106] 贾卫列. 生态复兴：全球生态文明建设的思考 [M]. 北京：中国财政经济

出版社，2023.

[107] 金佩华，杨建初，贾行甦. 碳达峰与碳中和：中国行动 [M]. 北京：中国财政经济出版社，2023.

[108] 贾卫列，金佩华，杨建初，等. 生态文明教育 [M]. 北京：中国财政经济出版社，2023.

[109] 工业和信息化部等四部门关于印发《新产业标准化领航工程实施方案（2023—2035年)》的通知 [EB/OL]. （2023-08-28）[2024-03-20]. https：//www.miit.gov.cn/zwgk/zcwj/wjfb/tz/art/2023/art_8d266 88ad0aa422eaa5ebba5dceac908.html.

[110] 金光敏，梁琳. 算力产业高质量发展的价值维度、现实困境与推进策略 [J]. 经济纵横，2023（10）.

[111] 中国应对气候变化的政策与行动2023年度报告 [EB/OL]. （2023-10-27）[2024-03-08]. https：//www.mee.gov.cn/ywgz/ydqhbh/wsqtkz/202310/W020231027674250657087.pdf.

[112] 李奕. 加快形成新质生产力的教育贡献——来自首都高等教育高质量发展的实践与启示 [J]. 国家教育行政学院学报，2023（10）.

[113] 李晓华. 新质生产力的主要特征与形成机制 [J]. 人民论坛，2023（21）.

[114] 工业和信息化部关于印发《人形机器人创新发展指导意见》的通知 [EB/OL]. （2023-11-02）[2024-03-20]. https：//www.miit.gov.cn/jgsj/kjs/wjfb/art/2023/art_50316f76a9b1454b898c7bb2a5846b79.html.

[115] 我国8大新兴产业+9大未来产业发展分析 [EB/OL]. （2023-11-03）[2024-03-20]. https：//roll.sohu.com/a/733634474_120690910.

[116] 国家发展改革委关于印发《国家碳达峰试点建设方案》的通知 [EB/OL]. （2023-11-06）[2024-03-08]. https：//www.ndrc.gov.cn/xxgk/zcfb/tz/202311/t20231106_1361804.html.

[117] 李晓华. 新质生产力的主要特征与形成机制 [J]. 人民论坛，2023（21）.

[118] 戴翔. 以发展新质生产力推动高质量发展 [J]. 天津社会科学，2003（6）.

[119] 简新华，聂长飞. 论新质生产力的形成发展及其作用发挥——新质生产力的政治经济学解读 [J]. 南昌大学学报：人文社会科学版，2023（6）.

[120] 张林，蒲清平. 新质生产力的内涵特征、理论创新与价值意蕴 [J]. 重庆

大学学报：社会科学版，2023（6）.

[121] 肖峰，赫军营. 新质生产力：智能时代生产力发展的新向度［J］. 南昌大学学报：人文社会科学版，2023（6）.

[122] 郑建. 以新质生产力推动农业现代化：理论逻辑与发展路径［J］. 价格理论与实践，2023（11）.

[123] 刘志彪，凌永辉，孙瑞东. 新质生产力下产业发展方向与战略——以江苏为例［J］. 南京社会科学，2023（11）.

[124] 刘洋. 深刻理解和把握发展新质生产力的内涵要义［J］. 红旗文稿，2023（24）.

[125] 程恩富，陈健. 大力发展新质生产力 加速推进中国式现代化［J］. 当代经济研究，2023（12）.

[126] 杜传忠，疏爽，李泽浩. 新质生产力促进经济高质量发展的机制分析与实现路径［J］. 经济纵横，2023（12）.

[127] 胡洪彬. 习近平总书记关于新质生产力重要论述的理论逻辑与实践进路［J］. 经济学家，2023（12）.

[128] 李华民，兰雅婷，向海凌. 国有资本参股能否赋能民营企业高质量发展？［J］. 南开经济研究，2023（12）.

[129] 戴翔. 以发展新质生产力推动高质量发展［J］. 天津社会科学，2023（6）.

[130] 王琴梅，杨军鸽. 数字新质生产力与我国农业的高质量发展研究［J］. 陕西师范大学学报：哲学社会科学版，2023（6）.

[131] 李政，廖晓东. 新质生产力理论的生成逻辑、原创价值与实践路径［J］. 江海学刊，2023（6）.

[132] 高帆. "新质生产力"的提出逻辑、多维内涵及时代意义［J］. 政治经济学评论，2023（6）.

[133] 李政，廖晓东. 新质生产力理论的生成逻辑、原创价值与实践路径［J］. 江海学刊，2023（6）.

[134] 谢中起，索建华，张莹. 数字生产力的内涵、价值与挑战［J］. 自然辩证法研究，2023（6）.

[135] 余东华，马路萌. 新质生产力与新型工业化：理论阐释和互动路径［J］. 天津社会科学，2023（6）.

[136] 郭晓林，李伟，张斌，等．新质生产力与税制变迁：元宇宙的视角［J］．税务研究，2023（12）．

[137] 曾军平．税收该如何助推形成新质生产力？［J］．税务研究，2023（12）．

[138] 曾立，谢鹏俊．加快形成新质生产力的出场语境、功能定位与实践进路［J］．经济纵横，2023（12）．

[139]《中华人民共和国国民经济和社会发展第十四个五年规划和2035年远景目标纲要》实施中期评估报告［EB/OL］．（2023-12-27）［2024-03-20］．https：//www.ndrc.gov.cn/fzggw/wld/zsj/zyhd/202312/t20231227_1362958.html．

[140] 国家发展改革委等部门关于加强新能源汽车与电网融合互动的实施意见［EB/OL］．（2024-01-04）［2024-03-20］．https：//www.ndrc.gov.cn/xxgk/zcfb/tz/202401/t20240104_1363096_ext.html．

[141] 工业和信息化部等七部门关于推动未来产业创新发展的实施意见［EB/OL］．（2024-01-29）［2024-03-20］．https：//www.miit.gov.cn/jgsj/kjs/wjfb/art/2024/art_a9950c3b3cbe47b4b45519ce4a376687.html．

[142] 焦方义，张东超．发展战略性新兴产业与未来产业加快形成新质生产力的机理研究［J］．湖南科技大学学报：社会科学版，2024（1）．

[143] 赵峰，季雷．新质生产力的科学内涵、构成要素和制度保障机制［J］．学习与探索，2024（1）．

[144] 姜奇平．新质生产力：核心要素与逻辑结构［J］．探索与争鸣，2024（1）．

[145] 钞小静，王清．新质生产力驱动高质量发展的逻辑与路径［J］．西安财经大学学报，2024（1）．

[146] 姚树洁，张晓倩．新质生产力的时代内涵、战略价值与实现路径［J］．重庆大学学报：社会科学版，2024（1）．

[147] 沈坤荣，金童谣，赵倩．以新质生产力赋能高质量发展［J］．南京社会科学，2024（1）．

[148] 刘典．论加快形成新质生产力需要统筹的三组重要关系［J］．技术经济与管理研究，2024（1）．

[149] 翟绪权，夏鑫雨．数字经济加快形成新质生产力的机制构成与实践路径［J］．福建师范大学学报：哲学社会科学版，2024（1）．

[150] 王珏，王荣基．新质生产力：指标构建与时空演进［J］．西安财经大学学报，2024（1）．

[151] 习近平. 习近平在中共中央政治局第十一次集体学习时强调加快发展新质生产力扎实推进高质量发展 [N]. 光明日报, 2024-02-02 (1).

[152] 谢泗薪, 胡琬晶, 何典蔚. 长三角科技服务业集成化服务模式与策略创新研究——基于新质生产力驱动视角 [J]. 价格月刊, 2024 (2).

[153] 周文, 李吉良. 新质生产力与中国式现代化 [J]. 社会科学辑刊, 2024 (2).

[154] 戴翔. 以发展新质生产力推动高质量发展 [J]. 天津社会科学, 2024 (2).

[155] 贾卫列. 新质生产力绘制绿色经济新图景 [N]. 环球时报, 2024-02-21 (15).

[156] 张占仓. 加快发展新质生产力的战略重点与政策举措 [EB/OL]. (2024-02-28) [2024-03-29]. https://theory.dahe.cn/2024/02-28/1720043.html.

[157] 中华人民共和国 2023 年国民经济和社会发展统计公报 [EB/OL]. (2024-02-29) [2024-03-25]. https://www.stats.gov.cn/sj/zxfb/202402/t20240228_1947915.html.

[158] 2023 年度"中国科学十大进展"发布 [EB/OL]. (2024-03-01) [2024-03-20]. https://www.nsfc.gov.cn/publish/portal0/tab440/info91968.htm.

[159] 贾卫列. 数字经济是培育新质生产力的一大核心 [N]. 环球时报, 2024-03-07 (15).

[160] 周人杰. 新质生产力本身就是绿色生产力 [N]. 人民日报, 2024-03-14.

[161] 贾卫列. 新质生产力是人类适应自然和利用自然的能力 [EB/OL]. (2024-03-18) [2024-03-19]. https://weibo.com/ttarticle/p/show?id=2309405013120266403842.

[162] 第 53 次《中国互联网络发展状况统计报告》[EB/OL]. (2024-03-22) [2024-03-29]. https://www.cnnic.net.cn/n4/2024/0322/c88-10964.html.

[163] 关于印发《贯彻实施〈国家标准化发展纲要〉行动计划 (2024—2025 年)》的通知 [EB/OL]. (2024-03-27) [2024-03-30]. https://www.gov.cn/zhengce/zhengceku/202403/content_6942541.htm.

[164] 朱富显, 李瑞雪, 徐晓莉, 等. 中国新质生产力指标构建与时空演进 [J]. 工业技术经济, 2024 (3).

[165] 宋佳, 张金昌, 潘艺. ESG 发展对企业新质生产力影响的研究——来自中国 A 股上市企业的经验证据 [J]. 当代经济管理, 2024 (3).

[166] 卢江, 郭子昂, 王煜萍. 新质生产力发展水平、区域差异与提升路径 [J]. 重庆大学学报: 社会科学版, 2024 (3).

后　　记

2023年9月，习近平总书记在黑龙江考察期间首次提出"新质生产力"一词，此后又在多个重要场合作了深入论述。作为习近平经济思想的重要组成部分，发展新质生产力是我们当前工作的首要任务。

培育和发展新质生产力，是中国经济进入新的发展阶段后国家发展战略的一个准确定位，以科技创新为主要驱动力的新质生产力发展是我们建设现代化国家的基础。为了深入理解新质生产力这一全新理念，把马克思主义生产力理论同当代中国发展实际和人类所处的时代特征相结合，湖州师范学院可持续发展研究院组织专家编写了《新质生产力导论》，主要介绍新质生产力产生的背景和含义、当前发展新质生产力的主要内容、发展路径和相适应的制度建设，并探讨了新质生产力的评价指标，为读者了解和掌握新质生产力相关知识提供了一个新的思路。

本书由金佩华、贾卫列总撰，具体的撰写人员有王雯静、艾志强、石季辉、孙米莉、朱强、吴凡明、吴坚、杨建初、张建国、杨宇、李长成、李秀娟、沈琪霞、金佩华、周建华、贾卫列、莫东坡、唐洪雷、黄林、蔡颖萍、潘明福、樊智宁等。

在本书的编写过程中，我们参阅了大量资料，得到了相关单位领导和专家的大力支持；湖州师范学院"两山"理念研究院、可持续发展研究院、马克思主义学院、经济管理学院的专家做了大量工作并提供了巨大的支持；中国财政经济出版社为本书的出版付出了辛勤的劳动。在此，我们一并表示深深的谢意！

本书的编写时间紧、任务重,加之作者的水平和经验所限,在内容上难免存在缺点和不足,衷心希望读者多提宝贵意见,以便我们进一步修改完善。

金佩华

2024 年 4 月